weimarer
verlagsgesellschaft

Annette Seemann

GABRIELE REUTER

Leben und Werk einer geborenen Schriftstellerin (1859–1941)

weimarer verlagsgesellschaft

Impressum

Annette Seemann

Gabriele Reuter
Leben und Werk einer geborenen Schriftstellerin (1859–1941)

ISBN: 978-3-7374-0248-4

www.verlag-weimar.de

Umschlagbild: Gabriele Reuter, Ölbild von Hermann Behmer, 1879, Jens-Peter Husemann
(Familienbesitz Reuter-Behmer)
Umschlaggestaltung: Karina Bertagnolli, Wiesbaden
Satz: Fotosatz Amann, Memmingen
Lektorat: Stefan Gücklhorn, Wiesbaden
Gesamtherstellung: CPI books GmbH, Leck – Germany

Inhalt

Vorwort

Gabriele Reuter wurde 1859 in Alexandria, Ägypten, geboren und starb 1941 in Weimar. In ihrer Lebenszeit war wie nie zuvor in Europa und Nordamerika das Thema der Frauenemanzipation aktuell, welches diese Schriftstellerin entsprechend – und aus biografischen Gründen fast notgedrungen und daher sehr authentisch – zu dem ihren machte. Neben Helene Böhlau, Hedwig Dohm, Franziska zu Reventlow, Lou Andreas-Salomé, Ricarda Huch und Ellen Key zählte sie zu den bedeutenden und erfolgreichen deutschsprachigen Autorinnen rund um die Jahrhundertwende. Ein großes, zunächst dem Naturalismus und Realismus[1] verpflichtetes erzählerisches Werk hinterließ sie, 29 Romane und Novellenbände, ein auto- und ein familienbiografisches Werk und schließlich ein Theaterstück für Kinder erschienen zwischen 1888 und 1937.
Nach der Jahrhundertwende hat sie sich als berühmte Schriftstellerin oft zu sozialpolitischen und moralisch konnotierten Frauenfragen zu Wort gemeldet. Der Frauenbewegung war sie dennoch nie unmittelbar zuzurechnen und nie trat sie einer politischen Partei bei. In ihren Werken, die nach dem Ersten Weltkrieg erschienen sind, trat sie zunehmend – wie die meisten ihr vergleichbaren Kolleginnen – hinter ihre in den 1890er Jahren entwickelten fortschrittlichen Positionen zurück, entwickelte ihren persönlichen subjektiven Realismus und passte sich trotz großer Ablehnung des Nationalsozialismus und Antisemitismus ‚notgedrungen' und widerwillig gewissen Forderungen des NS-Staats an Schriftsteller an, weil diese darauf angewiesen waren, mit ihrer Arbeit Geld zu verdienen. Ihre späten Veröffentlichungen, abgesehen von ihrem letzten Buch, dem 1937 erschienenen Erinnerungsband *Grüne Ranken um alte Bilder*[2] haben daher keineswegs mehr den vorher bewunderten emanzipatorischen Anspruch, sind vielmehr ‚gleichgeschaltete', Optimismus ausstrahlende

1 „Wie viele Schriftsteller lässt Reuter in dieser Zeit [zur Jahrhundertwende 1900/1901, A. S.] in ihrem Sprachgebrauch unbekümmert Naturalismus und Realismus nebeneinander stehen, ohne definitorische Zuordnungen ihres eigenen künstlerischen Schaffens vorzunehmen." Vgl. Karin Tebben, *Psychologie und Gesellschaftskritik: Gabriele Reuter*, in: Dies (Hg.), *Deutschsprachige Schriftstellerinnen des Fin de Siècle*, Darmstadt 1999, S. 267.

2 Gabriele Reuter, *Grüne Ranken um alte Bilder. Ein deutscher Familienroman*, Berlin 1937.

Familie Reuter in Dessau 1868

Jugendbücher für junge deutsche ‚Mädel'.[3] Mit ihrem sympathischen Alterswerk von 1937, einer Familiengeschichte, in der sie wichtigen Vorfahren ihrer mütterlichen Linie nachspürte, die ebenfalls geistige und künstlerische Ambitionen pflegten, verabschiedete sich die 74-jährige würdig vom Buchmarkt. Bis zum Alter von mehr als 80 Jahren arbeitete Reuter aus wirtschaftlichen Gründen für die *New York Times* als deutsche Korrespondentin. Daneben hinterließ sie eine 1921 verfasste Autobiografie, die als wichtige Quelle in diesem Buch Eingang findet.[4]
Gabriele Reuters Alter war nach einem sehr erfolgreichen Schriftstellerinnenleben in den Jahren 1895 bis etwa 1920 von bitterer Armut gekennzeichnet. Die Inflation hatte ihre Ersparnisse zunichte gemacht, sie war auf öffentliche Unterstützung und Zuwendungen durch Stiftungen angewiesen.
Ihre auf Amerika ausstrahlende Aktivität ist vermutlich mit ausschlaggebend für die Wiederentdeckung der Schriftstellerin ab den 1980er Jahren in Amerika durch feministisch orientierte Germanisten und Germanistinnen.[5] In Deutschland ist die biografische und werkanalytische Studie von Faranak Alimadat-Mensch[6] der bisher einzige monografische Versuch, Reuters Leben und Werk umfassend darzustellen – doch auch dieser wichtige Beitrag weist zahlreiche lebensgeschichtliche Lücken auf.
Glücklicherweise konnten zwei Hauptwerke von Gabriele Reuter in Nachdrucken innerhalb der letzten zehn Jahre wieder erscheinen, insbesondere *Aus guter Familie*[7], das auch ihren Durchbruch als Schriftstelle-

---

3 Gabriele Reuter, *Grete fährt ins Glück*, Berlin 1933; Dies., *Vom Mädchen, das nicht lieben konnte*, Berlin 1935.

4 Gabriele Reuter, *Vom Kinde zum Menschen: Die Geschichte meiner Jugend*, Berlin 1921, im Folgenden zitiert nach der greifbaren Neuausgabe: Karl-Maria Guth (Hg.), Berlin 2014. Im Folgenden unter dem Kürzel: *VKzM*.

5 Etwa: Elke Frederiksen, *Der literarische Text im späten 19. Jahrhundert als Schnittpunkt von regionalen, überregionalen und Geschlechts-Aspekten: Gabriele Reuters Roman ‚Aus guter Familie' zum Beispiel*, in: Anselm Maler (Hg.), *Literatur und Regionalität*, Frankfurt am Main u. a. 1997, S. 157 f. Eine Reihe von weiteren amerikanischen Literaturwissenschaftlerinnen, die sich mit Gabriele Reuter beschäftigten, sind Susan Cocalis, Kay Goodman, Marianne von Burkhard, Gabriele Rahaman, Linda Worley Kraus und Elizabeth Ametsbichler. Auf der Seite männlicher Germanisten steht der Aufsatz von Richard L. Johnson, *Men's Power over women in Gabriele Reuter's ‚Aus guter Familie'* singulär da. In: Marianne Burkhard, *Gestaltet und gestaltend: Frauen in der deutschen Literatur*, Amsterdam 1980, S. 235–253.

6 Faranak Alimadat-Mensch, *Gabriele Reuter: Porträt einer Schriftstellerin*, Bern u. a. 1984

7 Das Buch erschien 1931 in der 28. Auflage. Heute können wir sowohl auf die zweibändige Studienausgabe zurückgreifen: Gabriele Reuter, *Aus guter Familie*,

rin markiert und sie sowohl positiv wie negativ in die Schlagzeilen brachte, sowie ihre Autobiografie von 1921, *Vom Kinde zum Menschen.* Daneben sind auch einige andere Werke von ihr als Downloads im Internet kostenlos verfügbar.[8]
Der ausgeprägten Individualität dieser bemerkenswerten Autorin, die lebenslang versuchte, die weibliche ‚condition humaine' abzubilden, nachzuspüren und sie, die als ledige Mutter keinen leichten Stand im Leben hatte, biografisch und literarisch zu würdigen, ist Anliegen dieses Buchs. Insbesondere stellt diese Lebens- und Werkgeschichte Gabriele Reuters auf der einen Seite einen Beitrag zur weiblichen Kulturgeschichte in der Zeit des Wilhelminismus und nach dem Ersten Weltkrieg dar, zum anderen bietet sie für die Weimarer Kulturgeschichte insgesamt tiefere Einblicke in die Vernetzung der Künstlerszene in den letzten Jahrzehnten vor 1900.
Glücklicherweise gelang es im Zuge der Recherchen durch Einbeziehung von Spezialisten und Nachkommen ihrer Familien, einige Geheimnisse im Leben Gabriele Reuters zu lüften und die bislang nicht ausreichend beleuchtete Lebensphase ab 1895 durch die Berücksichtigung verschiedener biografischer Skizzen, die sie selbst verfasst hat, sowie hinterlassener Korrespondenzen besser zu erschließen.[9]
Außerdem wurde deutlich, dass die bisherige Sicht auf die Autorin ihre stark an Max Stirner und Nietzsche orientierte Einstellung zu philosophisch-künstlerischen sowie psychologischen Fragen entweder gar nicht oder nicht genügend berücksichtigt hat. Dass diese Orientierung auch lebensgeschichtlich begründet ist, versuche ich nachzuweisen, indem ich erstmalig auch den Briefen Gabriele Reuters an Elisabeth Förster-Nietzsche[10] aus dem Goethe- und Schiller-Archiv in Weimar und der daraus hervorgehenden Verehrung der Schriftstellerin für die Schwester des (bereits umnachteten) Philosophen und dessen Werk Raum gebe.

(Vollständige Neuausgabe), Katja Mellmann (Hg.), Marburg 2006, Bd. 1: Text, Bd. 2: Dokumente; als auch auf die reine Textausgabe: Karl-Maria Guth, *Aus guter Familie. Leidensgeschichte eines Mädchens*, Neuausgabe nach der 15. Auflage Berlin 1908, Berlin 2014. Aus dieser wird in der Folge unter dem Kürzel *AgF* zitiert.

8 So: etwa: https://m.ngiyaw-ebooks.org/ngiyaw/author/reuter.htm; http://gutenberg.spiegel.de/autor/gabriele-reuter-758.

9 So: Gabriele Reuter, *Mein liebes Ich*, in: Die Gesellschaft, 8 (1892), S. 283–85; *Im Spiegel. Autobiographische Skizze*, in: Das literarische Echo. Halbmonatsschrift für Literaturfreunde. Hg. Dr. Josef Ettlinger. 3. H. 1.24. Berlin 1900–01; *Gabriele Reuter*, in: Für unser Heim. Hg. Timon Schroeter, Leipzig 1902, S. 271. Im Goethe- und Schiller-Archiv Weimar liegt Gabriele Reuters Nachlass, den ich durchgesehen habe.

10 Leider sind keine Briefe von Elisabeth Förster-Nietzsche an Gabriele Reuter erhalten.

Folgende Personen haben mich bei Spezialfragen oder Recherchen unterstützt oder mir Material zur Verfügung gestellt, ich danke ihnen sehr herzlich dafür:
Dr. Gerda Wendermann (Klassik Stiftung Weimar), Dr. Bernhard Fischer (Direktor des Goethe- und Schiller-Archivs Weimar), Dr. Bernhard Post (Leiter des Thüringer Hauptstaatsarchivs), Dr. Jens Riederer (Leiter des Weimarer Stadtarchivs), Katrin Lehmann (Herzogin Anna Amalia Bibliothek), Katharina Hofmann (Bibliothek Musikhochschule Franz Liszt, Weimar) und Wulf Kirsten (Schriftsteller, Weimar). Daneben waren es zwei Nachkommen Gabriele Reuters und Hermann Behmers, Jens Peter Husemann und Matthias Marsch, die die Recherchen zum Lebenslauf durch neues Material unterfüttern konnten und unbekanntes Bildmaterial zur Verfügung stellten.
Ich bedanke mich auch für die äußerst flexible, freundliche und kooperative Förderung des Buchprojekts durch die Weimarer Verlagsgesellschaft in Gestalt von Silke Wehrmann-Fischer und Lothar Wekel, dem Verleger.

Kindheit und frühe Jugend

Als ältestes Kind (und einzige Tochter vor vier Söhnen) des wohlhabenden Kaufmanns im Ex- und Importgeschäft Carl Reuter (1822–1872) und seiner Frau Johanna (genannt Hannchen), geborene Behmer (1830–1903), wird Gabriele am 8. Februar 1859 in der orientalischen Märchenwelt Alexandriens geboren. Sie beschreibt in ihren Erinnerungen einen polyglotten Haushalt, was die Bedienung angeht, und großen Wohlstand. Das blonde Mädchen, Ella genannt, wird von der dunkelhäutigen Amme Bambe so verehrt und geliebt, dass sie das Kind gar entführen will.

Der Umzug des erfolgreichen ‚Selfmademans' Reuter nach Kairo samt Familie lässt nicht auf sich warten (Winter 1959/60), ebenso wenig die erste Europareise, als Gabriele ein Jahr alt ist. Man kehrt zurück nach Ägypten, Gabriele bekommt Brüder, das Leben bleibt orientalisch und großzügig.

In Dessau, wo die Großmutter Behmer als Witwe lebt, führen Reuters zwischen 1864 und 1868 einen zweiten Haushalt in einer Mietwohnung

> „in der Kavalierstraße im Hause des Baron von Cohn, Hofbankier des alten Herzogs und des Königs von Preußen. Als dessen einzige Tochter, bekannt als Wohltäterin und Menschenfreundin, starb, vermachte sie das Haus der anhaltiner Herzogsfamilie, die es niederreißen und an seiner Stelle ein Palais für den Prinzen Eduard erbauen ließ. Jetzt ist es Landesmuseum."[11]

Grund für die Übersiedlung der Mutter mit den mittlerweile drei Kindern ist die Kränklichkeit der Kinder in Ägypten: Im raueren Deutschland sollen sie sich kräftigen. Die zarte Mutter hängt der Homöopathie an, behandelt die Kinder ausschließlich mit derartigen Mitteln und verordnet ihnen eine strenge frugale Kost. Die Trennung von ihrem Mann nimmt sie billigend in Kauf. Das Gut Althaldensleben des wohlhabenden Schwagers Nathusius wird regelmäßig besucht.

Früh ist die lang aufgeschossene Gabriele, die recht unbeeindruckt von der Geburt ihrer insgesamt vier jüngeren Brüder bleibt, in einer Fantasiewelt zu Hause. Darin leben die Puppen und unterhalten sich in einer für Menschen nicht hörbaren Sprache. Die erzählten Geschichten besitzen eine größere Realität für sie als die eigene Wahrnehmung. Das Mädchen,

---

11 Gabriele Reuter, *VKzM*, S. 24. Das Gebäude wurde noch 1945 durch Kriegsbomben zerstört. Eine neue Häuserzeile kann den damaligen Eindruck nicht mehr wiedergeben. (Freundliche Auskunft des Stadtarchivs Dessau-Rosslau)

Mutter Hannchen Reuter, geb. Behmer, und Vater Carl Reuter

so Gabriele Reuter im Rückblick von 1921, zeigte sich als sehr gehorsam und gläubig, wenngleich es selbst bei der erbarmungslosen Jagd auf einen Frosch im Garten gemeinsam mit einer Cousine die eigene Rohheit konstatieren musste. Die in Form einer Anekdote berichtete moralische Entgleisung lässt Reuter in der Rückschau zu einer allgemeinen Erkenntnis kommen:

> „Es war die einzige Quälerei eines lebendigen Geschöpfes, deren ich mich aus meiner Kindheit entsinnen kann und sie ist mir noch heute peinlich. Aber sie hat mich den Rausch der Jagd und den Taumel des Mordens im Kriege verstehen gelehrt. Eine Gewalt aus der Tiefe erhebt sich, wie eine Woge aus unbekannten Meeresgründen, schleudert uns schwache menschliche Geschöpfe in einen Wirbel von Wollen und wildem Verlangen, von dem unsere Seele nichts weiß, und dessen Beute wir sind, bis das Ziel erreicht ist, und wir beschämt, beruhigt oder vernichtet zu unserm eigentlichen Selbst zurückkehren.“[12]

12 Ebd., S. 34.

Zwei Ansichten von Alexandrien von der Seeseite. Radierungen von Legrand

Familienfeste in einem großen Kreis von Vettern, Cousinen, Onkeln und Tanten sind in Reuters Erinnerung Inbegriff von Geborgenheit und Fröhlichkeit. Sie berichtet von dem Aufgenommensein in einer noblen, wohlanständigen und gutsituierten Familie.

In Dessau wird Gabriele nach dem Erlernen von Lesen und Schreiben bei einem Hauslehrer die private Braunesche Töchterschule am Ende der Kavalierstraße, wo die Familie ja wohnt, besuchen und sie darf in der Familie der kleinen Prinzessin Elisabeth von Anhalt-Dessau verkehren. Mit dieser erhält sie Tanz- und Anstandsunterricht, was ihr das Gefühl der Auserwähltheit vermittelt. Ein Besuch bei den Kindern des Ballettmeisters am Dessauer Hoftheater und dort spontan aufgeführte Märchenspiele, in denen die zierliche Ella brilliert, verführen sie, ihrem Vater eine Zukunft als Theaterschauspielerin abschmeicheln zu wollen. Entsetzt lässt er sie diesem Wunsch sogleich abschwören.

Die dem Mädchen zugestandene Bildung durch lediglich sporadische Schulbesuche und Hauslehrer oder mangelhaft gebildete Gouvernanten entspricht allerdings keineswegs einem aristokratischen Ideal, sondern ist in Reuters Lebensrückblick von 1921 eine höchst lückenhafte Ausstattung. Wie die meisten ihrer späteren Romanheldinnen wurde Gabriele lediglich auf ihre Rolle als spätere Gattin und Familienmutter vorbereitet. Entsprechend nahm die Bildung von Mädchen mehr eine Fassaden- oder Konversationsfunktion ein, als dass sie eine seriöse Basis von Kenntnissen und Anschauungen war. Doch ist ihre persönliche Kritik im Grunde auch keine fundierte, da in ihrer Erinnerung jene Zeit unkritisch – gleichwohl poetisiert – zu einer Aneinanderreihung von Spielen mit anderen Kindern, Ausflügen in großen Familien- und Gästegruppen gerinnt, bei denen das Wörlitzer Gartenreich das zauberische Ziel und damit große

Gabriele Reuter mit ihrem Bruder in arabischer Tracht (1860er Jahre)

Inspiration für die zukünftige Schriftstellerin wird. Die verklärende Fantasie der Schriftstellerin reichert jedes Erlebnis bedeutsam an:

> „Der Park von Wörlitz glich einer romantischen Landschaft aus der Zauberflöte, voller Geheimnisse, Überraschungen und Abenteuer. Unterirdische Gänge führten zum Tempel der Schönheit, wo die Göttin, vom blauen Licht bestrahlt, in weißer Nacktheit zwischen Marmorsäulen stand. Chinesische Porzellangötzen wackelten ängstlich mit dem Kopf und bewegten die lang heraushängenden Zungen. Trat man ahnungslos auf hochgeschwungene Brücklein, wurde man von einem kalten Sprühregen durchnässt. Zwischen leuchtenden Blumenbeeten zogen schmale Wasserstraßen entlang, auf denen weiße Schwäne glitten, die alle Frank hießen. Warum hießen sie Frank …?“[13]

Widersprüchlich und der Harmonisierungstendenz der Reuter geschuldet scheint somit einerseits die Bemerkung der lückenhaften Ausbildung, andererseits aber auch die von ihr konstatierte Berufung zur Schriftstellerin, die sie in ihrer Autobiografie *Vom Kinde zum Menschen*[14] behauptet, wo sie die „mulattische“ Freundin der Mutter als Zeugin für ihre physiognomisch bedingte Geschaffenheit für den Schriftstellerberuf anführt. Kokett deklariert Reuter in einem späteren Text das Schreiben sogar als eine Art ‚Charakterschwäche‘:

> „Wirklich, ich kann nichts dafür! Es ist bei uns erblich – wie in andern Familien das Trinken oder der Selbstmord – das Schriftstellern der Frauen nämlich.“[15]

Außerdem macht sie in derselben Autobiografie zum selben Zweck allen Ernsts die Behauptung einer Besucherin in Ägypten geltend, die dem Kind in der Wiege, Gabriele, eine schreibende Zukunft vorausgesagt hatte:

> „Was hat das Kind für eine ernsthafte Nase – sie sieht aus, als würde sie einmal Bücher schreiben.“[16]

In Wahrheit wurde ihr professionelles Schreiben durch die entscheidende Zäsur in ihrem Leben initiiert, die sie zwar nennt, aber nicht gemäß der wahren Bedeutung einordnet: Es geht um den frühen Tod des Vaters.

1872 sind die Reuters zunächst als Urlauber wieder in Deutschland. Das erste Domizil wird das ehemalige Erziehungsinstitut der Tante Auguste Overbeck (1819–1904) in Althaldensleben.

---

13 Ebd., S. 43 f.

14 Ebd., S. 17.

15 Gabriele Reuter, *Mein liebes Ich*, S. 283.

16 Gabriele Reuter, *VKzM*, S. 17.

Haus Bussenius am Adlerplatz, Zeichnung von Heinrich Uffrecht

> „In Althaldensleben empfing uns Tante Gustchen, in deren Hause wir wohnen sollten. Sie hatte hier ein Erziehungsinstitut geleitet, das hatte sie aufgegeben, wollte nun, nahe dem sechzigsten Jahre nach Berlin und Musik studieren."[17]

Doch in Althaldensleben ist nicht nur Tante Gustchens Domizil, sondern steht auch das in den napoleonischen Kriegen aufgelöste Klostergut, das mittlerweile in den Besitz der Familie Nathusius übergegangen ist: Johanna Reuters Schwester Luise (1827–1876) ist verheiratet mit Heinrich von Nathusius (1824–1890). Mütterlich und rührig hält sie die große Familie mit zwölf Kindern zusammen. Das sind neben Gabrieles befreundeter Cousine Bärbel (1859–1922) zumeist junge Männer, die bereits im Krieg 1870/71 gekämpft hatten und dort Offiziere geworden waren.

Nach einem Kuraufenthalt im Frühsommer 1872, den sie als Begleiterin der Mutter in Wildbad eintauchend in die Literatur der Romantik und damit endgültig dem Spielen mit Puppen entwachsend erlebt, verliebt sich die 13-Jährige zurück in Althaldensleben zum ersten Mal. Ihr Vetter Jacobus (1854–1909) ist der Erwählte, dem sie in ihrer Autobiografie den Namen Matthäus gibt[18]:

17 Ebd., S. 92.

18 Ulrich Hauer, *Gabriele Reuter – Jugendjahre in Alt- und Neuhaldensleben*, in: Jahresschrift der Museen des Landkreises Börde, Bd. 49 (16), Haldensleben 2009, S. 44: Jacobus Engelhard von Nathusius verstarb 1909 in Berlin an Leukämie.

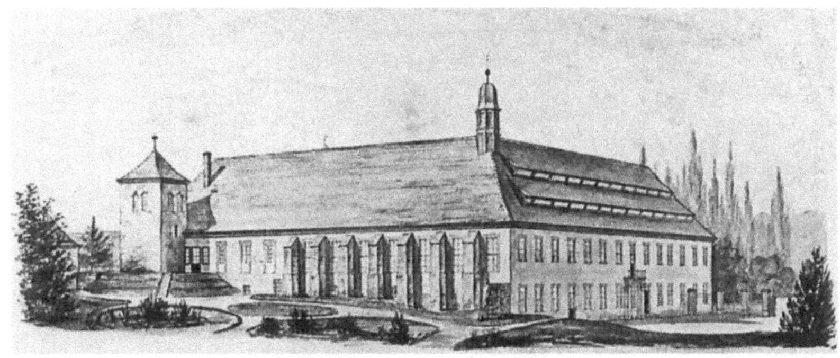

Gartenseite der zum Herrenhaus umgestalteten Klausur des Klosters Althaldensleben, Zeichnung von Felix Achten, 1876

> „Aber eine ganz zarte Sympathie schwebte zwischen uns, wie das schwankende Gewebe eines Spinnenfadens. Verwandtschaftliche Ähnlichkeiten waren vorhanden – mein Mund glich dem seinen, der mädchenhaft klein und fein gezeichnet war – auch im Profil konnten wir für Geschwister gelten. Er liebte vor allem sein rosiges, braunäugiges Schwesterchen Bärbel, und so geschah es, dass wir während seines Sommerurlaubs sehr viel beisammen waren."[19]

Luise und Heinrich Nathusius, die Eltern des Jacobus und seiner vielen Geschwister, feiern 1872 ihre Silberhochzeit, ein großes Ereignis im September, das Gabriele auch in der Rückschau Bewunderung für diese christlich und sozial fühlenden Menschen abnötigt. Alles scheint wie immer, ein Leben in Wohlstand im Kreise einer großen, würdigen Familie steht Gabriele und ihren Brüdern offenbar bevor. Doch im Oktober des Jahres stirbt plötzlich, nachdem ein Herzleiden eigentlich gebessert erschien, in der Nacht vor seiner erneuten Abreise nach Ägypten, Gabrieles geliebter und bewunderter Vater. Der bislang mit Geschäften gar nicht vertrauten Mutter ist nun die Regelung der Geschäfte ihres Mannes in Ägypten auferlegt. Gabriele erinnert sich an den schmerzlichen Abschied von der Mutter:

> „Noch einmal riß sie mich an ihr Herz. Ich blieb unter Fremden und hatte die Verantwortung dem Leben gegenüber allein auf mich zu nehmen. Meine Kindheit war zu Ende."

Vorausgegangen war eine mehrjährige Herzkrankheit Carl Reuters in einer Situation massiver geschäftlicher Probleme, bedingt durch die Unterschlagung einer erheblichen Summe durch einen jüngeren Ver-

19 Gabriele Reuter, *VKzM*, S. 98.

Jacobus von Nathusius, Foto, um 1875

wandten der Mutter, ‚W.' genannt, der den Vater bei einer wichtigen geschäftlichen Auslandsreise vertreten sollte.[20] Carl Reuter hatte seine Frau gebeten, Verwandten und Freunden, insbesondere ihrer kranken Mutter, diese Vorgänge zu verschweigen. In der Tat hatte sie das offenbar sehr streng eingehalten, sodass selbst in der nächsten Generation von ‚W.' in den Memoiren, die Ruth Behmer-Steinbeck, eine Tochter Hermann Behmers, hinterlässt, nur von seinen positiven Seiten gehandelt wird und lediglich ein kleiner Verweis auf eine angebliche, aber nie bewiesene Mitschuld am Vermögensverlust der Reuters fällt.[21]

---

20 Es handelte sich offenbar um Wilhelm Behmer (1838–1902), den jüngsten Bruder der Mutter Johanna, den Gabrieles Vater in seinem Unternehmen zum Vertreter gemacht hatte und den er 1866 wegen Veruntreuung entlassen hatte. Vgl. Ulrich Hauer, *Gabriele Reuter – Jugendjahre in Alt- und Neuhaldensleben,* in: Jahresschrift der Museen des Landkreises Börde, Bd. 49 (16), Haldensleben 2009, S. 41 f.

21 Ruth Steinbeck, geb. Behmer, *Erinnerungen,* (maschinenschriftliche Kopie, aufgezeichnet von Hilda Behmer, Tochter des Zwillingsbruders von Hermann Behmer, Rudolf, o. J. (1950–61?), übermittelt durch Jens Husemann, Nachkomme

Carl Reuter verzichtete mit seiner angeborenen Noblesse darauf, den Verwandten gerichtlich zu belangen, den Gabriele als den ‚untreuen W.' in ihrer Autobiografie bezeichnet. Wilhelm Behmer selbst habe wohl in der Folge auch aufgrund des dann eigenständig erlangten/angehäuften Reichtums eine sehr gefällige und liebenswürdige Erscheinung abgegeben, wann immer er in Althaldensleben oder dann auch Weimar auftauchte. Insofern hatten alle Versuche Johanna Reuters, ihren Standpunkt zur Geltung zu bringen, von vorneherein nur geringe Erfolgsaussichten: Sie galt im Sinne der wilhelministischen darwinistisch denkenden Gesellschaft als im Grunde selbst schuldige Verliererin, Wilhelm hingegen als Gewinner.

Lediglich in einer 1896 erschienen Novelle mit dem Titel *Der Hätschel-Sünder*[22], also unmittelbar nach der Veröffentlichung ihres Hauptwerks *Aus guter Familie*, das ihr die Ächtung durch die Nathusius- und Behmer-Familie ein- und deshalb den Umzug weg von Weimar mit sich brachte, wagte Gabriele Reuter es, die ungeheure Kränkung, die mit der sozialen Degradierung ihres Familienzweigs hinsichtlich der anderen Zweige Nathusius und Behmer einherging, literarisch – und damit auch psychisch – zu verarbeiten.

Reuter vermittelt darin einerseits ein harmonisierendes und sich demutsvoll gebendes Lebensideal, dennoch strahlen auch Stolz und Haltung aus ihren Texten. Akzeptieren des Unvermeidlichen, Entsagen, Ausweichen bei Konflikten und Rückzug (in das Schweigen) sind Konstanten ihrer Mentalität – und die ihrer Romanheldinnen. Ein politisches oder aktives Angehen gegen als ungerecht und unwürdig erkannte Lebensbedingungen für Frauen schloss sie sowohl für sich als auch für jene aus.

Wie jedoch ging das Leben für das 13 Jahre alte Mädchen weiter, dessen Vater tot war, dessen Mutter auf ungewisse Zeit in Ägypten weilte, um die Geschäfte zu ordnen, und dessen Brüder vermutlich vorübergehend bei den Verwandten unterkommen mussten?

Sie wird ab sofort die für sie ausgesuchte fortschrittliche Internatsschule in Wolfenbüttel, Neu-Watzum, besuchen, gegründet von Henriette Breymann[23], die eine Großtante für sie bezahlt. Ein recht kurzes Intermezzo

---

der Familien Reuter-Behmer.

22 In: Gabriele Reuter, *Der Lebenskünstler*, Berlin 1896.

23 Henriette Breymann (1827–1899) war Großnichte und Schülerin von Friedrich Fröbel. Während Gabriele Reuter die Einrichtung besuchte, wurde die Schule durch Henriette Breymanns Bruder Karl, einen idealistisch-liberalen Theologen, und seine Frau im Sinne seiner Schwester geleitet. Im Nachhinein bedauerte es Gabriele Reuter sehr, die Ausbildung im Institut Neu-Watzum in Wolfenbüttel nicht abgeschlossen zu haben.

ist dies, zwischen November 1872 und Frühjahr 1873, und sie fühlt sich, wie ab sofort immer öfter, als eine Fremde unter den übrigen fröhlichen Mädchen. Daran ist nicht nur der deutsche Winter schuld, sondern auch die überfordernde Rolle, die ihr die Mutter in sorgenvollen Briefen zumutet. Das Mädchen wird zur einzigen Vertrauten in den Existenznöten der schwachen, wenig lebenstüchtigen Frau, so spiegelt sie es im Erinnerungsbuch wider:

> „Ich hörte von dem Fallen und Steigen der Baumwollpreise, und wie Kriegsgerüchte dies beeinflussen konnten, und es dadurch fraglich wurde, ob meine Brüder hinfort das Gymnasium oder nur die Volksschule besuchen konnten. [...] – und ich vernahm, dass auch mein Vater schon jahrelang mit schweren Sorgen zu kämpfen hatte, während wir doch in dem behaglichsten Wohlstand zu leben schienen und er uns Kindern stets ein gütigfreundliches Lächeln gezeigt hatte. Und ich fing an, zu grübeln, Fragen zu stellen und Auflösungen zu suchen, die Charaktere und Eigenarten meiner bisherigen Umgebung, die ich immer blind als etwas Gegebenes, das ein für allemal der Kritik entrückt ist, hingenommen hatte, zu beurteilen, miteinander und mit Fremden zu vergleichen, sie gleichsam neu in eine sich neu eröffnende Welt zu stellen. [...] Und ich sah ein Gespenst langsam, schemenhaft am Horizont meines jungen Daseins auftauchen: Wir würden vielleicht arm werden ... Wie arm wohl?“[24]

Wenig später trifft der Brief der Mutter ein, den sie in der Autobiografie zitiert und als entscheidend für ihren Lebensweg ansieht:

> „Es ist nun entschieden. Von dem, was Dein lieber Papa mit so vielem Fleiß verdiente, ist nichts mehr für euch Kinder übrig geblieben. Wir sind ganz arm geworden – [...] Lerne nur tüchtig, Papa pflegte immer zu sagen, Du habest einen guten Stil – vielleicht kannst Du in diesem Jahr noch so viel lernen, daß Du einmal kleine Geschichten für die Jugend schreiben und dir auf diese Weise Dein Brot verdienen kannst.“[25]

Gabrieles Reaktion ist visionär, sie hat sich ihr eingebrannt:

> „Eine Stimme aus dem Grabe, eine unaussprechlich geliebte Stimme erhob sich noch einmal, sprach mir von Begabung ... Mein Gesicht glühte, die Tränen brannten mir in den Augen, aber ich lächelte – nicht sorglos fröhlich, wie ein Kind zu lächeln pflegt – es mag wohl ein anderes Lächeln gewesen sein – ein hartes, stolzes Lächeln, das da plötzlich an das Höchste, an die kühnsten Träume glaubt. [...]

---

24 Gabriele Reuter, *VKzM*, S. 109 f.
25 Ebd., S. 112.

Gabriele Reuter als Konfirmandin 1873

> Und ich fühlte das mächtige große Leben heranstürmen und meine Mädchenbrust bedrängen, tausend Gestalten hoben sich aus seinen Wogen und blickten mich mit verlangenden Augen an, – geheimnisvolle Stimmen riefen und lockten, das nächtliche Zimmer war angefüllt von raunenden Geisterscharen … Ich hob die Arme hoch in die Luft und rang nach Atem, denn mir war, als müsse ich ersticken, ersticken vor Glück und vor innerem Jubel. Nein – wahrhaftig – ich würde keine kleinen Geschichten für die Jugend schreiben – ganz andere Dinge würde ich schreiben […] Von dem Abend an wusste ich, dass ich eine Schriftstellerin werden musste.“[26]

Das junge Mädchen kann angesichts der radikalen Lebensveränderung,

---

26 Ebd., S. 112 f.

dem Sturz in die Armut, nur mit dem heilenden Traum von künftiger Grandiosität operieren, der mit seiner motivierenden Kraft dazu beiträgt, die dunklen Seiten der Veränderung zu ertragen.

Nach einem halben Jahr kehrt die Mutter aus Ägypten zurück und beschließt, sich mit den Kindern in der Nähe der wohlhabenden Verwandten, in dem Landstädtchen Neuhaldensleben, niederzulassen. In dem kleinbürgerlichen Haus Am Markt 21[27] wartet auf die sechs Personen im Obergeschoss des Vorderhauses eine Wohnung, deren Einrichtung in deutlichem Kontrast zu den gewohnten ägyptischen und Dessauer Verhältnissen steht:

> „Am kleinen Marktplatz, neben Rathaus und Kirche und dem alten steinernen Roland stand das niedrige Häuschen des Kaufmanns Prömmel. […] Stieg man die weißgescheuerte Treppe hinauf, so gab es dort oben einen hellen Vorraum, wo einige Schränke Platz fanden. Das Wohnzimmer machte trotz der niederen Decke mit den alten Mahagonimöbeln, dem breiten Roßhaarsofa und den vertrauten Familienbildern einen recht behaglichen Eindruck, der durch die schönen korinthfarbenen Vorhänge um Fenster und Türen und durch einen Tisch mit blühenden Pflanzen aus den Althaldenslebener Gewächshäusern noch anheimelnder wurde. Es durfte nur sonntags benützt werden. Für die Wochentage musste uns allen ein Raum genügen, der durch eine Tapetenwand in zwei Teile geschieden war. Jenseits der Tapetentür standen die vier Jungenbetten dicht nebeneinander, außerdem ein Waschtisch, über dem die Tante Luise Nathusius einen gemalten Spruch gestiftet hatte: „Siehe, wie fein und lieblich ist es, wenn Brüder einträchtig miteinander wandeln. […] Das Eß-, Wohn, Näh- und Arbeitszimmer wies nur zwei auf Eiche gestrichene Tannentische, einige derbe Stühle und Wandregale für der Knaben Schulbücher und Spielzeug auf. Hinter dem Schlafraum der Brüder gab es noch eine unheizbare dunkle Kammer für mich und die Mutter und eine noch dunklere Küche.“[28]

Mehr aus Stolz denn aus Überzeugung lehnt Gabriele Reuter es ab, die Großtante Nathusius zu bitten, die Ausbildung in Neu-Watzum weiter zu finanzieren. Stattdessen will sie die kränkliche Mutter nach Kräften im Haushalt unterstützen. Sie ist jetzt 14 Jahre alt und verbringt ab Mai den Sommer im Hause des Mecklenburger Onkels und Pastors Präpositus: Er

---

27 Das denkmalgeschützte Fachwerkhaus beherbergt heute das Bürgerbüro und andere Räume der Stadtverwaltung. Seit 2008 erinnert eine Tafel an Gabriele Reuter.

28 Ebd., S. 115.

soll sie auf die Konfirmation vorbereiten, während sie außerdem bei seiner Frau die Hauswirtschaft erlernen wird. Sie fühlt sich sehr wohl. Schwer fällt es ihr daher, die harmonische Umgebung und Bildungsangebote des Onkels, die Güte der Tante am Tag der Konfirmation zu verlassen.

Immerhin hatte die Mutter inzwischen die von Reuter als ‚freudlos' gekennzeichnete Wohnung im Kaufmannshaus am Markt aufgegeben zugunsten einer oberen Etage der an dem Flüsschen Ohre in den Wiesen gelegenen Burgwallbrauerei und Mineralwasserfabrik von Albert Heinrich, was Gabriele erfreut. Diese Wohnung sollte Johanna Reuter nach dem Ende des Sommers und bis 1878 mieten. Thomas[29] und Albert[30], die älteren der vier jüngeren Brüder, waren mittlerweile als Maschinenschlosserlehrling der eine, der andere in Magdeburg in Pension bei einem Pfarrer untergebracht worden. Die beiden jüngeren Brüder Martin[31] und Carl[32], genannt Lola, genossen vorerst noch die Freundschaft mit den Kindern des Hausbesitzers. Der artesische Brunnen im von Obst und Rosen überquellenden Garten besitzt für die junge Gabriele einen besonderen Zauber.

Hingegen entlockt ihr die Erinnerung an ihre Tanzstunden in Neuhaldensleben Selbstironie: Sie beschreibt ihren halb so großen Tanzpartner und sich – beide junge Leute haben zahlreiche Frostbeulen an den Händen – als ein wenig romantisches, eher groteskes Paar, das in der rauen Wirklichkeit oft mit kaltem Wasser zu tun hatte. Dabei kommt die Erinnerung an die viel feineren ersten Tanzstunden in Althaldensleben mit den vornehmen und schneidigen militärisch gewandeten Cousins hoch. Doch ohne spürbares Leid, mit einer Neigung zur Wahrnehmung von Skurrilem, Lächerlichem und immer spürbarer Distanz verarbeitet sie diese Erfahrungen – und wird diese Ironie später auch in ihren Romanen zum Einsatz bringen. So ist das Erlebnis des ersten Balls, damals ein Initiationsritus für ‚erwachsene' Mädchen, sehr ähnlich dem, was Agathe Heidling, die Heldin des ersten großen Erfolgsromans von Gabriele Reuter, *Aus guter Familie*, erschienen 1895, in einer Mischung aus Bestürzung, Beschämung Widerwillen und dennoch Kritik anlässlich ihres ersten Balls erfährt.

Ohne auch nur versuchen zu wollen, die Romanheldin Agathe Heidling, Tochter eines respektablen Regierungsrates, die in völliger Rollenkonformität, ja Überanpassung, gleichzeitig mit einem Wunsch nach Bildung

29 Geb. 1860.
30 Geb. 1862.
31 Geb. 1864.
32 Geb. 1866.

Am Ufer der Ohre mit dem Grundstück der Familie Heinrich, Neuhaldensleben, Foto um 1910

und Vervollkommnung, guten Geistesgaben und starker Moralität ausgestattet ist, mit Gabriele Reuter gleichsetzen zu wollen, frappieren doch viele motivische und bis ins Detail vergleichbare Szenen im Roman und in der Autobiografie[33], wo es etwa in der Ballszene heißt:

> „Ich zog mich im Gegenteil in die hinterste Reihe zurück und stand dort, die Hände steif um den Fächer geschlossen, mit der todernsten Miene einer beleidigten jungen Fürstin. Und das Tragikomische dabei war, dass ich doch wartete, sie sollten kommen, sie sollten mich auffordern – dass mein Herz lauter und immer lauter schlug, als all die anderen Mädchen geholt wurden – zuletzt auch die allerbescheidenste – und ich am Ende ganz allein und verschmäht dastand!"[34]

Im Roman schmückt Reuter die Szene lediglich in ihrer Dramatik aus:

> „Als Agathe die Fülle eleganter Erscheinungen sah, verlor sie plötzlich jede Hoffnung auf Erfolg. Sie wurde unsicher, wusste nicht, wie sie stehen, wie sie die Hände halten, wohin sie blicken sollte. [...] Die Regierungsrätin flüsterte ihr zu, nicht so ein ernsthaftes Gesicht zu machen, sonst würde kein Herr sie zum Tanz auffordern.

33 Ebenso wie Gabriele Reuter sich zuvor in Matthäus (Jacobus) Nathusius verliebt hat, hat sich Agathe zum ersten Mal ebenfalls in ihren Vetter, Martin Greffinger, verliebt, und ebenso wie sich Gabriele hernach in das Bild eines Fürsten verliebt, verliebt sich Agathe in Lord Byron, bzw. ihre Fantasie von diesem romantischen Schriftsteller.

34 Ebd., S. 126.

> Gott! Das wäre entsetzlich! Agathe begann eine Angst zu fühlen, wie sie bisher in ihrem jungen Leben noch nicht gekannt hatte. Getrieben von dieser Angst, deren sie sich doch schämte, drückte sie sich hinter ihre Freundinnen und flüchtete in eine Ecke des Saales.
> Es wäre ja eine solche Schande gewesen, auf ihrem ersten Balle sitzen zu bleiben!“[35]

Während Gabriele sich so schämte, dass sie sich davonstahl, um ihre Mutter, die eine üble Migräne überfallen hatte, in der Garderobe zu finden und mit ihr das Weite zu suchen, darf ihre Heldin Agathe Heidling nach dem verpassten ersten Walzer doch noch tanzen, genießt es aber keineswegs, empfindet stattdessen das Umschlungenwerden durch immer andere Tanzpartner als widerwärtig. Überhaupt ist die Verdrängung von erotischen und sexuellen Wünschen und Ablehnung realer Avancen, die das männliche Geschlecht der Heldin Agathe (und wahrscheinlich spiegelbildlich der jungen Gabriele) macht, verbunden mit dem gleichzeitigen Bedürfnis, sich in äußerst erotisch aufgeheizte Tagträume zu versetzen und diese für das ‚eigentliche‘ Leben anzusehen, ein wichtiger Aspekt im Roman wie in der damaligen Jungmädchenphase der Autorin, die sie aus diesem Grunde so anschaulich zu schildern vermag. Wohlgemerkt schreibt Reuter ihren Roman Jahre vor dem Erscheinen von Sigmund Freuds *Traumdeutung* und seiner übrigen Hauptwerke.[36]

35 Gabriele Reuter, *AgF*, S. 43.

36 Sigmund Freud (1856–1939) sprach 1896 erstmals überhaupt von der Psychoanalyse. Sein erstes Hauptwerk, die *Traumdeutung* erschien 1899, die übrigen Werke, die ihn berühmt machten, in den Jahren bis 1905.

Artesischer Brunnen und Garten, Burgwall 5 in Neuhaldensleben, Foto um 1910

Weimar: Liebe, Literatur, Leid und – Neugeburt

Es folgte im Mai 1875 für die mittlerweile 16 Jahre alte Gabriele eine Einladung nach Weimar. Tante Auguste Overbeck (1819–1904) hatte ihren Wunsch, in fortgeschrittenem Alter Musik zu studieren, in die Tat umgesetzt und lebte in Weimar als 60-jährige Studentin des Musikpädagogen und Komponisten Carl Müllerhartung (1834–1908), der 1872 in Weimar die erste deutsche Orchester-Schule gegründet hatte, den Vorläufer der heutigen Franz-Liszt-Hochschule für Musik.
Das aparte, hoch aufgeschossene junge Mädchen verschlug es in eine gänzlich andere Lebenswelt, zunächst als Gast der Tante, die ihr die Kunstwelt Weimars präsentierte, Musiker wie Rosa und Natalie von Milde, Maler wie den alten Preller vorstellte, sie in die lebendig gehaltene Literaturgeschichte einführte und ihr die Wartburg zeigte. Schließlich lernte Reuter auch die Lebenswelt ihres Onkels Hermann Behmer (1831–1915) kennen, seines Zeichens Maler an der Weimarer Großherzoglich-Sächsischen Kunstschule, der gerade mit seiner Familie in das frühere Haus von Müllerhartung am Kasernenberg gezogen war, damals Wilhelmsallee, heute Leibnizallee 4, in dem bis 1860 auch der Dichter der Revolution von 1848, Hoffmann von Fallersleben, gewohnt hatte.[37]
Ein Jahr später, 1876, wurden Gabriele und ihre Mutter im Sommer erneut nach Weimar eingeladen. Tante Gustchen lebte jetzt in der Parterrewohnung des Behmer'schen Hauses. Onkel Hermanns Frau Elisabeth (1849–1891), deren Vater aus einem schottischen Geschlecht „von Douglas" abstammte, wurde für Gabriele Reuter ein angebetetes Vorbild, wie sie überhaupt in starker Polarisierung Menschen entweder schwärmerisch anbetete oder ablehnte und ignorierte.
Die Behmers orientierten sich am Adel, dem sie sich näher fühlten als den liberalen Bürgern. Gleichzeitig waren sie fromm, künstlerisch war

37 Weimarern ist Behmers Name vor allem auch bekannt über den durch seinen Schmähartikel in der Lokalzeitung ausgelösten Rodin-Skandal 1906, in dessen Zuge Harry Graf Kessler demissionierte. Eigentlich spricht alles dafür, dass der damalige Hofbeamte Aimé von Palézieux-Falconnet (1843–1907) den Künstler für diese Affäre missbraucht hatte und Behmer dafür einspannte. Vgl. diesen Zusammenhang auch bei Bernard Post und Dietrich Werner, *Herrscher in der Zeitenwende: Wilhelm Ernst von Sachsen-Weimar Eisenach 1876–1923*, Jena 2006, S. 415–429.

Fotoporträt Hermann Behmers in seinem Atelier am Karlsplatz, heute Goetheplatz (Raum der Permanenten Kunstausstellung

Hermann Behmer den Nazarenern verbunden. So beschreibt es Gabriele, die erlebte, wie ihre Tante von Schmerz über den frühen Tod eines Kindes trotz ihres starken Glaubens fast verzweifelte. Das junge Mädchen erkannte die inneren Konflikte der von ihr bewunderten spottlustigen Tante, ihr Leiden an den Konventionen einerseits, den eigenen Bedürfnissen nach Freiheit andererseits, sehr früh. In ihrem Alter und bei ihrer Sensibilität war die Mischung an Impulsen unterschiedlichster Art, die das Haus Behmer ihr vermittelte, fast zuviel für sie.

Zurück in Neuhaldensleben schlug die Mutter ihr vor, sich an einem literarischen Preisausschreiben, das die beste christlich-soziale Erzählung belohnen soll, zu beteiligen. Der jetzt entstandene Roman *Wieder beim Vater* gewann weder einen Preis, noch wurde er je gedruckt.[38] Dennoch hatte die junge Frau Geschmack am Schreiben gefunden und begann neben ihrer Hausarbeit die Arbeit an einer romantischen Novelle, denn

38 Im Weimarer Goethe-Schiller-Archiv ist dieser Roman nicht unter Reuters Nachlass zu finden.

Weimar, Leibnizallee 4, heutige Aufnahme des Hauses

Schreiben, egal zu welchem Zweck, war allemal besser, als Hasen das Fell abzuziehen oder im kalten Winter Wäsche zu waschen:

> „Gerade war ich bei einer sehr zarten und sinnigen Stelle, die Verlobung war in naher Aussicht, als mein jüngster Bruder Lola hereingetobt kam und mir zurief, ob ich daran denke, dass der Hase zum Sonntag noch abgezogen und ausgeweidet werden müsse [...] So eilte ich in die Küche und wir zerrten uns mit dem Tier herum, bis es endlich seines Felles entledigt war. Ich wurde von der Angst gefoltert, alle schönen poetischen Worte inzwischen zu vergessen, und so rannte ich denn an den Schreibtisch zurück und schrieb mit hasenbluttriefenden Händen meine erste Liebeserklärung."[39]

Insbesondere die Kenntnisse Gabrieles über das exotische Ägypten waren dem Chefredakteur der Magdeburger Zeitung, der ihre ersten Feuilletonbeiträge erfreut annahm, wenig später sehr willkommen. Denken, Lesen, Schreiben wurden zu immer wichtigeren und wirkmächtigen Helfern für

39 Gabriele Reuter, *VKzM*, S. 144 f.

Reuter, deren Talent ihre Umwelt, insbesondere die für das Mädchen vorbildhafte ‚Tante Henne', eigentlich Johanna Overbeck (1828–1886), die auch musikbegabte Feuilletonistin und Gebrauchsschriftstellerin, gleichzeitig Cousine der Mutter, erkannte:

> „Ja weißt du denn, dass du ein richtiges schriftstellerisches Talent bist – daß mancher mit tönendem Namen so was nicht zustande brächte? Beneiden tue ich dich, mein Kind, dass du's nur weißt! Du brauchst dich nicht mehr um deine Zukunft zu sorgen, wer so gute Feuilletons schreibt, wird immer sein Brot finden [...]"[40]

Gabriele maß im Nachhinein diesen Anfängen kaum Bedeutung bei. Maximal würdigte sie den Wirtschaftsfaktor dieser Erzeugnisse – mit Literatur, wie sie sie freilich schreiben wollte, hatte das alles nicht zu tun.

Einige Jahre vergehen auf diese Weise, ein kleines Kapital auf ihrem Sparbuch sammelt sich an. Sie ist jetzt 20 Jahre alt, und der Frühling bringt sie wie jedes Jahr nach Weimar in das Behmer'sche Haus und beschert ihr Umgang mit den Malerkollegen des Onkels an der Großherzoglichen Kunstschule: Alfred Brendel, der Tiermaler, Zdzisław von Suchodolski, Berthold Woltze, die Witwe des Malers von Blomberg, Christian Rohlfs, die Dichterin Friederike Kempner schließlich. Gabriele Reuters Bindung an die Stadt Goethes wird immer stärker, was von ihrer Familie kritisch gesehen wird, in der Goethe als „gefährlicher großer Heide"[41] gilt. Jetzt wird Gabriele von ihrem Onkel auch gemalt, mit Sicherheit für dieses schüchterne Mädchen eine große Herausforderung.

Doch nicht von ungefähr hatte sich Gabriele schon im Alter von zwölf Jahren, im letzten Winter von Alexandria, das Liebesideal der Klassiker zu eigen gemacht:

> „Gegen das Ende des Winters las ich mit Fräulein Clara[42] einige ausgewählte Stellen aus den *Räubern*, dann aus *Egmont*. Die Liebesszenen wurden überschlagen. Doch ich hatte ja den Schiller und einen Band Goethe zu meiner Verfügung – ich verschlang die Dramen heimlich, in meine Schulbücher versteckt, mit brennenden Augen, mit Tränen, die verschluckt und bezwungen werden mussten. Amalia und Franz Moor rissen mich in eine maßlose, schwüle Erregung, noch mehr Fiesco und die Liebesstürme, die zwischen ihm, Lawinia und Julia tobten. Egmont entfesselte glühende Begeisterung! Ach –

40 Ebd., S. 146.

41 Ebd., S. 162.

42 Fräulein Clara war in Ägypten für einige Jahre Gabriele Reuters Gouvernante gewesen.

Gabriele Reuter, Ölbild von Hermann Behmer, 1879

hätte ich an seinem Grabe mich ausweinen können! – Daß es Klärchen nicht gelang, ihn zu retten! […] Einer Hypnotisierten gleich ging ich tagelang umher. Nun war es mit den einfachen Kindermärchen zu Ende. Plötzlich riß es mich über die Stufe friedlich spielender Unbewußtheit hinaus in die Welt großer Leidenschaften und gewaltiger Schicksale. Und ich schwankte, eine vom sicheren Halt gerissene Windenranke, in dem zu starken Sturm aufgewühlter Empfindungen, der über mich hereingebraust kam und den ich allein bewältigen musste. Trotzig und heilig verschloß ich mich in mich selbst. [...], und wie stark fühlte ich die grenzenlose Einsamkeit um mich her.

In jenen Tagen empfing die Linie meines inneren Lebens zu Lust und Leid ihre entscheidende Richtung.

Ich hatte die Liebe als das heroische Gefühl der Welt, als das große Schicksal ein für allemal empfunden – nie konnte ich andere Maßstäbe anlegen, und das wurde für meine Zukunft verhängnisvoll."[43]

Da spricht sie ein wahres Wort gelassen aus und sollte nun in Weimar, am klassischen Ort der deutschen Literatur, wo deren Liebes- und Lebensideale erdacht wurden, Gelegenheit erhalten auszuprobieren, wie sich eine große Liebe anfühlte. Denn an einem kühlen Apriltag des Jahrs 1879 kam es zu einer für Gabriele wichtigen Begegnung. Bei der innerhalb Weimars umgezogenen Tante Guste wollten Behmers sich mit Gabriele sehen lassen und anschließend ein nahe gelegenes Maleratelier besuchen:

„[...] Onkels Atelier war ein gemütlicher Arbeitsraum, nichts weiter. Noch nie hatte ich ein elegantes Studio gesehen und ahnte nicht, dass dieses hier berühmt war für den Geschmack und die Verschwendungssucht seines Besitzers. [...] auf Staffeleien standen Landschaftsbilder – bräunliche Parks mit verfallenen Tempelchen, mit stillen Gewässern, auf denen welke Blätter schwammen, an deren Ufern weiße Nymphen träumten. Und Bilder aus der römischen Campagna – mit hellen Himmeln und rötlich belichteten Ruinen. [...] Der Maler ging mit schnellen leichten Bewegungen hin und her, uns seine Schätze zeigend, unaufhörlich plaudernd [...] Ich hatte den Eindruck: hier ist ein Mann, der in der Schönheit lebt und dem von der Schönheit aller Jahrhunderte nur das Erlesenste zum Genusse genug dünkt. Die Züge seines Gesichts waren von seltener Vollendung, die Nase, das Kinn, die schmalen Wangen, die Umgebung der grauen Augen, alles war unendlich edel und vornehm gebildet, das Haar, von dem er das kleine schwarze Hütchen abgenommen, war von einem Blond, das beinahe silbern schimmerte, ebenso das kleine Bärtchen auf der Oberlippe des beweglichen Mundes. Und eben diese geistige Beweglichkeit, der fortwährend wechselnde Ausdruck bewahrten den schönen Jünglingskopf und die zarte Gestalt vor der Süßlichkeit, die hübschen blonden Männern so leicht anhaftet. Er hatte keine Ähnlichkeit mit irgendeinem Menschen, den ich früher gesehen. [...] Der Besuch dauerte im Ganzen nicht länger als eine Viertelstunde. Der Künstler

43 Ebd., S. 89.

> war im Begriff gewesen, auszugehen, und wir wollten ihn nicht länger zurückhalten."[44]

Der Beschreibung entnimmt man, dass Gabriele Reuter sich verliebte. Nun ist es kein vertrauter Vetter mehr, auch nicht ein unnahbarer Fürst bzw. dessen Bild wie noch zwei Jahre zuvor, sondern es ist ein realer unbekannter Mensch, den sie gleichwohl sofort gewissermaßen vergöttlicht. Ein Ausnahmemensch musste es sein, für den sie auch im Rückblick mit 60 Jahren noch eine Anbetungsmetaphorik entwickelt:

> „Der unbegreifliche – nie zu erreichende – vorüberstreifende, sich in unbekannte Fernen verlierende, nur sein verführerisches, aufreizendes Lied in der Luft zurücklassende Wundervogel – der Geist der Kunst selbst."[45]

‚Herr von S.' nennt Reuter diesen für sie faszinierenden Mann in ihrer Autobiografie, lange war er nicht identifiziert. Sie erwähnt, dass er auch im Weimarer Kreis um Franz Liszt, der zwischen 1869 und 1886 regelmäßig für einige Monate im Jahr zu Unterrichtszwecken in der ehemaligen Hofgärtnerei domizilierte, verkehrte. Nach all diesen Details muss es sich bei diesem Maler fast zweifelsfrei um den in Düsseldorf geborenen Friedrich von Schennis[46] (1852–1918) handeln, der in Düsseldorf Schüler von Oswald Achenbach (1827–1905) war, in Weimar dann bei Theodor Hagen zwischen 1871 und 1887 studierte und ab 1872 in Weimar ausstellte. Insbesondere trat er durch naturalistische Bilder von elegischen Parklandschaften mit einsamen, von ihrem Geliebten verlassenen Frauen hervor. Obwohl Bohemien, wurde von Schennis von Großherzog Carl Alexander protegiert. Er ist auch in dem illustren Kreis, den Franz Liszt immer wieder in Weimar um sich versammelt, ein gern gesehener Gast, ein Connaisseur aller Künste.

Interessanterweise – und hier als eine Art von ‚Beweis' fungierend, spiegelt ein Schriftstellerkollege Gabriele Reuters, Franz Blei, einen Reuters

---

44 Ebd., S. 164 f.

45 Ebd., S. 165.

46 Wulf Kirsten weist auf diese Identität schon im *Weimar-Lexikon* hin, vgl. *Weimar, Lexikon zur Stadtgeschichte*, Gitta Günther, Wolfram Huschke und Walther Steiner (Hgg.), Weimar 1998, Artikel „Reuter, Gabriele", S. 366. Bestätigt hat diese plausible Vermutung Frau Dr. Gerda Wendermann, Kustodin für Malerei und Plastik von 1860–1919 der Klassik Stiftung Weimar. Im Weimarer Adressbuch von 1876, 1879 und 1882 ist er als Maler mit seiner Wohnung Über dem Kegelthor 1 nachgewiesen. Ab 1884 lebte er nicht mehr in Weimar, sondern in Berlin, wo er 1918 auch starb. Die Ehefrau Annela verkaufte daraufhin seine Bilder. Einige davon finden sich heute im Bestand der Kunstsammlungen der Klassik Stiftung Weimar.

ganz vergleichbaren Eindruck von Schennis. Blei lernte den Maler wesentlich später in München kennen:

> „Man wusste vom Sagenhören, dass dieser ältere, überaus elegant auftretende Herr von Schennis mit dem auf blond gefärbten Haar und den überlangen Fingernägeln – er spielte, wie er sagte, das Tristanvorspiel mit Kastagnettenbegleitung – vor Zeiten ein Düsseldorfer Maler von Begabung gewesen sei, aber es bedeutete das nichts und hätte auch bei großem Ruhme dieser Bilder nichts bedeutet neben diesem Herrn, der die spaßigsten Dinge sagte, die alten griechischen und lateinischen Autoren glossatorisch zitierte, in einer müßigen Stunde sich damit beschäftigte, unter die Blätter seines Scheckbuches seinen Namen zu schreiben, das Scheckbuch dann zu verlieren und bei der Bank gerade zurecht zu kommen, wie sich ein Finder das Gesamtvermögen dieses Herrn von Schennis auszahlen ließ. Er war in jungen Jahren ein so berühmt schöner und kräftiger Mensch gewesen, dass ihm die Gräfin d'Agoult, um sich und ihrem Papa, dem Abbé Liszt, ein optisches Vergnügen zu bereiten, die schönsten Kokotten aus Paris nach Weimar kommen ließ. Besuchte man ihn des Vormittags, so trug er einen Strohhut auf dem Kopf über dem eben applizierten Farbmittel und saß über alten Handschriften und machte Emendationen. Er sprach lateinisch oder griechisch mit seinem Besucher, je nach dem Autor, den er gerade vorhatte. Von neuerer Literatur hatte er nur den Dante und den Faust gelesen, dessen letzte Seiten er in Goethes Handschrift besaß, in alten Samtbrokat gewickelt."[47]

Gabriele Reuter setzte dem Maler in ihrem Roman *Aus guter Familie* von 1895 ebenfalls ein Denkmal – das Accessoire des kleinen schwarzen Huts auf dem hellen Haar ist unzweifelhaftes Erkennungszeichen für das Vorbild Schennis. Die Hauptperson des Romans Agathe Heidling ist 20 Jahre alt, genauso alt wie Gabriele es also war, als sie ‚Herrn von S.' über die Behmers kennenlernte. Im Roman ist es das Malerehepaar Woszenski (in diesen Namen verwandelte Reuter das Weimarer Malerehepaar von Suchodolski[48]), das die junge Agathe für einige Wochen in seine Heimatstadt einlädt und mit dem gemeinsam sie das mit kostbaren Gegenständen eingerichtete Atelier des Malers Adrian Lutz besuchen kann. Bei der ersten Begegnung verliebt sich auch die Romanheldin Agathe unsterblich in den Maler, kommt sodann in ihr Gastzimmer zurück und imaginiert

47 Franz Blei, *Erzählung eines Lebens*, Wien 2004, S. 370 f.

48 Zdzisław von Suchodolski (1835–1908) war der Vater des späteren Malers und Gebrauchsgrafikers Siegmund von Suchodolski (1875–1935), über die Mutter ist leider nichts bekannt.

Franz Liszt gibt in seiner Wohnung, der ehemaligen Hofgärtnerei, in Anwesenheit des Großherzogs Carl Alexander und der Großherzogin Sophie von Sachsen-Weimar-Eisenach ein Konzert, Historiengemälde von Hans Werner Schmidt (1859–1950) aus dem Zyklus der „Weimarhallenbilder", Stadtmuseum Weimar, Öl auf Leinwand, 1932/33

nach einer massiven körperlichen Reaktion (Zittern, Atemnot, Verwirrung) den jungen Mann. Sie versucht, sich alle Einzelheiten des Zusammentreffens vor das geistige Auge zurückzurufen:

> „Wie war nur alles gewesen? – sie erinnerte sich nicht mehr, was er mit ihr gesprochen … Wie er den kleinen schwarzen Hut von dem hellen Kopf genommen und ihr seinen Blick zugewandt – das wusste sie noch. Ja – hell und zart – mit seinen schlanken Formen, ein wenig blaß und müde um die Augen – so trat seine Erscheinung wie hinter einen leichten Nebel, der alles nur undeutlich erkennen ließ, vor ihre Phantasie. – Sie hatten wenige Worte gewechselt – er redete mit Frau von Woszenska über seine begonnene Arbeit. Da gebrauchten sie Ausdrücke, die Agathe fremd waren, die auch ihr Vater niemals benutzte, wenn er über die Kunst sprach. […] Agathe wagte zu sagen, sie möge Stilleben nicht leiden – aber diese Idee wäre lustig. Da sah er sie noch einmal schnell und flüchtig an. ‚Ja? – Meinen Sie? Ich denke auch.' […]

> Schüchtern hatte Agathe sich in dem Atelier umgesehen. Eine kleine Chaiselongue mit blauem Seidenplüsch bezogen – Kissen von verblasstem, blumendurchwirktem Damast auf graziös geschweiften Stühlen – alles andere war ein Gewirr von weichen, einschmeichelnden Farben – Formen – Stoffen –Dunkelheiten, die durch alte Radierungen und Bronzen in die lichte Eleganz gebracht wurden. Die Einrichtung unterschied sich stark von dem herben Künstlergeschmack, der bei Woszenski herrschte.
>
> Niemals hatte Agathe dergleichen gesehen. Aber in ihr tauchte eine Erinnerung auf, als habe sie davon geträumt – als habe sie das alles unbewußt gesucht.“[49]

Die reale Gabriele Reuter sah sich im Alter von 20 Jahren keineswegs in der Lage, das durchaus vorhandene Interesse des Malers an ihr adäquat zu beantworten, wie überhaupt einer ihrer wichtigsten Charakterzüge eine im realen Leben fast energielos zu nennende Schwäche und Zurückhaltung war, die sie sich zwar prinzipiell, doch nicht bezogen auf diesen Fall eingesteht. Vielmehr konstatiert sie im Lebensrückblick eine reale Unmöglichkeit einer erfüllten Beziehung zu ‚Herrn von S.‘, und zwar aufgrund auch der sozialen Unterschiede und ihrer dadurch begründeten fehlenden Attraktivität für ihn:

> „Dieser Mann war nie zu gewinnen. Von mir nicht. Sein Weg führte ihn weit von dem meinen ab. Ich spürte keinen Versuch zu irgendeiner Annäherung, die in dem engen Raum von Weimar doch nicht unmöglich gewesen wäre. – Ich trat vor den Spiegel und sah mich in meinem altmadamlichen schwarzen Tuchmantel mit dem Hamsterfutter – den kleinstädtischen Kleidern, deren Mode meiner schwankenden, vornübergebeugten Gestalt so gar nicht angepasst war. Aber der Madonnentyp war der letzte, der Herrn von S. reizen konnte. Sein Geschmack ging wahrhaftig nach einer anderen Richtung und erschien so sehr aus seiner eigensten Natur heraus geboren, so in sich vollendet, daß ein Abweichen nicht in Frage kam.“[50]

Im Roman konstatiert Agathe ihr Verliebtsein wie eine Gewalt, die über sie gekommen sei und der sie unbedingt erliegen musste. Sie wartet darauf, dass Adrian von Lutz sie bei dem Künstlerehepaar aufsucht – vergebens. Er kommt nicht. Zunächst versucht sie sich dies damit zu erklären, dass der Maler auf eine vom Zufall gelenkte Wiederbegegnung hoffe.

Ebenso wenig wie die reale Gabriele Reuter hat ihre Figur Agathe eine Möglichkeit, von sich aus zu agieren, eine Begegnung eventuell arrangie-

49 Gabriele Reuter, *AgF*, S. 65.

50 Gabriele Reuter, *VKzM*, S. 165.

ren zu lassen oder gar selbst zu initiieren. Und im wahren Leben war die Selbstkränkung, die sie durch das zumindest empfundene fehlende Interesse des Malers erfuhr, offenbar so wirkmächtig, dass Reuter Jahre später – sie ist eine anerkannte und verehrte Schriftstellerin –, als sie die Möglichkeit gehabt hätte, dem angebeteten Maler auf freundschaftlicher Ebene näher zu kommen, genau dies unterlässt. Ihre Begründung ist wenig plausibel: Sie wollte ihre – wahrscheinlich verklärende – Erinnerung nicht gefährden. Dies ist ein weiteres Zeichen dafür, dass diese Liebe in keiner Weise mit einem als liebenswert real wahrgenommenen Gegenüber verbunden war, sondern mit einem Fantasiewesen, ebenso wie in den zuvor erlebten Liebessituationen.
Gabriele Reuter kehrte noch einmal zurück nach Neuhaldensleben. Sie leistete ohne zu klagen, doch ohne Begeisterung die notwendigen Hausarbeiten, die eigentlich unter ihrer Würde waren. Das andere, wahre Leben fand in der Tagtraumwelt statt. Gleichzeitig werden erste Risse im protestantischen Glaubensgebäude der jungen Schriftstellerin deutlich: Die Kleingeistigkeit des zunächst willkommenen neuen Pastors in Neuhaldensleben ist der Ausgangspunkt. Zusätzlich wird das Zusammenleben der Reuters mit dem Hauswirt schwierig. Er kündigt der Mutter, die neben Gabriele nur noch den begabtesten ihrer vier Söhne im Hause hat, Martin. Es stellt sich erneut die Frage nach der Zukunft.
Wieder einmal war es die kränkliche Mutter, die den Kurs genau zu kennen schien, der einzuschlagen war. Weimar als Lebensort, das literarische Anregungen für Gabriele und für Martin ein Gymnasium bieten soll, wird anvisiert. Gabriele bezahlt von ihren Honoraren den Umzug Anfang Oktober 1879, als just im Hause Behmer Vetter Marcus (1879–1958) – auch er sollte später Maler und vor allem ein begabter Karikaturist für den *Simplicissimus* werden – vorerst nur als Patenkind Gabrieles geboren wird:

> „Wir fanden eine Wohnung, die nur wenig teurer war als die bis jetzt inne gehabte, allerdings bedeutend enger. Auch ein Gärtchen war dabei, romantisch auf der alten Stadtmauer hängend, eigentlich war es aber nur ein erbärmliches Schattenfleckchen.“[51]

Diese Wohnung befand sich in der Marstallstraße 5, wo die kleine Familie nur kurz, bis Herbst 1880 wohnen sollte. Grund für den Umzug war die vom Arzt als wenig gesund gekennzeichnete Unterbringung dort.
Hier bietet sich ein kulturhistorischer Exkurs zu diesem Haus an, der die Gesundheitsgefährdung erklären hilft. Die Quellen stellen die Bauakten zur Marstallstraße 5 dar.[52] Der Kaufmann Klopfleisch war in den 1890er

51 Ebd., S. 172.
52 Stadtarchiv Weimar, Bauakte, Sign. NA II-8-638.

Jahren Besitzer des Grundstücks und des darauf befindlichen Hauses samt Nebengebäuden. Für die Zeit des Bezugs durch die Reuters sind keine Bauakten vermerkt, doch ab 1892 wird ein Problem aktenkundig: Seit längerer Zeit sei der Grundentwässerungskanal dort verstopft. Auch nach der Reparatur drang weiter Abwasser durch die auf dem Trottoir befindlichen Steinfugen ein. Das Haus blieb dauerhaft feucht – so wie offenbar schon zum Zeitpunkt, als die Kleinfamilie Reuter dort residierte. 1909 wird das moniert, 1947/48 wieder, jetzt gab es auch Wanzen dort. Inzwischen war der Bier- und Mineralwasserhändler Heller Besitzer. 1954 waren die Räume im Erdgeschoss so feucht, dass die zuständige Behörde sie unzumutbar für eine Bewohnbarkeit erachtete. 1967 wurde ein baufälliger Zustand durch die Bauaufsicht festgestellt. Aber es wohnten weiter drei Parteien dort. Die Mieter seien umzusetzen, das Gebäude sei zu sperren, der Abbruch zu beantragen, wird in den Akten vermerkt. Das Ganze zog sich hin bis zum Februar 1978, wo eine erneute Beratung im Abbruchprojekt stattfand. Offenbar war der im April 1979 festgelegte Abbruch Ende Mai 1979 erfolgt.[53]

Noch immer liebte Gabriele unglücklich und heimlich den Bohemien von Schennis, besser: das innere Bild, das sie sich von ihm gemacht hatte. Doch ein Wiedersehen kam lange nicht zustande.

> „Zwar sah ich täglich, wenn ich zu Behmers den Berg hinaufstieg, das Haus, in dem der Maler wohnte, doch nie begegnete ich ihm. Er schien wie von der Erde verschwunden. War er gar nicht mehr in Weimar? Anfragen wagte ich nicht, weil ich fürchtete, mich zu verraten. Und, so sonderbar es klingt, es wäre mir am angenehmsten gewesen, ich hätte ihn niemals wiedergesehen – er hätte sich in Luft aufgelöst und mir nur den Traum zurückgelassen. So gut sollte es mir jedoch nicht werden. Im Laufe des Winters ging ich einmal mit Elisabeth in die Kunstschule, wo das Bild eines andern, eleganten jungen Künstlers ausgestellt war, an das sich allerlei Gerede knüpfte. Wir waren allein in dem Raum, betrachteten das Gemälde eingehend, wollten uns eben entfernen, als Herr v. S. eintrat. Er bemerkte uns nicht, die wir im Hintergrund standen, trat mit seinen hastigen Bewegungen vor das Bild, betrachtete es eilig, sah dann Elisabeth, hob den kleinen, schwarzen Hut von dem hellen Kopf, grüßte, wechselte ein paar nichtssagende Höflichkeitsworte mit ihr und entfernte sich. Mich hatte er überhaupt nicht beachtet. Und das war gut, denn der Raum drehte sich in wildem Wirbel um mich her, das Bild, Herr v. S., Elisabeth – alles tanzte von Feuerfunken umblitzt, von schwar-

53 Freundliche Auskunft von Dr. Jens Riederer, Stadtarchiv Weimar.

Wohnung Gabriele Reuters an der Stadtmauer neben dem Kirms-Krackowhaus, vormals Marstallstraße 5. Heutige Aufnahme und historisches Foto

> zen Floren umhüllt einen unwirklichen Zauberreigen durch die Lüfte."[54]

Elisabeth Behmer begriff sofort, wie es um die von Ohnmacht bedrohte Nichte stand – Folge war, dass ab sofort der Name ‚von Schennis' nicht mehr in Gabrieles Beisein im Hause der Behmers, die eine strenge moralische Auffassung der Ehe hatten, genannt wurde.

Dass Gabriele lange, wenn nicht immer darunter leiden sollte, den so sehr adorierten Mann nicht für sich gewonnen zu haben, versucht sie mit aller Gewalt in ihrer Autobiografie zu verschleiern, doch es gelingt ihr nicht gut.

In dieser Zeit legte sie das eigene Schreiben und die Traumwelt ad acta, ging vielmehr in der Familienwelt der Behmers mit Kindern und vielen Verwandten auf. Daneben genoss sie Weimar als ein lebendiges literarisches Museum, in dem ein Walther von Goethe, Goethes Enkel, „ein kleines, hässliches, schüchternes graues Herrchen"[55] sein Haus, einst Haus des Olympiers, den Besuchern von nah und fern verschloss. Sie lebte ganz in dieser Welt Weimars und seiner wirkmächtigen Goethe-Verehrung mit den zwei Inszenierungen des gesamten *Fausts* im Jahr, an denen viele Einwohner Weimars als Mitspieler – und natürlich die meis-

54 Gabriele Reuter, *VKzM*, S. 177 f.

55 Ebd., S. 184.

Adelheid von Schorn

Helene Böhlau

ten anderen als Zuschauer beteiligt waren. Insbesondere die Osterfestspiele ab 1880 waren für die Weimarer damals quasi-sakrale identitätsstiftende Teilnahmeverpflichtungen.

Doch war gerade dieses Stück des „alten Heiden Goethe" dazu angetan, das Verhältnis zwischen den Behmers, insbesondere Elisabeth und ihr, zu polarisieren, denn die Behmers waren letztlich befangen in sogenannten „Glaubensklaubereien", wie Reuter es nennt, während sie im *Faust* ein „Menschendrama der irrenden und suchenden, der schaffenden und rettenden Liebe"[56] sah, letztlich ihr eigenes Drama. In der gesamten Familie war es einzig Gabriele, die Goethes Welt der Bilder und Gestalten nicht nur ertrug, sondern schätzte und davon für das eigene Schaffen profitierte.

Wir schreiben das Jahr 1881. Gabriele ist gereift, mutiger in Gesellschaft und lediglich traurig darüber, mit ihren abgetragenen, aus Toiletten der Mutter gefertigten Kleidern nicht mithalten zu können mit den übrigen eleganten jungen Frauen. Im Weimarer Künstlerverein und in zahlreichen geselligen Runden hat sie Umgang. Sie trifft mit den Malern der Großherzoglichen Kunstschule wie auch mit den sich etablierenden Schriftstellerinnen Natalie von Milde und Helene Böhlau zusammen.[57]

56 Ebd., S. 187.

57 Vgl. Hubert Amft, *„Zu künden, was Mädchen und Frauen schweigend litten …": Leben und Werk Gabriele Reuters (1859–1941)* (Vortrag, Stadtmuseum im Bertuchhaus am 29.3. 2001, liegt als Typoskript vor).

Natalie von Milde

Gegen Ende des Winters wird ein Kostümfest veranstaltet, das Thema ist eine Weltausstellung. Das Ereignis schließt eine Wiederbegegnung mit ‚Herrn von S.', an seiner Seite ‚Euphorion', mit ein. Bei ihr muss es sich um die Schauspielerin Lucy Orban (später Lindner-Orban) gehandelt haben, die diese Rolle damals im *Faust II.* verkörpert hatte und die offenbar als seine Geliebte galt.[58]

‚Herr von S.' sieht die junge Reuter, sie beschreibt diese Wiederbegegnung und sich selbst: Sie trägt an diesem Abend ein geborgtes florentinisches Kostüm, das ihr sehr gut steht. Nach eigener Aussage hat sie viel getanzt, Erfolg gehabt und sich gut unterhalten. Aber dann:

> „Und plötzlich überglomm mich ein Erschrecken. Herr von S. hatte sich von dem Euphorion, der auf ihn einsprach, etwas abgewendet, war einen Schritt in den Saal getreten, er beobachtete mich – er sah mich – zum erstenmal seit jenem Besuch im Atelier vor beinahe zwei Jahren sah er mich. Eine kleine Szene zwischen ihm und dem Euphorion folgte, er verschwand mit ihr und stand nach zwei Minuten allein in der Tür. Die Kunstschüler zogen ihn jubelnd herein, entrissen ihm im Triumph Hut und Mantel – der Zauber dieses eigentümlichen Mannes wirkte, das wusste ich, auch auf die jungen Leute, von denen

58 Quelle sind die Theaterzettel des Weimarer Hoftheaters, die online auf der Plattform UrMEL der Thüringischen Universitäts- und Landesbibliothek Jena (ThULB) vorliegen.

Lucy Orban mit Katze

> einige geradezu für ihn schwärmten. Er dankte lachend, mit einem Vorübergehen sprach er mich an, als hätten wir uns gestern zuletzt gesehen, doch sehr weltmännisch, ohne jede Vertraulichkeit. [...] Und den Abend blieb Herr von S. an meiner Seite. Doch der Abend war bald zu Ende."[59]

Man entnimmt dieser Passage trotz aller geübten Zurückhaltung der Autorin sehr deutlich den nach wie vor wirkenden Eindruck, den Schennis auf sie macht, den tiefen Wunsch Gabriele Reuters, diesen Mann für sich zu gewinnen und die Befriedigung darüber, dass ‚der kleine Euphorion' wich und Herr von S. ihre Gesellschaft an diesem Abend vorzog. Gerade hier erkennt man den unendlichen Unterschied zwischen Reuters weiblicher Verfasstheit – wie sie sich freute, endlich an diesem Abend im florentinischen Kostüm dem Künstler einen Genuss für die Augen geboten zu haben – und derjenigen der damals sich entwickelnden den weiblichen Putz verwerfenden Frauenbewegung. So begreift man sehr anschaulich, warum Gabriele Reuter eben keine Frauenrechtlerin und

59 Gabriele Reuter, *VKzM*, S. 189.

letztlich keine politisch denkende ‚moderne Schriftstellerin' war – sondern eine eher traditionell fühlende, dichterisch begabte Frau, die auch bezaubern wollte.

Am Tag danach kam es erneut zu einer Begegnung – das florentinische Kostüm war nicht mehr am Platze und daher erneut die angemessene bzw. modisch gefällige Kleidung ein Problem für die junge Frau. Reuter schildert ihr Problem im Rückblick ironisch:

> „Zum nächsten Tag war eine Art Nachfeier geplant, in kleinerem Kreise und ohne Kostümzwang. Ach Gott – da blieb mir nichts als mein sehr unmodernes, vielfach gewaschenes, weißes Batistkleid, aus einem alten von Mama zurechtgeschneidert. An dem Abend hätte ich meine Seele für eine geschmackvolle Toilette verkauft. Doch niemand wollte meine Seele haben.
>
> Herr von S. war anwesend. Er sprach anfangs mit Onkel Hermann, dann näherte er sich mir, das reizende Lächeln überglänzte mich, die grauen Augen blickten in die meinen, und dass ich's nur gestehe: ich entdeckte nun erst eigentlich, wie der Mann ausschaute, dessen Bild ich seit so langer Zeit im Herzen trug – ich musste es in mancher Hinsicht revidieren. Was wir sprachen, weiß ich nicht mehr, er führte mit seiner beweglichen, sprunghaften Lebendigkeit die Unterhaltung fast allein. Meine Antworten mussten ihn wohl nicht enttäuschen, er sprach, blickte, bewegte sich, wie es ein Mann tut, der gefallen will. An diesem Abend bewog Elisabeth ihren Mann, Erbarmen zu haben. Wir saßen zuletzt in einem kleinen Kreise bis vier Uhr morgens zusammen.
>
> Der Rest der Bilder und Skizzen wurde verauktioniert. Elisabeth erstand auf meine Bitte hin für mich eine kleine Skizze von ihm. Er sagte mir, das große Bild, das er danach gemalt, werde am nächsten Sonntag in der Kunstausstellung zu besichtigen sein."[60]

Der Maler nähert sich Gabriele an, die enttäuscht ist, dass sein angekündigter Besuch bei Behmers, bei denen er sie als täglichen Gast vermuten darf, nicht sofort realisiert wird. Als er dann doch einmal dort auftaucht, ist jeglicher Mut, sich vorteilhaft in Szene zu setzen, wieder von ihr gewichen:

> „Am Nachmittag sank die Schüchternheit wieder über mich. Es war nicht dagegen anzukämpfen unter dem ängstlich beobachtenden Blick der guten Mutter, dem etwas pädagogischen Ausdruck des Onkels und dem leichten Spotte, den ich aus Elisabeths Wesen spürte.

60 Ebd.

> Herr von S. war voller Liebenswürdigkeit. Er fand alles reizend – wahrscheinlich wie man auf Reisen die einfachen Sitten fremder Völkerschaften mit gerührtem Lächeln betrachtet. Er spielte ein wenig Klavier, seine langen Nägel klapperten dabei auf den Tasten – eine schlechte Angewohnheit, von der er nicht lassen könne, erklärte er. Man fühlte in seinem Spiel den durch und durch musikalischen Menschen, den Lisztschüler. Er verwickelte sich mit Elisabeth in ein Gespräch über Musik. Ich wusste von Minute zu Minute deutlicher, dass er mir entschwand.
>
> Er hatte mich gesehen – einen Augenblick hatte sein Fuß gestockt – und er schritt vorüber, den eignen Weg. Er mag empfunden haben, dass ich keine Beute war für abenteuersüchtige, ruhelose Sinne und Nerven."[61]

Auch im Roman spielt eine Schauspielerin an der Seite des Malers Adrian Lutz eine Rolle: Unerwartet sieht Agathe den Angebeteten in einem Konzert, an seiner Seite eine sehr kleine elegante Dame, die ihm, wie sie findet, sehr ähnelt. Agathe hat die kleine Dame vor einigen Tagen in einer Knabenrolle gesehen und bewundert. Sie vermutet, dass die Schauspielerin mit von Lutz verwandt sein könnte, doch Frau von Woszenska weiß zu berichten, sie sei seine Freundin. Auch hier also eine Übereinstimmung mit der Realität.

Im Roman will Agathe nicht wahrhaben, dass ihre Hypothese von der Schauspielerin als Schwester des Malers nicht realitätshaltig sein kann. Sie hofft weiter auf ein Wiedersehen, sieht den Maler aber lediglich ein weiteres Mal: Sie hat ihn abpassen wollen, indem sie ziellos auf der Straße vor seinem Haus hin und her spazierte. Das wäre sicherlich ein für Gabriele Reuter undenkbares, da unwürdiges Verhalten gewesen, das sie jedoch ihrer Figur zutraute. Als der Maler wirklich kommt, liest er einen soeben erhaltenen Brief und achtet nicht auf sie.

Dann kommt die unvermeidliche Abreise. Im Roman wird die Episode zugespitzt: Der Maler Lutz reist seiner Freundin, der Schauspielerin Daniel, in Agathes Heimatstadt M. nach, da diese dort das nächste Engagement wahrnimmt.

In der Realität von Weimar war die Schauspielerin Lucy Orban (geb. 1865) zwischen 1884 und 1900 am Hoftheater engagiert, offenbar hatte sie sich mit dem Komponisten Eugen Lindner (1858–1915) spätestens 1888 verheiratet.[62] Wie in der Realität ist es im Roman ein Kostümfest,

61 Ebd., S. 191.

62 Die Weimarer Adressbücher weisen 1885 ein ‚Frl. Orban L., Hofschauspielerin' mit der Adresse Brauhausstraße 13 aus, für 1886 dieselbe in der Schröter-

das die lang ersehnte Wiederbegegnung mit dem Maler bringt, und ebenso wie in der Realität Gabriele trägt im Roman Agathe ein florentinisches Kostüm, aber anders als in der Realität ist Agathe sich ihrer verkleideten Schönheit nicht bewusst:

> „[...] – sie ahnte nicht, wie ausgezeichnet der Anzug zu ihr paßte, wie sie so mit ihren schönen Zügen und den tiefen braunen Augen das norditalienische Modell einer vergangenen, historisch gewordenen Kunstrichtung darstellte. [...] Vor einer Weile hatte sie im Vorzimmer Lutz und Fräulein Daniel bemerkt, die sich von einigen Schauspielern verabschiedeten [...] Plötzlich – während sie mit dem Assessor schwatzte, fühlte sie etwas, das einer leichten Berührung glich, doch unendlich viel zarter und flüchtiger war.
> Sie wandte den Kopf.
> Lutz stand noch immer in der Thür. Allein. Er beobachtete sie.
> Nach einem schnellen, scheuen Blick sprach sie weiter. Wie innerlich gut ihr diese kurze Beachtung that – wie es schon ein Erleben von Freude war, gegen das alles andere nichtig wurde – verschwand.
> Die Daniel kam, in den Pelz und einen Spitzenshawl gewickelt, wieder zu ihm und redete leise auf ihn ein. Er machte eine ungeduldige Bewegung, schließlich folgte er ihr hinaus.
> Und gleich stand er aufs neue an derselben Stelle, den Hut noch auf dem Kopf."[63]

Wie in der erinnerten Realität der Autobiografie kostet auch die Romanfigur den ‚Sieg' über die Schauspielerin aus, der darin besteht, dass der vergötterte Maler ohne seine Freundin auf dem Fest bleibt und den Abend über beständig ihre Nähe sucht. Mit dem Bruder und seiner Ehefrau Eugenie, ihrer Kindheitsfreundin, sucht Agathe am Ende noch ein Restaurant auf. Lutz ist ebenfalls dabei. Auch diese Szene ist von der Realität abgenommen. Und am nächsten Abend auf der Nachfeier des Fest-

---

straße 9a (heute Washington-Straße), 1887 taucht sie unter ihrem Namen nicht mehr auf, stattdessen ist unter ihrer Adresse ‚Lindner E. (Eugen), Komponist' gemeldet. 1888 firmiert sie unter derselben Adresse als ‚Lindner-Orban, Frau', und ‚Lindner E.' ist ebenfalls dort gemeldet. Man kann von einer Verheiratung ausgehen. 1889–91 sind beide in der Schröterstraße 15 wohnhaft, ab 1893–1900 wohnen sie in der Lisztstraße 17. Er firmiert jetzt auch als Gesangslehrer. 1902 dann findet man ihn unter der Adresse Seminarstraße 6e, doch sie taucht nicht mehr auf. 1900 ging Lindner-Orban nach Stuttgart ans Schauspielhaus, ab 1903 lebte sie in Leipzig als Rezitatorin und Lehrerin am Lyzeum für Damen. Bis 1905 ist sie dort nachgewiesen.

63 Gabriele Reuter, *AgF*, S. 78 f.

komitees beobachtet der Maler Agathe lang. Als er jedoch ein Gespräch anfängt, versagt Agathe in ihren Augen vollständig:

> „Lutz sprach viel und lebhaft, Agathe hatte nur halblaute, kindische Töne als Antwort, wie ein furchtsames kleines Mädchen. Er musste sie für dumm und albern halten … die schöne, einzige Gelegenheit, ihm zu gefallen, ging ungenützt vorüber."[64]

Auch Reuter selbst hatte das Gefühl des Nichtbestehens vor dem verfeinerten Geschmack des Künstlers empfunden, aber im Roman spitzt sie jede Szene grausam zu und gesteht Agathe keinen bleibenden Erfolg zu. Anders als ihre tragische Romanfigur Agathe hatte Reuter schon zur Zeit der Abfassung des ersten großen Romans ein Lebensziel, das nicht unbedingt eine Ehe umfasste, die Selbstverwirklichung durch das Schreiben.

Auch in ihrer Autobiografie benennt Reuter die jetzt beginnende Phase als ‚Zweite Jugend'. Mit 21 Jahren begrub sie, so ihre Aussage, ihre Liebe zu dem ‚Wundervogel', dem angebeteten Maler, also ‚Herrn von S.': Dies geschieht nach einer bedrohlichen fiebrigen Erkrankung, die sicherlich nervösen Ursprungs war und in der sie die Aufgabe der Betreuung ihrer Mutter neu entdecken lernte.

Gabriele Reuter erfuhr ihr Scheitern als Frau sehr massiv und glaubte sich dem Tode nah – die Mutter hatte offenbar „durch eine Unterredung mit ihr dazu beigetragen."[65] Die bisher so leicht zu lenkende Tochter sollte der Mutter dieses Eindringen in ihre privateste Sphäre nicht verzeihen. Ab sofort prägte statt Liebe Mitleid Reuters Motivation, Verantwortung für die schwache Mutter zu übernehmen, und sie veränderte sich:

> „Mein inneres Leben wurde nüchterner, mehr vom Verstande geleitet. Ich ließ mich nicht mehr blindlings treiben, es entstand ein Formwille, der an der eigenen Persönlichkeit zu modeln begann."[66]

Ein verständnisvoller, psychologisch erfahrener Jenaer Arzt wurde zu Rate gezogen, der zu einer Erholungsreise riet: nach Berchtesgaden und zum Achensee sollte es gehen. Mutter und Tochter reisten gemeinsam. Es schloss sich für Gabriele allein ein Aufenthalt auf dem Land an, im Hause ihres ältesten Vetters Nathusius im Harz. Sie arbeitete nun an ihrem Roman *Octavia*, der in Ägypten spielt. Die schriftstellernde Tante Henne half, den ersten Roman Gabrieles zu verbessern, mit dem die junge Frau Mühe hatte, unterzukommen. Schließlich akzeptierte die Zeitung *Täg-*

---

64 Ebd., S. 81.

65 Gabriele Reuter, *VKzM*, S. 193.

66 Ebd., S. 194.

liche Rundschau zunächst eine Novelle von ihr und danach den Roman für die Unterhaltungsbeilage.

In diesem Buch beschreibt Reuter eine der ihren vergleichbare Familiensituation: Octavia hat drei jüngere Brüder, der Vater macht wirtschaftlich schlechten Gewinn, weil er ein soziales Gewissen hat, die Mutter ist ständig leidend. Octavia träumt von einem Leben in Reichtum, das sie sich in ihrer Naivität unbedingt als glückliches Leben vorstellt. In der Begegnung mit dem einsamen Afrikaforscher Wulfhart begegnet sie einem ersten ernsthaften Verehrer, der es jedoch in damaligen Kategorien nicht mit dem reichen Levantiner Riviotti aufnehmen kann, der ebenfalls um sie wirbt. Wulfhart will nach seiner wichtigen Expedition wiederkehren und ihr solange für eine Entscheidung Zeit lassen. In dem Konflikt zwischen beiden Männern, von denen der eine Reichtum repräsentiert, der andere Geist und Seele, entscheidet sich die von Armutsfantasien heimgesuchte Octavia für den reichen Levantiner, der ihr Schmuck, Kleidung und ein sorgenfreies Leben im Luxus bietet. Bald ist sie, wie erwartet, unglücklich in ihrer Ehe, begreift, dass ihr Mann herzlos mit Mitarbeitern umgeht und dass sein Reichtum auf der Ausbeutung und dem Unglück seiner Untergebenen fußt. Einen jungen Schweizer, dem der wuchernde Levantiner das Kapital kündigte, kann Octavia per Zufall gerade rechtzeitig daran hindern, Selbstmord zu begehen. Ihren Versuch, den Ehemann zu läutern, blockt dieser ab, und auch ein vertrauter Hausfreund rät ihr, die Rolle, die der Gatte ihr zugedacht hat, weiterzuspielen:

> „Sein Sie schön, heiter und sorglos, wie die Bestimmung der Blume ist, bis sie vergeht.“[67]

Octavia gehorcht. Erst die Geburt ihres kleinen, schwächlichen Töchterchens verändert sie: Sie liebt es heiß, während ihr Mann es ablehnt. Während einer Reise des Ehepaars, auf die Octavia aus Angst um das Kind nur widerwillig mitgefahren ist, stirbt die Kleine. Wenig später erleidet der Levantiner einen Schlaganfall und Octavia pflegt ihn. Wulfhart wähnt sie tot, da sie auf einem Friedhof einen Grabstein mit seinem Nachnamen gesehen hat. Nach Riviottis Tod besucht sie in Deutschland Freunde, ein Pastorenehepaar, das sie auf einer Reise kennengelernt hat. Es erweist sich, dass der einsiedlerisch lebende Vetter des Paars der tot geglaubte Wulfhart ist – der Grabstein war seinem verstorbenen Bruder gewidmet. Octavia und der Archäologe verlieben sich neu ineinander bzw. erkennen ihre ursprüngliche als wahre Liebe. Sie heiraten, obwohl Octavia dadurch, wie es das Testament des Levantiners vorsah, ihr ererbtes Vermögen einbüßt: Glück und Geld gehen demnach nicht zusammen.

67 Gabriele Reuter, *Glück und Geld*, Leipzig 1888, S. 165.

Das Konstruierte, Klischeehafte dieses Romans, seine holzschnittartigen Charaktere erweisen diesen Roman Reuters als ein typisches Frühwerk und letztlich Trivialroman.

Von ihrem Honorar kann die junge Schriftstellerin jedoch später die Kosten für den Buchdruck im Verlag Wilhelm Friedrich in Leipzig bezahlen, wo das Buch 1888, Jahre später, unter dem Titel *Glück und Geld*[68] erscheinen sollte. Allein, sie hat Pech, der Verleger falliert, das Buch wird wie das gesamte Lager verramscht. Im Rückblick hält Reuter dies freilich für verschmerzbar:

> „Jetzt ist es längst nicht mehr im Handel. Und das ist gut. Der junge Mensch, der sich selbst geben will, gibt meist nur die Konventionen seiner Umgebung. Es ist nicht so leicht, sich selbst zu entdecken – noch schwerer, die Entdeckung des eignen Selbst künstlerisch zu formen."[69]

Das, was Reuters Werk einige Jahre später auszeichnen sollte, die ungeheuer genaue Beobachtung und Zeichnung von Milieus und Personen, Orten und Stimmungen, und auch die ihr eigene Ironie, die Schilderung unterschiedlicher weiblicher Lebensentwürfe, die wie in einem Laboratorium selbst Erlebtes und Imaginiertes vermischen, ist hier, wenn überhaupt, so höchstens in embryonaler Weise entwickelt.

Zurück ins Jahr 1880: Nach der Rückkehr aus dem Harz stand der Umzug innerhalb Weimars an, den der Jenaer Arzt aus Gesundheitsgründen befürwortet hatte – die Wohnung an der Stadtmauer war zu feucht und dunkel und daher Depressionen-, wenn nicht schlimmeres, auslösend. Die nächste Wohnung in der Kurthstraße 7a (heute Bauhausstraße) wurde für zwei Jahre, bis 1882, Domizil der Damen Reuter und Martins. Es handelte sich um eine neue Straße „mit konventionellen Häusern". Auch in dieser Wohnung wurden die drei Reuters nicht richtig heimisch. In dieser Zeit lernte die Schriftstellerin bei Bekannten den Kollegen Ernst von Wolzogen (1855–1934)[70] kennen, mit dem sie sich im Lauf der Zeit anfreundete:

> „Seine Vielseitigkeit, sein Humor und seine großzügige Weltbetrachtung imponierten mir und ich freute mich immer, wenn er anwe-

---

68 Das Buch ist heute in der Münchner Digitalen Bibliothek greifbar: http://daten.digitale-sammlungen.de/bsb0 0094960/image-28

69 Gabriele Reuter, *Vom Kinde zum Menschen*, Berlin 1921, S. 203.

70 Der gebildete Wolzogen war nach seinem Studium als Vorleser bei Weimars Großherzog Carl Alexander beschäftigt, bevor er sich zunächst als Verlagslektor, dann als freier Schriftsteller erst in München, dann in Berlin niederließ. Der Begründer des *Überbrettl* in Berlin, des ersten deutschen Kabaretts, sollte sich schon ab 1921 den rechten Strömungen anschließen und früh einen Wahlaufruf für Hitler unterzeichnen. Trotz unterschiedlicher politischer Ansichten blieben sich die Beiden dennoch lebenslang verbunden.

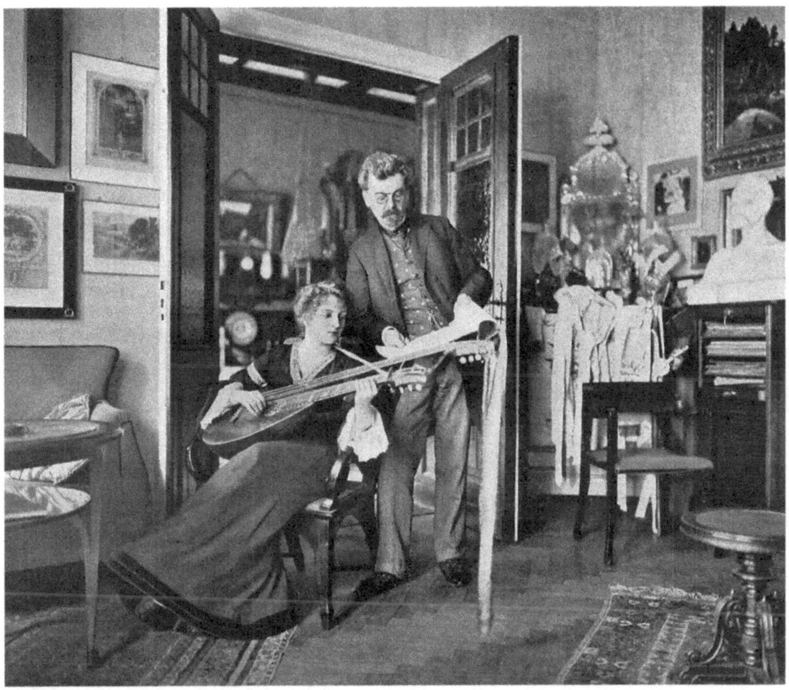

Ernst von Wolzogen zusammen mit seiner Frau Elsa Laura

send war. In der Zukunft hat er mich in meinem Beruf auf die freundschaftlichste Weise zu fördern gesucht, wo es ihm nur möglich war."[71]

Und plötzlich taucht ‚Herr von S.' erneut in Reuters Kosmos auf: Er will ein Atelierzimmer bei den Reuters in der Kurthstraße mieten, das sie angeboten hatten. Er wird von Gabrieles Mutter abgewiesen – und Gabriele stimmt ihr zu. Ob sie aus Angst oder Einsicht so reagierte, bleibt offen – sie mag sich die Unmöglichkeit der Beziehung eingestanden haben.

Und außerdem hatte sie gerade Wichtigeres zu tun: Ging es ihr doch jetzt um nichts Geringeres als darum, den eigenen dichterischen Ton zu finden – und wie bei vielen anderen Schriftstellern war das Schreiben für sie auch die Sublimation von Schmerz über erlittenen Kummer.

Ein weiterer Umzug innerhalb Weimars brachte neue Unruhe: Ab Herbst 1882 bezogen die Reuters im Hause Behmer die von Gabrieles Tante Guste aufgegebene Parterrewohnung, wo sie bis 1890 wohnen sollten. Im

71 Ebd., S. 198.

Wesentlichen war dies wohl Gabriele Reuters Wunsch, die die zunächst große Enge in der Wohnung hinnahm. Aus finanziellen Gründen nahm die kleine Familie eine junge Malerin zur Untermiete auf. Der begabte Martin, der sich auf das Abitur vorbereitete, wurde gar unter der Treppe einquartiert, damit aus Mitmenschlichkeit auch noch der elf Monate jüngere Bruder Hermann Behmers (entsprechend auch Bruder Johanna Behmers), Onkel Alfred, untergebracht werden konnte. Er siechte dahin und starb im Mai 1883. Anlass für die Schriftstellerin, sein Leben Revue passieren zu lassen:

> „In einem Jahr mit den Zwillingen von der fruchtbaren Mutter geboren, unter den gleichen Einflüssen, in der gleichen Kinderstube aufgewachsen, von der gleichen rechtlichen Gesinnungsart, auch an Körperkraft und mächtigem Wuchs ihnen nicht nachstehend, war es ihm ohne nachweisbare Schuld nirgends geglückt, nicht im Beruf, nicht in der Ehe, er starb ohne Freunde, und die gute Schwester, die ihn treu gepflegt hatte, atmete auf. Während die Zwillinge, zu denen er gewissermaßen ein um elf Monate verspätetes Anhängsel bildete, der Maler wie der Schafzüchter, jeder als Haupt geachteter Familien, angesehen in ihrem Wirkungskreise, beliebt bei ihren Freunden und vielen Armen hilfreich, ein durchaus erfreuliches Bild des Erfolges boten. Was hatten sie dem armen Toten voraus? Nicht gar viel: ein wenig mehr Tüchtigkeit – ein wenig mehr Willenskraft. Das veränderte alles!“[72]

Gabriele Reuter reflektiert erneut eines ihrer Lieblingsthemen: die Energielosigkeit, die sie als „ein schleichendes Erbe alter Kulturfamilien“ bezeichnet, wobei sie behauptet, Frauen seien von dieser Krankheit weniger betroffen als die Männer. Sie sah sich daher als die energielose Ausnahme und fühlte schon damals die Last ihres Erbes:

> „Über meiner matten Seele, meinen müden Gliedern fühlte ich den Fluch des Geschlechtes sich dichter und verhängnisvoll zusammenzuziehen. Der Wille, mit dem ich mich nach der Krankheit zusammengerafft, war allmählich versickert. Eine grenzenlose Unlust zu jeder Arbeit, zu jeder Freude hielt mich im trüben Bann.“[73]

Sie konstatiert Haarausfall neben der sicherlich als Depression zu bezeichnenden Kränklichkeit und Arbeitsunfähigkeit. Auslöser neben dem direkt erlebten Tod des ebenfalls energielosen Onkels war sicherlich auch

72 Ebd., S. 210. Hermann Behmers Zwillingsbruder war Rudolf Behmer, der verheiratet in Berlin lebte. Rudolf Behmer hielt als einer der wenigen in der Familie zu Gabriele Reuter, als diese nach Veröffentlichung ihres Romans *Aus guter Familie* von der übrigen Familie geschnitten wurde: Vgl. Gabriele Reuter, *VKzM*, S. 218.

73 Ebd., S. 211.

das Fehlen einer Kompensation, die ein glückliches Liebeserlebnis hätte sein können. Erneut kämpfte die junge Dichterin und versuchte angestrengt, heiter und tätig zu sein. Sie bekennt, dass sie noch verschiedene Male später im Leben vergleichbare Krisen erleben musste und beschreibt, dass ihr glücklicherweise die Gesundung gelang, die auch dem fröhlichen Leben mit den Kindern im Hause Behmer geschuldet war. Elisabeth, Onkel Hermanns junge Frau, auch sie allzeit von Krankheit bedroht, verlebte gerade jetzt frohe Jahre mit Gabriele an der Seite. Diese durfte von der einige Jahre älteren Frau lernen, dass auch der Alltag seine Poesie besitzen konnte und man angesichts seiner kleinen Probleme den Humor bewahren musste.[74] Die zahlreichen Feste im Jahreslauf, die Geburtstage der Kinder, die Besucher aus der Verwandtschaft, die kamen und gingen, ihre Individualitäten und Berichte aus den fernen Ländern, in denen sie lebten, sei es in Ägypten oder Australien, nahm die junge Dichterin voll Interesse auf, hatte sie ja auch eine ägyptische Kindheit genossen. Überhaupt blieb Reuters Offenheit für andere Kulturen und Mentalitäten immer auffallend stark.

Um ihre vier Brüder sorgte sich hingegen die Mutter: Mit Ausnahme des Abiturienten Martin hatte keiner je den Drang, zu lernen verspürt – pragmatisch notierte Gabriele, dass den drei übrigen nur ein Weg übers Meer übrig blieb. Thomas machte den Anfang, ging nach Argentinien, kam noch einmal zurück und vermittelte damals seiner Schwester den Stoff für ihren zweiten in Argentinien angesiedelten Roman *Kolonistenvolk*.[75] Bald aber verdiente er Geld und konnte dem klugen Bruder Martin das Medizinstudium finanzieren. Diesen Bruder sah Gabriele Reuter leider niemals wieder, während sie Jahre später seine Tochter in ihren Haushalt aufnahm.[76] Ihr Roman *Das Haus in der Antoniuskirchstraße*[77] spiegelt die Erfahrungen mit der jungen südamerikanischen Nichte wider. Der zweite Bruder Albert, genannt Atti, Reuters Lieblingsbruder, war nach einer Zeit als Seemann Kakaoplantagenbesitzer in Brasilien geworden und heiratete eine Schweizerin. Ihn konnte Reuter noch, als er schon todkrank war, in den letzten Lebensmonaten mit seiner kleinen Familie in der Schweiz wiedersehen. Lola alias Carl wurde Kaufmann in New York, auch er gründete eine Familie und hatte eine Tochter: Seine Aufenthalte in Deutschland waren regelmäßig. Aus Martin wurde in Dresden ein guter und bekannter Arzt.

74 Vgl. ebd., S. 214.

75 Gabriele Reuter, *Kolonistenvolk*, Leipzig 1891.

76 Vgl. S. 174 hier.

77 Gabriele Reuter, *Das Haus in der Antoniuskirchstraße*, Leipzig 1927.

Familienfoto mit Gabriele, Mutter Reuter und den vier Brüdern in Weimar 1884

Reuter mit ihrer großen Empathie für Menschen und ihre Leistungen, speziell für ihr ‚Entsagen', zollt dem Mut, den Entbehrungen ihrer Brüder, die niemals ihre Mutter um Geld angegangen seien, große Bewunderung. Das erstaunt, blieben doch Mutter und Schwester oft über Jahre völlig in Unkenntnis über das Schicksal der drei in Übersee befindlichen Familienmitglieder.

Nicht nur durch den Umgang mit den Behmers wird Gabriele gefördert, auch im Haus der ‚Madame O.' wird sie weiter gefördert und auch durch deren interessanten Gäste inspiriert. Die schottische Nachbarin der Behmers, deren Sohn mit Reuters Bruder Martin die Schulbank drückte, führte ein ähnlich der Kunst verpflichtetes Leben in einer ästhetisch verfeinerten Umgebung (ohne selbst Künstlerin zu sein) wie ‚Herr von S.', so Gabriele Reuter.[78] Auch hier erkennt man wieder Reuters ambivalenten Versuch, die Identität der Dame zu verschleiern und gleichzeitig auch preiszugeben. Wer war ‚Frau von O.', die man im damaligen Weimar natürlich sehr gut kannte?

78 Ebd., S. 225.

Hermann Obrist in der Tür seines Hauses in München um 1900

Hier muss es sich ganz deutlich um die aus dem schottischen Eden stammende Alice (Alisa) Jane Grant Duff of Eden (1834–1891), verheiratete und geschiedene Obrist handeln, die nach der Trennung von ihrem Mann mit dem begabten Sohn Hermann Obrist (1862–1927) und dessen Bruder Aloys (1867–1910) nach Weimar gezogen war.[79] Hermann Obrist, der beste Freund von Martin Reuter, wurde nach einem angefangenen Studium der Medizin und Naturwissenschaften Zeichner, Designer für Möbel und Stickereien sowie Bildhauer. Er gilt als ein Begründer des Jugendstils. Wie Reuter selbst ist Hermann Obrist stark von dem Zoologen Ernst Haeckel und dessen äußerst ästhetischen Zeichnungen von Naturstrukturen begeistert. Diese werden für sein Werk sehr bestimmend, während Reuter Haeckel eher theoretisch, hinsichtlich seiner Evolutionstheorien aufsaugte: Hieraus wird deutlich, welch ein inspirierendes Klima Reuter in Weimar vorfand und für sich nutzte.

In ihrer Autobiografie beschreibt Gabriele Reuter nicht nur den jungen Hermann, sondern auch die ihr, der nach Orientierung suchenden begabten jungen Frau, zugewandte und hilfreiche ‚Madame O.':

„Er [Hermann Obrist, A. S.] zeichnete sich vor andern Schuljungen

79 Die Wohnung der Alice Jane Grant Duff of Eden, gesch. Obrist, in Weimar war Am Horn 3, die Villa Alisa, die abgerissen wurde. Hermann studierte zunächst Medizin und Naturwissenschaften, was er jedoch 1887 aufgab, um sich dem Arts and Crafts Movement anzuschließen und sich dann als Keramiker in Jena ausbilden zu lassen, was zum Bruch mit der Mutter führte. Nach dem Besuch der Kunstgewerbeschule in Karlsruhe ging er nach München.

> durch einen früh gesprossenen Bart aus, war ungeniert und natürlich, eine mehr originelle als elegante Erscheinung. [...] Er war schon als Schuljunge von einer unglaublichen Belesenheit, sprach gern und klug über alle Dinge im Himmel und auf Erden und geriet oft mit mir in heftige Disputationen. Ob seine Mutter durch ihn von mir erfahren haben mochte, oder ob es eine liebenswürdige Höflichkeit war, die Madame O. – so nannte sie ein jeder – veranlasste, den Bruder nicht ohne die Schwester aufzufordern – kurz: ich erhielt eine Einladung, „um den Christbaum brennen zu sehen." [...] In der Folge wurde mir die merkwürdige Frau eine liebevolle, mütterliche Freundin. Ich ging bei ihr aus und ein – nicht ganz so ungeniert wie ihr Sohn bei uns, denn sie hielt auf gesellschaftliche Formen, doch verging keine Woche, dass ich nicht ein- bis zweimal den Abend mit ihr verbrachte. Wundervoll konnte sie erzählen aus ihrem reichen Leben, das viele seltsame Gegensätze in sich barg, von ihrer Kindheit auf dem alten Schlosse in Schottland, von den Kämpfen ihrer Jugend gegen die starre Konvention der englischen Aristokratie."[80]

Vorbild für die Hauptfigur in Reuters Roman *Frau Bürgelin und ihre Söhne*[81] war gewiss diese lebenserfahrene Adlige und ihr häusliches Umfeld. Wie Frau Bürgelin hat auch Madame O. neben Hermann einen jüngeren Sohn, den „schönen knabenhaften Musiker". Der jüngere Bruder Aloys, im Roman „Dionys", promovierte zunächst zum Dr. phil., wurde dann aber Komponist und Hofkapellmeister in Weimar.[82]

Sie schreibt, sie habe so großes Vertrauen zu ‚Madame O.' entwickelt, dass sie alles, was sie damals schrieb, erst einmal dieser Frau vorlas. ‚Madame O.' übte, so Reuter, eindeutig wichtige erzieherische Funktion aus. In gewisser Weise ist sie für Reuter eine Person, die als Frau vergleichbare Werte in Reuters Augen vermittelt wie ‚Herr von S.': Geschmackssicherheit, Noblesse, Souveränität. Der Vergleich der Atmosphäre in ‚Madame O.'s' Haus mit der im Atelier von ‚Herrn von S.' ist Zeichen dafür, dass Reuter Glücksgefühle in ästhetisch geglückten Umgebungen verspürte und dadurch Vertrauen und Lebensmut aufbauen konnte. Hier der Salon der ‚Madame O.':

> „In ihrem rötlich schimmernden Salon mit den venezianischen Gläsern saß sie dann im tiefen Sessel, bei dem Licht von zwei hohen

80 Gabriele Reuter, VKzM, S. 222 f.

81 Gabriele Reuter, *Frau Bürgelin und ihre Söhne*, Berlin 1898.

82 Aloys Obrist errang traurige Bekanntheit durch den Mord an seiner Geliebten Anna Sutter 1910, als er Hofkapellmeister und auch Chef dieser Künstlerin war. Er setzte seinem Leben nach dem Verbrechen sogleich auch ein Ende.

> Wachskerzen. […] Es war zum erstenmal, dass ich wieder in ein Haus geriet, seit jenem flüchtigen Besuch im Atelier des Herrn von S., wo das Ästhetische, die Begeisterung für die Schönheit in jeglicher Gestalt alle Lebensäußerungen durchdrang und nicht nur Herz und Geist, auch die gesamte Umgebung unter ihrem Gesetz formte.“[83]

Konsequent ist der Zugewinn an Selbstbewusstsein mit bislang unerhörten Entscheidungen für Reuter verbunden. Sie besuchte daher im Februar 1888 Berlin, für einige Wochen, wie sie schreibt, und diesmal nicht bei einer Verwandten logierend, sondern erstmalig allein in einer Pension, ein geradezu emanzipatorischer Akt für sie. Ganz nonchalant schreibt sie, wo das war:

> „[…] in der Königgrätzer Straße, um das großstädtische Treiben und seinen Geist ohne familienhafte Hemmungen auf mich wirken zu lassen.“[84]

Die 29 Jahre alte Schriftstellerin war, sie würde es niemals so deutlich gesagt haben, im Grunde in die Hauptstadt gefahren, um einen oder ‚den‘ Mann kennenzulernen:

> „Ich muß gestehen, ich hegte keine kleinen Erwartungen von all den Erlebnissen, die mir, so ganz allein auf mich gestellt, begegnen würden. Daß ich's nur gleich sage, diese Erwartungen erfüllten sich in keiner Weise. Schüchtern und hochmütig war ich noch immer, die erste Jugendfrische war von den Wangen gewischt, auch hatte meine Erscheinung niemals etwas Aufforderndes für kecke Männergelüste. Es begegnete mir in den zwei Monaten nicht ein einziges männliches Wesen, das mich zu einer Tollheit hätte verlocken können. Meine Ansprüche standen eben doch ziemlich hoch und waren schließlich noch ebenso phantastisch-unrealisierbar wie zehn Jahre zuvor.“[85]

Anstatt also den Traumprinzen (Künstler, aber: moralisch gefestigt, gleichzeitig anziehend, ungebunden und … vermögend) zu finden, machte sie in ihrer bescheidenen Pension soziale Studien, die sie teils amüsierten, teils auch abstießen, so die Erfahrung mit einer schreienden Prostituierten, die ein Pensionsgast mitten in der Nacht im Hemd vor die Tür gesetzt hatte.[86] Reuter hatte inzwischen ein gewisses politisches Bewusstsein entwickelt, begriff, dass die Sozialdemokratie durch die Ausnahmegesetze besonders gereizt wurde und vertieft diese Erkenntnisse bei Museumsbesuchen mit einem Freund ihres Bruders Tom. Gleichzei-

83 Gabriele Reuter, *VKzM*, S. 223 f.
84 Gabriele Reuter, *VKzM*, S. 225.
85 Ebd.
86 Ebd., S. 227.

tig sind ihre schriftstellerischen Methoden gereift, hat sie Bildungslücken durch extensive Lektüre geschlossen und sich vor allem auch mit modernen – den naturalistischen Romantheorien beschäftigt. Hier spielen der erwähnte Ernst Haeckel, Darwin, Schopenhauer und ab 1896, in München, auch die französische Literatur, Maupassant, Flaubert, die Goncourts und Zola die Hauptrolle.[87] Auch Nietzsche sollte sie erst dann entdecken. Das Ableben des alten Kaisers Wilhelm I. steht während ihres Berlinbesuchs kurz bevor, sein Sohn Friedrich III. sollte, vom Tode gezeichnet, nur 99 Tage regieren, Wilhelm II. würde die Thronfolge daraufhin antreten – das berühmte Dreikaiserjahr 1888.
In dieser prekären politischen Situation befand sich Reuter ohne Pass oder anderes Ausweisdokument in Berlin und wurde daher als möglicherweise gefährliches Subjekt auf die Polizei zitiert. Man drohte ihr mit Ausweisung, sollte sie nicht eine Persönlichkeit in Berlin nennen können, die für sie bürgen würde – und glücklicherweise konnte sie die Einladung zum Mittagessen in das Haus einer Kindheitsfreundin vorweisen, die die Enkelin eines damals wichtigen Staatsmanns war. Dann kam der 9. März 1888, an dem Kaiser Wilhelm I. starb. Reuter erlebte die allgemeine Trauer, ganz Berlin trug schwarz, die Frauen hatten schwarze Schleier um die Hüte gelegt. Auch sie selbst nahm an dieser gemeinschaftlichen Geste teil und findet bewegte Worte für den Verlust:

> „Alles Planen, Sorgen, Fragen nach der Zukunft war untergegangen in dem einen großen Schmerz um den geliebten alten Mann – das teuere, unersetzliche Symbol von Deutschlands Erhebung, Sieg und Einigung. Eine Millionenstadt trauerte um ihren Kaiser. Fühlten wir, dass wir um etwas Glorreich-Herrliches trauerten, das unwiederbringlich dahinschwand und das uns allen sehr nahe anging?“[88]

Der Versuch, Abschied vom im Dom aufgebahrten Kaiser zu nehmen, scheiterte – die Menschenmenge war undurchdringlich. Reuter befürchtete, ihre kleine zarte Tante, mit der sie gekommen war, würde in der Menge erdrückt werden. Wenig später verfolgte sie aus einem Café durch den sicheren Abstand der Glasscheibe den Trauerzug. Ihr Sinn für die Skurrilitäten des Alltags, ihr Humor selbst in dieser sie rührenden Situation diktiert ihr noch in der Erinnerung im Abstand von mehr als 30 Jahren diese schöne Passage in die Feder:

87 Vgl. Hubert Amft, *Dem Geist des Ortes verpflichtet: Lebensbilder und Werk von sechs Weimarer Schriftstellerinnen*, darin: *„Zu künden, was Mädchen und Frauen schweigend litten …“ Zu Biographie und Werk Gabriele Reuters*, (Weimarer Schriften, Heft 38, 2005), S.151.

88 Gabriele Reuter, *VKzM*, S. 230.

„Welchen Nutzen aber hatten die kleinen Lädchen, in denen Witwen oder alte Fräuleins bescheiden-fleißiges Dasein fristeten, und die so rührend ein ‚W' mit der Krone aus schwarzen Pralinés und weißen Zuckerperlen bildeten, oder ein Trauergehänge von schwarzen und weißen Handschuhen herstellten, in dessen Mitte eine etwas lädierte Kaiserbüste prangte, ihr zu Häupten, an einer Gummischnur befestigt, ein kleiner Amor, der mit einer schwarzen Florschärpe bekleidet war und einer Kornblume, die ihm gerade auf dem Papiermachébauche schaukelte?"[89]

89 Ebd., S. 232.

Erkenntnisse und Entscheidungen

Gabriele Reuters Mut war weiter gewachsen. Noch vor der Berlinreise hatte sie sich nach der Rückkehr nach Weimar durch den Theaterintendanten August von Loën (1828–1887), der auch im Vorstand des Allgemeinen deutschen Schriftstellerverbands einen Sitz hatte, anlässlich der vom 9.–11. Oktober 1886 in Eisenach stattfindenden Sitzung des Verbands dort einführen lassen. Ab sofort war sie in Kürschners Deutschem Literatur-Kalender jährlich mit Adresse und Neuerscheinungen vertreten. Plötzlich war sie, anders als noch wenige Jahre zuvor, in der Lage, die Gespräche mit den Gelehrten und Künstlern zu genießen, die sie ernstnahmen und voll Bewunderung für ihre aparte Schönheit waren. Einen wichtigen Impuls erhielt sie von dem Berliner Romancier, Essayisten und Theaterkritiker Karl Frenzel (1827–1914), mit dem sie sich anfreundete. Als sie ihm von ihren in Ägypten spielenden Novellen und dem Plan, einen in Argentinien angesiedelten Roman zu schreiben, erzählte, kritisierte er jedoch diesen Plan. Reuter schildert seine Reaktion so:

> „Liebes Kind, sie schreiben ja da lauter Zeug, von dem Sie gar nichts wissen – Sie schildern Verhältnisse und Menschen, von denen Sie höchstens die Außenseite kennen. Dabei kann nichts Gescheites herauskommen. Schildern Sie einmal ganz bescheiden und schlicht ein Stückchen Wirklichkeit, das Ihnen durch und durch vertraut ist – und wäre es Ihr Schreibtisch mit allem, was drum und drauf steht. Daran lernen sie Respekt vor der Natur und vergessen die fade konventionelle Romantik.“[90]

Wir befinden uns in der Zeit des aufkommenden Naturalismus in der Literatur, der gegen die gefühlsbetonte, romantische Schreibweise seine Realitätsverpflichtung setzte. Reuter nahm den Rat Frenzels ernst, und so entstand 1889 ihr erstes Werk in der neuen Sicht- und Schreibweise des Naturalismus, die frische Novelle *Episode Hopkins*[91], mit der sie unerwartet großen Erfolg hatte. Sie brachte jetzt ihre eigenen Erfahrungen ganz unmittelbar ein: die Freundschaft mit Elisabeth Behmer wird in die Beziehung des 20 Jahre alten Mädchens Ilse zu ihrer mit dem oft abwesenden Architekten Herbord verheirateten etwas älteren Cousine Gertrude

---

90 Ebd., S. 236.

91 Gabriele Reuter, *Episode Hopkins. Zu spät. Zwei Studien*, Dresden und Leipzig (Verlag Friedrich Lange) 1889.

verwandelt. Und ohne Nennung der Lokalitäten sind Weimar mit seinem Landschaftspark, das Haus der Behmers auf dem Kasernenberg (im Familienjargon Schloss Behmerstein genannt) und das nahe Webicht Schauplätze der Novelle. Auch die beiden jungen Engländer, die Johanna Reuter nacheinander zeitweilig in Untermiete aufgenommen hatte, Mr. Wedgewood und Mr. Paul,[92] finden sich in der Novelle wieder in Gestalt der beiden jungen Amerikaner, des Theologen Hopkins und des Millionärs und Philosophen Wilberforce:
Der lange, dünne Philosoph hat sich in ein lang aufgeschossenes, schlankes Mädchen aus dem Park verliebt – wie sich wenig später herausstellt, ist das Ilse. Die Werbung des Philosophen versetzt Ilse in Erregung, aber auch Unsicherheit. Genau wie Reuter selbst zweifelt sie an ihren Gefühlen, fühlt sich plötzlich zu dem kleinen runden Theologen Hopkins hingezogen, der wiederum die Cousine zu verehren scheint. Anziehung und Abstoßung wechseln bei den beiden Frauen, bis Ilse willig ihrer Liebe zu Hopkins entsagt, der offenbar in einen Orden eintreten möchte. Wilberforces Werbung nimmt sie ihrerseits nicht ernst, übergeht sie sogar stillschweigend. Eine Desillusionierung tritt ein, als sie einige Zeit nach der Abreise der Amerikaner erfährt, dass Hopkins statt in den Orden einzutreten die millionenschwere Schwester des Philosophen geehelicht hat, während der bislang so unstete Wilberforce fürderhin als Einsiedler lebt – es bleibt dahingestellt, ob möglicherweise aus unerfüllter Liebe zu Ilse.
Karin Tebben hat in einem Band über deutschsprachige Schriftstellerinnen des Fin de siècle klug die mittlerweile vorgestellten Reuter'schen Themen zusammengefasst:

> „[...] das Leiden der bürgerlichen Frau am normierten Weiblichkeitsideal und ihre fehlenden Entscheidungsmöglichkeiten, ihr Leben selbst nach ihren Bedürfnissen zu gestalten; ihre innere geistig-seelische Autonomie, die sie allen Widrigkeiten zum Trotze bewahrt; der Wechsel von Außen- und Innenperspektive, der gesellschaftlichen Anspruch und Gedanken- und Gefühlswelt der Betroffenen gleichzeitig zu spiegeln vermag; und nicht zuletzt ein tiefgründiger Humor, der ganz wesentlich dazu beiträgt, dass das Lachen auch dort möglich ist, wo das Erzählte ihm entgegensteht.“[93]

92 Dies kolportiert zumindest Ruth Behmer in ihren unpaginierten, maschinenschriftlichen *Erinnerungen,* die mir von Jens Husemann zur Verfügung gestellt wurden: „Als Tante Hannchen Reuter im Parterre unseres Hauses wohnte, hatte sie öfters das vorderste Zimmer vermietet, einmal war ein sehr unordentlicher junger Engländer, Mr. Wedgewood, ein anderes Mal Mr. Paul.“

93 Karin Tebben, *Psychologie und Gesellschaftskritik: Gabriele Reuter*, in: *Deutsch-*

Reuters ironischer Humor ergibt sich aus dem Bruch zwischen objektiver Wahrnehmung, und subjektiver Einschätzung durch die dargestellten Personen bei gleichzeitig fehlendem Handlungsspielraum. Die Defizite und die mögliche Heilung zwar erkennend, resignieren Reuters Protagonistinnen, indem sie ihre Energielosigkeit eingestehen und sich in ihr Schicksal ergeben. Nicht alle Autorinnen des Fin de siècle hatten eine derartig resignative Sicht auf die Möglichkeiten zur Veränderung der eigenen Lage.

Auch in der im selben Band wie *Episode Hopkins* abgedruckten Novelle *Zu spät* ist die 35 Jahre alte unverheiratete Protagonistin übrigens mit deutlichen Parallelen zur Autorin versehen worden.

Gabriele Reuter war nun nicht mehr Schriftstellerin aus Not, sondern, wie sie es als Mädchen von 13 Jahren imaginiert hatte, wirklich schöpferisch tätig. Sie hatte Kollegen gefunden, war im Austausch mit der damaligen literarischen Avantgarde. In ihrer autobiografischen Skizze von 1901 schrieb sie dazu:

> „Ich schilderte einfach einen Vorgang, den ich in meiner nächsten Nähe beobachtet hatte, mit allen mir zu Gebote stehenden Einzelheiten, ohne irgend etwas zu wollen als wahr und ehrlich zu sein. Und das wurde mir zu einer entscheidenden Wendung in meinem Stil, in meiner ganzen Art zu arbeiten und das Leben anzuschauen."[94]

Gleichzeitig grenzt sie sich von Kritikern des Naturalismus ab, die dieser neuen Literaturrichtung das eigentlich Künstlerische absprechen wollen:

> „Zugleich aber bilden sie [Menschen und Verhältnisse, die man genau kennt, A. S.] doch nur den Ton, der unter den Händen und beseelt vom Geiste des Bildners eine völlig neue Form annimmt. Darum kann von einem sogenannten Photographieren, wie es der Laie gerne ausdrückt, niemals die Rede sein."[95]

Dagegen muss konstatiert werden, dass sie ab sofort nahezu ohne Brüche und Veränderungen in Weimar im Hause Behmer und etwa im Hause Obrist oder bei ihren Weimarer Bekannten, etwa Helene Böhlau[96], erlebte, teils auch dekuvrierende Details in den Romanen und Novellen preisgab, dass Personenschilderungen so naturgetreu erfolgten, dass für die Weimarer Leserschaft sofort erkennbar wurde, wer da unter die Linse ge-

---

sprachige Schriftstellerinnen des Fin de Siècle, Darmstadt 1999, S. 266–289, hier: S. 268.

94 Gabriele Reuter, *Im Spiegel. Autobiographische Skizze,* in: Das literarische Echo. Halbmonatsschrift für Literaturfreunde. 3. H., Berlin 1900/01, S. 595.

95 Gabriele Reuter, *Mein liebes Ich,* in: Die Gesellschaft. 8/1, Leipzig 1892, S. 284.

96 Hubert Amft, a. a. O., S. 156 f.

nommen wurde – und dieses unbarmherzige Vorgehen verziehen ihr die so bloßgestellten Verwandten, Freunde und Bekannten nicht.

Wie weit ging dieser Wahrheitsfanatismus jedoch? War die unempathische, autoritäre, ja tyrannische Erziehungswut der Frau Bürgelin in dem Roman von 1888[97] mit ‚Madame O.'s' pädagogischem Stil vergleichbar? Das kann freilich heute nicht mehr geklärt werden, wenngleich vieles dafür spricht, dass Reuter nicht nur ihre Wahrnehmungen, sondern auch Fakten fast immer nahezu unverändert in ihre Romane übernahm.

In Weimar nahm man es Reuter übel, dass sie der Schottin 1898 – diese war dann schon einige Jahre lang tot – dennoch in ihrem Buch derart übel nachgeredet hatte. War dies jedoch Reuters Absicht gewesen? Wenn ja, war es dann vielleicht letztlich nur ein schwacher Versuch, sich im nachhinein für Missgriffe zu rechtfertigen, indem Reuter der Adligen in der Autobiografie von 1922 bescheinigte, sie habe ihr gegenüber ein Entscheidendes geleistet, nämlich ihr mangelhaft entwickeltes Selbstgefühl gehoben zu haben?

Speziell in der sehr auf die Familienehre bedachten Familie Behmer hatte Gabriele spätestens ab 1895, dem Datum der Veröffentlichung von *Aus guter Familie*, einen schweren Stand und ‚verzog' sich vielleicht auch daher gemeinsam mit ihrer Mutter lieber Richtung München.[98] Die allzu artig aufgesogene Lehre, nur das wäre literaturwürdig, was direkt erlebt worden war, sollte sie zum Anlass nehmen, immer wieder gewissermaßen Schlüsselromane zu verfassen, die für die deutlich erkennbaren Dargestellten oft die Grenzen des Ertragbaren überschritten. Gleichzeitig legte Reuter jedoch zeit ihres Lebens immer einen sehr hohen moralischen Maßstab an andere Menschen – und sich selbst – an, wie jedenfalls ihren autobiografischen Schriften zu entnehmen ist. Hier klafft zwischen Anspruch und Wirklichkeit eine Art Abgrund, dies wurde auch von einem anderen Biografen, Hubert Amft, schon vermerkt.[99] Gabriele Reuters Schreiben erscheint mir extrem autobiografisch, wenngleich die Handlungen der Romane zum Teil ganz andere Ausgänge haben als die vorbildhaften Ereignisse in Reuters eigenem Leben. Die Romane sind vielmehr die Fortsetzungen der mädchenhaften Tag- und Alpträume der jungen Gabriele.

Nun hat sie den Mut, sehr problematische, ja aporetische Situationen auszumalen, die eventuell in Form eigener Handlungsvorhaben oder Gedan-

---

97 Gabriele Reuter, *Frau Bürgelin und ihre Söhne*, Berlin 1888.

98 Karin Tebben, *„Man hat das Prinzip zur Geltung zu bringen, das man darstellt.“*, in: Thomas Mann Jahrbuch Band 12, 1999, S. 78.

99 Hubert Amft, a. a. O., S. 156 ff.

Absender

Name, Vorname

Straße, Nr.

Plz, Ort

Telefonnummer *

Faxnummer *

E-Mail *

Unterschrift

* freiwillige Angabe

Für Ihre schnelle Anfrage:
info@verlagshaus-roemerweg.de

Bitte ausreichend frankieren

Rückantwort

Verlagshaus Römerweg GmbH
Römerweg 10
D-65187 Wiesbaden

kenspiele einmal von großer Relevanz für sie waren und eigene Ängste, vergangene und aktuelle zu vergegenwärtigen: Insofern ist diese ‚innere Autobiografie', als die ich Reuters Roman- und Novellenschaffen bezeichnen möchte, einerseits aufgrund ihrer Aufrichtigkeit für ihr Umfeld als ein Skandalon, andererseits aus der eigenen Perspektive der Autorin tatsächlich auch als eine große, im wahren Sinne emanzipatorische Tat einer im äußeren Leben ursprünglich äußerst schüchternen, ja aktionsgehemmten Frau zu sehen.

Doch zurück in das für Reuter entscheidende Jahr des Umschwungs 1889, in dem sie im Sommer ein Schriftstellerfest in München[100] besuchte. Erstmals sah sie den ihr nur dem Werk nach bekannten berühmten norwegischen Dramatiker Henrik Ibsen im Gespräch mit Ernst von Wildenbruch, dem sie jetzt kritisch gegenüber stand, während sie als junges Mädchen schwärmerische Bewunderung für ihn empfunden hatte – auch diese veränderte Haltung spricht für ein gewachsenes Selbstbewusstsein und den größeren Mut zu einer eigenen ästhetischen Einschätzung. Der Aufenthalt beschert ihr außerdem die Begegnung und sich anschließende sehr wichtige Freundschaft mit John Henry Mackay (1864–1933):

> „Bei dem Ausflug nach dem Chiemsee schloß ich Freundschaft mit John Henry Mackay – dem Anarchisten und Sturmdichter, dem Apostel des Philosophen Max Stirner, der die Erlösung der Welt im schrankenlosen Individualismus sucht. Nichts Gegensätzlicheres hätte sich finden lassen als uns beide. Trotzdem spürten wir das Gemeinsame: das ehrliche Ringen um die Wahrheit – das Bedürfnis, den Dingen auf den Grund zu gehen, eine lückenlose Weltanschauung aufzubauen. Obwohl ich noch ganz im Bürgerlichen stand, war die Freiheit ein Begriff von göttlicher Schöne und Erhabenheit, ihr zu leben, erfüllte sein ganzes inneres Sein mit Wollen und Sehnsucht. Dafür hatte ich ein starkes Verständnis. Mackay lehrte mich den Wert der Freiheit, ja eigentlich erst ihr inneres Wesen im Geiste zu erfassen."[101]

John Henry Mackays Vater war Schotte, seine Mutter Deutsche. Er war schon ein Jahr nach seiner Geburt nach Deutschland gekommen, wo er eine Gymnasialausbildung absolvierte und zunächst Verlagsbuchhändler wurde. Danach folgten einige Semester eines Philosophiestudiums an verschiedenen deutschen Universitäten und ab 1885 erschienen erste literarische Werke von ihm. Er begriff sich unter dem Eindruck der Schriften Krafft-Ebings[102] bald als homosexuell. Literarisch war er einer der Mitbe-

100 Gabriele Reuter, *VKzM, S. 239.*

101 Ebd.

102 Richard von Krafft-Ebing (1840–1902) war Psychiater und Rechtsmediziner. Er

Henrik Ibsen

gründer des Naturalismus. Er verfasste die bis heute einzige Biografie zu Max Stirner[103] und war unter dem Einfluss seines Freundes, des amerikanischen Journalisten Benjamin Tucker (1854–1939) gemeinsam mit diesem Begründer des individualistischen Anarchismus.
Zur Zeit des Kennenlernens griff die etwas ältere Gabriele Reuter mehr als begeistert die Anregungen auf, die der Naturalismus ihr bot. Die Begegnungen mit Ibsen und mit Gerhart Hauptmann waren ihr dementsprechend sehr wichtig, doch war ein derartig intensiver Austausch wie mit Mackay natürlich von den berühmten und umlagerten Dichtern nicht zu erwarten.
Der Schriftstellertag hatte sofortige Auswirkungen: Im Anschluss ver-

erforschte auch die Homosexualität, insbesondere sein Hauptwerk, die *Psychopathia sexualis* von 1886, in dem er erstmals die Begriffe Sadismus und Masochismus einführte, erreichte zu Lebzeiten zwölf Auflagen. Er definierte die Homosexualität als eine ererbte krankhafte Abweichung, für die die Betroffenen nicht verantwortlich seien. Es gelang ihm nicht, die Homosexualität straffrei stellen zu lassen, was sein Ziel gewesen war.

103 John Henry Mackay, *Max Stirner – sein Leben und sein Werk*, Berlin 1898.

Ernst von Wildenbruch

suchte sich Reuter auch in Weimar von den familienzentrierten frommen Behmers zu lösen und sich einem anderen Kreis anzuschließen. Eduard von der Hellen (1863–1927), Archivar im Goethe-Schiller-Archiv, zog die etwas ältere Schriftstellerin in seinen häuslichen Kreis. Gleichzeitig versucht der neue Freund Mackay, sie davon zu überreden, sich ganz von dem bisherigen Leben – und damit von Weimar zu lösen:

> „Er redete energisch auf mich ein, mein Leben durchaus zu ändern, mich resolut dem Familienkreis, der jede Produktivität in mir ersticken würde, zu entreißen und endlich nur mir selbst und den Anforderungen meines Berufes zu leben. Ich wusste – er hatte tausendmal recht! All diese Liebe und Rücksicht auf die vielen Onkels, Tanten und Cousinen, das ganze weimarische stagnierende Dasein war für mich ein langsam lähmendes Gift – süß und doch fade – unentbehrlich, beunruhigend und einschläfernd zugleich."[104]

Hinzu kommt, dass die Eifersucht, die Gabrieles Mutter auf Elisabeth Behmer, eine schon von Todeskrankheit gezeichnete Frau, wegen ihrer

104 Gabriele Reuter, *VKzM*, S. 254.

intensiven Beziehung zu ihrer Tochter hegt, die Atmosphäre in ‚Schloss Behmerstein' am Kasernenberg vergiftet. Gabrieles Mutter freut sich daher, als die Tochter ihr von ihrem Plan erzählt, ab sofort ein Wanderleben ohne großen Komfort führen zu wollen. Sie will ebenfalls mit in die Boheme aufbrechen – damit hatte die Schriftstellerin zwar nicht gerechnet, schlägt es aber nicht aus: Geldgründe werden auch angeführt, die zwei Haushaltungen als unvernünftig erscheinen lassen.

Ende des Sommers 1890 erfolgt ein erster Besuch in München, dann Ende September 1890 das Ausräumen der Wohnung in der Behmer'schen Behausung. Elisabeth Behmer ist gesundheitlich stark beeinträchtigt, ergraut – ihre gelbbraune Gesichtsfarbe frappiert die Schriftstellerin –, beide Frauen haben sich nicht mehr wiedergesehen. Elisabeth starb ein Jahr später, am 3. September 1891.

Mutter und Tochter leben ab sofort in einer Münchner Pension, wo sie frei von den Haushaltssorgen sind und wo insbesondere die Mutter so dankbar ist, die Tochter für sich allein zu haben, dass sie deren Manuskripte abschreibt und versucht, sich über Lektüren in deren Denkungskreis einzufinden. Daneben lernt Reuter die Stadt kennen. Bei der Schriftstellerin Emma Merk (1854–1925) gibt es einen Jour fixe. Merk sollte wenig später einen der Habitués, Max Haushofer jr. (1840–1907), den Politiker, Nationalökonomen und Schriftsteller, heiraten. Reuter lernt durch die Merk einige der Schriftstellerinnen Münchens kennen, auch solche, die im trivialen Genre glänzen, Elisabeth Werner (1838–1918)[105], die in der Zeitschrift *Die Gartenlaube* schreibt oder Wilhelmine von Hillern (1836–1916), die Verfasserin des 1875 erschienenen Erfolgsbuchs *Die Geyer-Wally* sowie zahlreicher weiterer Romane, Novellen und Theaterstücke. Derartige Werke gehören nicht zu Reuters literarischen Vorlieben, wie wir wissen, gleichwohl gewinnt sie in diesen Kreisen weiter Sicherheit im Auftreten und schärft ihr eigenes Literaturideal.

Erst in München wurde der Schriftstellerin deutlich, was ihre Aufgabe – vielleicht auch ihre literarische Nische – werden könnte. Sie verwarf konsequent die soziologischen Studien, die dazu dienen konnten, das Elend des Proletariats kennenzulernen. Ihre Überzeugung war es, dass sie sich nicht in derartige Schichten hineinversetzen konnte und sie fand es daher verlogen, so zu tun, als könnte sie es. Sie war lange Zeit auf der Suche nach den ihr gemäßen Themen, bis ihr schlagartig klar wurde:

> „Und plötzlich wusste ich, wozu ich auf der Welt war – : zu künden, was Mädchen und Frauen schweigend litten. […] Die Tragik in dem Los des Weibes: geboren zu sein, erzogen zu werden für eine Beru-

105 Eigentlich Elisabeth Bürstenbinder.

Emma Merk

fung, die sie gelehrt ist, als ihr einziges Glück zu betrachten, und dieses Glück, diese Berufung wird ihr stets vor Augen gehalten und doch nie gewährt – niemals darf sie eintreten in den Tempel des Gottes, zu dessen Priesterin sie doch gebildet ist.
Diese Menschentragik verkörperte sich mir am reinsten und stärksten in dem Mädchen aus bürgerlichen Kreisen – in der Tochter aus guter Familie. Hier war ich zu Hause – hier kannte ich alle Gründe und Untergründe des Milieus und der Herzen. Hier konnte ich eigne Sehnsucht, eigne Bitterkeit strömen lassen – und wusste doch: ich gab nicht den Einzelfall, ich gab das Typische, an dem zahllose Mitschwestern sich erkennen – sich am Ende gar erlösen würden."[106]

Der Winter 1890/91 erspart Mutter und Tochter Reuter keinesfalls zahlreiche Infekte, weshalb eine Erholungsreise nach Meran, finanziert durch Ersparnisse der Mutter, im Frühling 1891 ursprünglich auf 14 Tage angesetzt wird. Allein durch die dort neuerlich ausbrechende Krankheit der Mutter werden die beiden Frauen auf zehn Wochen dort festgehalten.

106 Ebd., S. 260 f.

Max Haushofer jr., Zeichnung von Paul Heyse

Im Januar 1891 hatte Reuter begonnen, in den wenigen Stunden, die ihr die Krankenpflege ermöglichte, den Roman *Agathe Heidling* zu verfassen, den sie jedoch auf Anraten von John Henry Mackay *Aus guter Familie* nennen würde. Reuter weiß noch nicht, dass sie sich auf einen vier Jahre dauernden Schreibprozess einlässt.

Die Mutter schien schließlich wider allen Erwartens zu genesen, erkrankte dann aber erneut, sodass in Heidelberg, wo der junge Arzt und Bruder Martin sein Domizil aufgeschlagen hat, auf der Rückreise ein längerer Zwischenaufenthalt eingelegt werden musste. Hier erreichte die Familie die Nachricht vom Tod Elisabeth Behmers im Alter von nur 42 Jahren. Ebenfalls war ‚Madame O.', alias Alice Obrist, die mütterliche Freundin Gabriele Reuters aus Weimar, soeben gestorben, wie der mit Martin Reuter befreundete Sohn Hermann Obrist bei einem Besuch in Heidelberg per Telegramm erfuhr.

Erneut heißt das Ziel beider Damen Reuter im Herbst 1891 Weimar, wo jedoch nicht mehr die Wilhelmsallee alias ‚Schloss Behmerstein' der Wohnort sein sollte, sondern mit Hilfe von Tante Gustchen Behmer eine Wohnung in der Junckerstraße 29 (heutige Trierer Straße 4) zur Verfü-

Wohnung Gabriele Reuters, Weimar, Triererstraße 4, ehemals Junckerstraße 29, heutige Fotografie

gung stand. Gabriele kommentiert diese Wohnung kurz mit „eine nüchterne Wohnung in einer gleichgültigen neuen Straße".
Einen Heiratsantrag ihres mit dem Haushalt und den fünf lebhaften Kindern überforderten Onkels Hermann Behmer, wie es auch in der Sekundärliteratur zu lesen ist,[107] erwähnt Reuter allerdings in ihrer Autobiographie nicht – sie erläutert das wohl tatsächlich an sie herangetragene Ansinnen so:

> „Endlich raffte sich Onkel Hermann zu dem Entschlusse auf, mich zu fragen, ob ich wohl wieder zu ihm übersiedeln und sein Hauswesen, die Erziehung der Kinder leiten würde? Das war eine Aufgabe, die meiner ganzen Wesensart zur Erfüllung geworden wäre. Das unglückliche Buch, das nie fertig wurde, – es wäre kein Hinderungsgrund gewesen! Wie gern hätte ich ein für allemal dem Schriftstellern Valet gesagt.
> Ich musste dem Onkel ein trauriges ‚Nein' geben. Die Mutter brauchte mich Tag und Nacht – es war ausgeschlossen, sie in einen

107 Hubert Amft, a. a. O., S. 152.

> unruhigen Kinderhaushalt zu verpflanzen. Und meine religiösen Anschauungen hatten sich zu weit von denen meines Onkels entfernt, als dass es mir möglich gewesen wäre, die Kinder in seinem streng gläubigen Sinne zu erziehen. So blieb ich notgedrungen der Feder treu, schrieb um des Broterwerbs willen bunte orientalische Zeitungsgeschichten, Skizzen, Rezensionen und anderes. Alles auf der Ecke vom Stuhl, immer im Begriff aufzuspringen, wenn das silberne Glöckchen mich zur Mutter rief. Wie man sich eine Belohnung gibt, arbeitete ich zwischendurch an der Lebensgeschichte der Agathe Heidling. Die dunkle Hoffnungslosigkeit dieser Jahre gab ihr die Stimmung."[108]

Auch Reuters Biografin Faranak Alimadad-Mensch sieht keinen Anlass, von einem Heiratsantrag Behmers auszugehen.[109] Sie macht mit Recht geltend, dass Reuter hinter eher traditionellen Motiven – sie könne die Mutter nicht alleinlassen, der unruhige Kinderhaushalt sei inkompatibel mit der Pflege der Mutter – die eigentliche Motivation für die Ablehnung verbarg: Dass das Schreiben inzwischen für sie unverzichtbar geworden war und speziell der Roman *Agathe Heidling* einen ungeheuren Sog auf sie ausübte, dem sie sich nicht mehr entziehen konnte. Dass ein derartig umfassender Erziehungsauftrag die schöpferische Tätigkeit torpedieren würde.

Außerdem erhielt Reuter gerade jetzt in ihrem neuen Weimarer Freundschaftskreis rund um Eduard von der Hellen mit dem Vorlesen einer Novelle (mit großer Sicherheit handelt es sich um *Evis Makel*[110]) unerwarteten starken Zuspruch von Berliner Schriftstellern, die gerade zu Besuch waren:

> „Ich begreife noch heut nicht, woher ich den Mut nahm, nach dem Abendessen mich in einen Lehnstuhl zu setzen und aus meinem Manuskript mit dem Anfang zu beginnen. […]
> Ich blickte auf. Der Berliner Schriftsteller, der mit der Miene ergebener Geduld in seinen Sessel zurückgelehnt lag, hatte sich aufgerichtet, vorgebeugt, sah mich mit einem Ausdruck von gespanntem Erstaunen an. Als ich geendet hatte, sprang er auf, trat lebhaft zu mir: ‚Aber was ist das – in Weimar – allermodernste Technik – ich sage ja, in die Provinz muß man kommen, wenn man gute Literatur finden will! Sie sollten reisen auf diese Novelle – wie Sie das lesen, wie der Klang

108 Gabriele Reuter, *VKzM*, S. 267.

109 Faranak Alimadad-Mensch, a. a. O., S. 93.

110 Die Novelle *Evis Makel* erschien zusammen mit weiteren in Reuters Band *Der Lebenskünstler*, Berlin 1896.

> Ihrer Stimme, Ihr Gesicht – diese feine Sache – alles zusammen stimmt – wunderbar – höchst wunderbar!'
> Auch v. d. Hellen und die Frauen waren begeistert –: das war der Ton, auf den ich solange gewartet – den ich noch nie gehört –! Man hatte mich gelobt – halb mit Erbarmen – was wars auch gewesen – von wem auch kam das Lob? – Hier waren Leute vom Metier, frisch aus dem Gebrause des Berliner literarischen Treibens! [...] In der kleinen Villa an der Tiefurter Allee, wo sie die untere Etage bewohnten, und eine Anzahl Freunde um sich sammelten, ging mir eine gänzlich unbekannte, doch um so anziehendere geistige Welt auf."[111]

Reuter ging in dem neuen kleinen Kreis von ‚Wahrheitssuchern' auf, die sich an dem spießigen Weimarer Provinzmief stießen und in der geschützten Atmosphäre des Zirkels die Mittelmäßigkeit, das Laue aufspießten und alle nach einer Phase des sozialen Engagements nun die individuelle Entwicklung des Menschen im Sinne Nietzsches vorantreiben wollten.

Auch mit Rudolf Steiner, der damals an der Edition der Naturwissenschaftlichen Schriften Goethes für die große Sophienausgabe arbeitet, freundete sie sich an. Begeistert wurde weiterhin Max Stirner diskutiert, dann noch wesentlich enthusiastischer Friedrich Nietzsche (1844–1900). Reuter hatte Nietzsches Werk 1890/91 in München erstmals kennengelernt, sowohl den *Zarathustra* wie *Die fröhliche Wissenschaft*:

> „Auf mich wirkte er wie ein wundervoller Rausch. Zum erstenmal, seit ich die ‚Moderne' studierte, wurde ich von einer starken Dichterkraft durch und durch geschüttelt. Gegen die reiche Fülle seines Wesens schien mir der Max Stirner und sein Einziger in seinem Eigentum[112] arg dürftig. Hier öffneten sich Königreiche voll gewaltiger Schätze – hier führten Tore zu Landschaften, deren Farbigkeit und Frische wie die Kühnheit ihrer Linien bezaubernd wirkten. Und die helle sonnenheiße Luft des Südens! Die feinen blauen Nebel einer tiefen Mystik, die die Formen duftig verschleierten und hehre Göttersitze ahnen ließen.
> Vor allem aber eines: Ich spürte Stirner als unfruchtbar und Nietzsche als zukunftsträchtig – ein Sämann hoher Erneuerungsgedanken und einer Ethik, die über den Individualismus doch wieder hinauswies zur Arbeit an der Menschheit."[113]

---

111 Gabriele Reuter, *VKzM*, S. 268 f.

112 Das ist in Reuters Sprache der Titel von Stirners Hauptwerk: Max Stirner, *Der Einzige und sein Eigentum*, Leipzig 1845.

113 Gabriele Reuter, *VKzM*, S. 270.

Friedrich Nietzsche

Vorläufig befand sich vor allem für Gabriele Reuter das Land ‚Jenseits von Gut und Böse' im eigenen Innern, wie sie ja generell, auch als sie ihre Schüchternheit bei öffentlichen Auftritten überwunden hatte, kein Mensch war, der die offene Konfrontation suchte. Immerhin wagte sie es sich, 1892 auch einen autobiografischen Text zu verfassen, der Nietzsches Lektüre und seine Forderung nach Wahrheit zur Voraussetzung hat: *Mein Liebes Ich* – weder ihre Novelle *Evis Makel* noch den schon geschriebenen und in einer Zeitschrift veröffentlichten Roman *Gunhild Kersten* erwähnt sie darin jedoch.[114] In diesem kurzen Text bekennt sich Reuter, ausgehend von der Wahrheitsforderung, auch zum Realismus. Sie gesteht ein, es habe einen Lernprozess für sie bedeutet, ihn schätzen zu lernen; daneben bricht sie charmant und bescheiden eine Lanze für Schriftstellerinnen:

„Als man mir sagte: *Glück und Geld* zeige einen unverkennbaren Zug von Realismus, war ich entsetzt, wie eine wohlerzogene junge Dame,

114 Vgl. Lydia Domoradzki, *Lehrjahre der Weiblichkeit: Widersprechen und Entsprechen. Eine Annäherung an die Autobiographik von Lily Braun und Gabriele Reuter*, Diss. Innsbruck 1990, S. 54.

der man ins Gesicht behaupten würde, sie habe in einem Tingel-Tangel gesungen.
Seitdem habe ich mir das Gebiet, über den der fürchterliche Name ‚Realismus' geschrieben steht, etwas näher angesehen. Wenn man mich einmal unter die Zahl fröhlicher Kämpfer für neue, wahre Kunst zählen wird, werde ich mich zufrieden schlafen legen. – Die Wahrheit reden ist nicht so leicht, als man glauben möchte, die Wahrheit schreiben ist für einen Mann schwer, für eine Frau noch schwerer und für ein schriftstellerndes Mädchen am allerschwersten. Wir sind doch alle mit Schutzbrillen erzogen und da gehört erst einmal eine ganze Weile dazu, bis man sich gewöhnt, ohne diese ins helle Tageslicht und rund um sich her zu blicken. Aus diesem Grunde möchte ich meine bisherigen Arbeiten nur Versuchs- und Übergangsstationen nennen."[115]

Hier wird ein wichtiges Schlaglicht auf Reuters Überwindung der eigenen Schüchternheit gelegt, die die Voraussetzung war, um sich schriftstellerisch zu entwickeln und in die Öffentlichkeit zu treten: Auch in diesem Kampf spielte ihre Beschäftigung mit Nietzsche eine wichtige Rolle.

Den Zugang Gabriele Reuters zum unmittelbaren Umfeld des kranken Friedrich Nietzsche, der noch in Naumburg gepflegt wurde, sollte Dr. Fritz Kögel (1860–1904) ermöglichen. Ihn beschreibt Gabriele Reuter sicherlich sehr lebensecht:

„Einmal luden uns Hellens zusammen, um den Doktor Kögel kennenzulernen, den Mann, den sich Friedrich Nietzsches Schwester Elisabeth erwählt hatte, um die ungedruckten Manuskripte des kranken Philosophen zu entziffern und zu einer eventuellen Herausgabe vorzubereiten. Ein kraftvoll blühender junger Mann mit einer weißen Sportmütze und schönen Singstimme, ein fröhlicher Geselle, der den Ruf des Meisters zur goldenen Heiterkeit in seinem ganzen frischen Wesen zum Ausdruck brachte. Durchaus kein zünftiger Philologe, er hatte sich auf mannigfach verschlungenen Wegen schon im Leben umgetrieben und fasste seine Aufgabe weit mehr menschlich als wissenschaftlich auf."[116]

In der Tat: Kögel war ein vielseitiger Mann, der einen Doktortitel der Philosophie aufzuweisen hatte, als Schriftsteller, Philologe, Komponist und Unternehmer, aber auch als Verfasser kulturkritischer Essays für die *Tägliche Rundschau* hervortrat und ab 1889 begeisterter Leser von Nietzsches Werken geworden war. Aufgrund dieser Eigenschaft hatte ihn die Familie

115 Gabriele Reuter, *Mein liebes Ich*, in: Die Gesellschaft. 8/1, Leipzig 1922, S. 284 f.
116 Ebd., S. 272 f.

Oehler-Nietzsche als Herausgeber einer Nietzsche-Gesamtausgabe im Jahr 1894 gewonnen. Insofern erklärt sich, dass es Kögel war, der der Freundesgruppe um Eduard von der Hellen vorschlug (hier wurden neben Rudolf Steiner und Gabriele Reuter auch das Ehepaar Olden, Hans Olden (1859–1932)[117] und seine Frau Grete, eingebunden), nach Naumburg zur Mutter und Schwester Nietzsches zu fahren. Dort wollte Kögel aus dem Manuskript des *Antichrist* von Nietzsche vorlesen:

> „Wir wurden von Frau Pfarrer Nietzsche und Frau Förster, ihrer Tochter, freundlich, ja ich kann wohl sagen, herzlich empfangen. [...] Ihre Tochter Elisabeth klagte mir bald darauf, welch einen schweren Stand sie der Mutter gegenüber habe. Die fromme, alte Frau hielt es für ihre Pflicht, ja vielleicht für eine Art von Sühne, die ihrem unglücklichen Sohn im Jenseits zugute kommen möge, wenn sie seine gottlosen Schriften verbrenne und vernichte. Als Frau Elisabeth aus Südamerika heimkehrte, wo sie die Kolonie ihres verstorbenen Gatten eine zeitlang geleitet hatte, gab es harte Kämpfe, um die Mutter zu überzeugen, dass das Werk eines Genies nicht der Familie, sondern der Welt gehöre. [...] Sie war [...] eine von den Frauen, denen jeder Mann sich zu Schutz und Unterstützung verpflichtet fühlt, der man eigentlich nicht zutraut, daß sie eine Türklinke allein öffnen, geschweige denn sich ein Billett lösen und in den richtigen Eisenbahnwagen steigen können. Und die doch unter ihrer scheinbar so gebrechlichen Hülle und ihrer Weltfremdheit eine Fülle von Energie und zäher Klugheit bergen. Frau Förster-Nietzsche hat das in reichem Maße bewiesen. Die Herausgabe des Gesamtwerkes ihres Bruders in mustergültiger Form ist eine Tat, für die die gesamte Kulturwelt ihr dankbar zu sein hat. Heute, wo Nietzsche eine anerkannte Größe der Philosophie und Dichtung ist, gegen oder für welche man Partei nehmen mag, deren ungeheure Bedeutung, deren Einfluß auf die junge Generation niemand mehr leugnet – heute kann man es kaum noch ermessen, mit welchen unendlichen Schwierigkeiten die tapfere Frau zu kämpfen hatte. [...]Wir waren damals, so unsäglich uns der Antichrist erschüttert hatte, alle derselben Meinung, dass zu einer Drucklegung des Werkes die Zeit noch nicht reif sei – dass das Buch verboten werden und auf diese Weise die Würde des Gesamtwerkes angetastet und in einen Skandal verknüpft werden könne, den man auf jeden Fall vermeiden müsse. Bekanntlich haben wir uns geirrt. Der Antichrist ist merkwürdigerweise nie verboten worden, obwohl

117 Hans Olden war Schriftsteller, verfasste Novellen und Dramen, und übersetzte auch Shakespeare für die Bühne.

es doch wenige Schriften auf Erden gibt, die dem Christentum so scharf und vernichtend zu leibe gehen wollen, wie dieses, – wenige, die einen solchen Haß atmen! Daran ändert Friedrich Nietzsches hohe reine Ethik nichts. Hier befreite er sich mit der Raserei, die er in solche Kämpfe warf, von der heißen, sehnsuchtsvollen Liebe seiner Jugendjahre. Auch ich stand mit frischen Wunden von einem Schlachtfeld auf, an die ich so viele Jahre mein bestes Sein verschwendet hatte, jedes Wort zuckte durch das aufgerissene verödete Herz, dem sein Erlöser zum Spott geworden.

War hier ein neuer sicherer Führer zu finden?“[118]

In diesem Zusammenhang muss die in der Sekundärliteratur bislang nie erwähnte Beziehung Gabriele Reuters zu Elisabeth Förster-Nietzsche (1846–1935) thematisiert werden.

Im erwähnten Jahr 1894 gründete Elisabeth Förster-Nietzsche nach dem oben geschilderten Konflikt mit ihrer Mutter in Naumburg das erste Nietzsche-Archiv. Ein Jahr später sollte sie sich die Gesamtrechte über das Werk Nietzsches erstritten haben und den Umzug nach Weimar in die damalige Luisenstraße/heute Humboldtstraße 36 bewerkstelligen.

Reuter selbst schreibt in der Autobiografie, Elisabeth Förster-Nietzsche habe sich ihr freundschaftlich genähert. Im Goethe-Schiller-Archiv in Weimar findet sich tatsächlich eine Reihe von Briefen, die Reuter an Nietzsches Schwester schrieb[119], die Gegenbriefe von Elisabeth sind nicht erhalten. Aber der Zeitraum dieser Annäherung ist genau der nämliche: Mai 1894 bis Sommer 1895, in dem Jahr vor der definitiven Übersiedlung Reuters nach München und dem Jahr der Fertigstellung von Reuters großem Roman *Aus guter Familie*, an dem sie vier Jahre lange gearbeitet hatte.

Der erste dieser Briefe ist ein Dank an Elisabeth Förster-Nietzsche und Franziska Nietzsche für die Stunden, die sie im Haus in Naumburg verleben durfte. Datiert ist er auf den 29. Mai 1894. Es ist durchaus möglich, dass es der in der Autobiografie geschilderte erste Besuch gemeinsam mit Fritz Kögel war, auf den sie hier Bezug nimmt. Der nächste erhaltene Brief ist auf den 21. August 1894 datiert. Die Schriftstellerin bittet darin, ihr die zwei Elisabeth Förster-Nietzsche zugesandten eigenen Novellen zurückzuschicken, da sie plante, eine Sammlung kleiner Geschichten zusammenzustellen. Elisabeth Förster-Nietzsche lud nach der Jahreswende

118 Gabriele Reuter, *VKzM*, S. 275 f.

119 Goethe- und Schiller-Archiv Weimar, *Bestand Elisabeth Förster-Nietzsche*, 71/ BW 4398. Eingegangene Briefe: Reuter Gabriele (1894–1933).

Elisabeth Förster-Nietzsche

Reuter und offenbar auch Rudolf Steiner gemeinsam nach Naumburg ein, doch Reuter musste sehr plötzlich absagen, da sie unter starker Migräne litt – ein offenbar von der Mutter ererbtes Übel. In ihrem Absagebrief berichtet sie auch von der für sie traurigen Nachricht, dass ihre wichtigen Freunde von der Hellen aus Weimar fortziehen würden. Erst Ende März kam es zu dem geplanten Besuch in Naumburg, gemeinsam mit Rudolf Steiner. Durch die wiederholten gemeinsamen Ausflüge nach Naumburg kamen sich Steiner und Reuter freundschaftlich nahe. So erklärt sich auch die in Steiners Autobiografie *Mein Lebensgang* gemachte ausführliche Äußerung über die Schriftstellerin, ein eindrucksvoller Text des späteren Anthroposophen Steiner:

> „Zu den schönsten Stunden meines Lebens muß ich zählen, was ich durch Gabriele Reuter erlebte, der ich durch diesen Kreis [den Kreis um Hans und Grete Olden, A. S.] nahetreten durfte. Eine Persönlichkeit, die in sich Menschheitsprobleme trug und diese mit einem gewissen Radikalismus des Herzens und der Empfindung anfasste. Sie stand mit voller Seele in all dem, was ihr im sozialen Leben als Widerspruch erschien zwischen traditionellem Vorurteil und den ursprünglichen Forderungen der Menschennatur. Sie sah hin auf die Frau, die

von außen in diese traditionellen Vorurteile durch Leben und Erziehung eingespannt wird, und die leidvoll erfahren muss, was aus den Tiefen der Seele als ‚Wahrheit' in das Leben hinein will. Radikalismus des Herzens in ruhig-kluger Art ausgesprochen, von künstlerischem Sinn und eindringlicher Gestaltungskraft durchzogen, das offenbarte sich als Größe aus Gabriele Reuter. Unermesslich reizvoll konnten die Gespräche sein, die man mit ihr, während sie an ihrem Buche *Aus guter Familie* arbeitete, führen durfte. Ich denke zurück und sehe mich mit ihr an einer Straßenecke stehen, bei glühendster Sonnenhitze diskutierend mehr als eine Stunde über Fragen, die sie bewegten. Gabriele Reuter konnte in würdigster Art, keinen Augenblick die ruhige Haltung verlierend, über Dinge sprechen, bei denen andere sogleich in sichtbare Aufregungen geraten. ‚Himmelhoch jauchzend, zu Tode betrübt', das lebte in ihren Gefühlen; doch blieb es in der Seele und zog sich nicht in die Worte hinein. Gabriele Reuter betonte scharf, was sie zu sagen hatte; aber sie tat es nie lautlich, sondern allein seelisch. Ich glaube, dass ihr diese Kunst, bei lautlich gleichmäßigem Hinfließen der Rede, die Artikulation ganz im Seelischen zu halten, als Stil besonders eigen ist. Und mir scheint, dass sie im Schreiben diese Eigenart zu ihrem so reizvollen Stil umfassend ausgebildet hat.

Die Bewunderung, die Gabriele Reuter im Olden'schen Kreise fand, hatte etwas unsäglich Schönes. Hans Olden sagte mir öfters ganz elegisch: diese Frau ist groß; könnte ich mich – fügte er hinzu – doch auch so mutvoll dazu aufschwingen, der äußern Welt das darzustellen, was mich in der Tiefe der Seele bewegt."[120]

Steiner sollte auf Elisabeth Förster-Nietzsches Wunsch neben Kögel als Mitarbeiter des Nietzsche-Archivs an der Herausgabe von Nietzsches Werken mithelfen. Gabriele Reuter wurde deshalb, dies geht aus ihrem Antwortbrief vom 5. April 1895 hervor, brieflich gebeten, sich bei Steiner dafür starkzumachen. Steiner war damals selbst mit seinen eigenen Arbeiten sehr eingebunden und hatte reserviert reagiert. Reuter vermittelte der Nietzsche-Schwester in diesem Brief, dass Steiner sich Bedenkzeit ausbat und dann selbst antworten wollte. Im selben Schreiben äußert sich Reuter zu Elisabeth Förster-Nietzsches biografischen Skizzen, die Nietzsches Kindheit zum Thema hatten und ein Teil ihrer geplanten Nietzsche-Biografie waren, und zeigte sich sehr freudig erstaunt über die „schriftstelleri-

120 Rudolf Steiner, *Mein Lebensgang (Eine nicht vollendete Autobiographie mit einem Nachwort herausgegeben von Marie Steiner 1925)*, Dornach (Schweiz) [8]1982, S. 230 f.

sche Gewandtheit und Begabung" der Nietzsche-Schwester. Auch bedankt sie sich für einen gemeinsamen schönen Tag in Naumburg.

Im nächsten Brief vom 23. April bedankt sie sich für Förster-Nietzsches Einsatz bei dem linksliberalen Verleger Robert Neumann-Hofer[121] für ihren Roman - ein Einsatz, der jedoch etwas später zu einer Absage des Verlegers an Reuter führte. Es handelte sich eindeutig, ohne dass Gabriele Reuter den Namen nennt, um *Aus guter Familie,* das noch 1895 erscheinen sollte, aber - zum Glück für Reuter - auf Vermittlung ihres Freunds John Henry Mackay im Verlag von Samuel Fischer (1859–1934) in Berlin. Dass sie den Plan hegte, das Manuskript an Fischer zu schicken, liest man auch im Brief an Elisabeth:

> „Ich werde mein Heil jetzt bei Fischer versuchen."

Reuter berichtet darin weiter davon, wie schwer es ihr mittlerweile falle, Stoffe für Skizzen in Familienblättern zu finden oder ersinnen - das Schreiben rein zum Geldverdienen ohne den höheren literarischen Anspruch ginge ihr nicht mehr leicht von der Hand. Das Selbstverständnis der Schriftstellerin war deutlich gewandelt. Gleichzeitig lobte sie das Kapitel *Der Privatgelehrte* in Elisabeths Nietzsche-Biografie, die sie offenbar in Manuskriptform vor Erscheinen zur Lektüre erhalten hatte:

> „Es ist in jedem Sinne bedeutsam verfasst und zur Vorstellung gebracht."

Am 8. Juli dann dankte sie der Nietzsche-Schwester für die Zusendung der fertigen druckfrischen Nietzsche-Biografie[122] am Morgen, die im selben Verlag Naumann in Leipzig erschienen war wie ab 1884 alle Werke des Philosophen Nietzsches, die er bis zum Zusammenbruch Anfang 1889 selbst verantwortet hatte. Danach hatte die Schwester gemeinsam mit wechselnden Herausgebern die Werke publiziert.

Reuter schreibt, sie habe die Entstehung der Biografie stets mit großem Interesse verfolgt und sei tief an Nietzsches Werk interessiert. Dies entspricht zweifellos der Wahrheit. Vorausgegangen war, dass Elisabeth Förster-Nietzsche Reuter gebeten hatte, sie bei der Biografie ihres Bru-

---

121 Robert Neumann-Hofer (ca. 1862–1920) war zunächst Kapitän, siedelte sich dann in Detmold an und wandte sich dem Schreiben zu, wie seine beiden Brüder Otto und Emil. Sein dritter Bruder Adolf war in Detmold Zeitungsverleger und Landtags- und Reichstagsabgeordneter. Ab 1902 war Robert Neumann-Hofer Besitzer der auflagenstarken nationalsozialen Schüttorfer Zeitung und war nach einem Zuneigen zu konservativ-nationalliberalen Ideen ab 1918 Mitglied der Sozialdemokratischen Partei.

122 Elisabeth Förster-Nietzsche, *Das Leben Friedrich Nietzsches*, Leipzig (Naumann), ab 1895–1904 zahlreiche Auflagen.

Samuel Fischer, Ölgemälde von Max Liebermann

ders zu unterstützen. Wieder einmal gibt Reuter in ihrer Autobiografie als Grund für ihre Ablehnung die Pflege der kranken Mutter an. Deutlich ist jedoch, dass es erneut Selbstschutz war, der sie die Ablehnung aussprechen ließ: Ging es doch immer für sie darum, das eigene Werk (und damit die Lebensgrundlage) zu verteidigen, es durch Zersplitterung der Energie nicht zu gefährden. Daher konnte sie guten Gewissens keine zweite herausfordernde Schreibaufgabe konfrontieren – zumal nicht an der Seite der Nietzsche-Schwester. Deren diktatorisches Wesen wird die

1895 Weimar d. 8 Juni.

Hochverehrte Frau!

Mit welcher freudigen Ueberraschung wurde ich heut Morgen aus dem Schlaf geweckt! Die Nietzsche-Biographie wurde mir gebracht! Haben Sie verehrte liebe Frau tausendmal innigen Dank für diesen kostbaren Beweis Ihrer Zuneigung. Aber Sie wissen auch

Brief von Gabriele Reuter an Elisabeth Förster-Nietzsche vom 8.6.1895

sensible Reuter wohl auch erkannt haben. Zudem war es, wie Reuter selbst schreibt[123], damals durchaus so, dass ein offenes Bekenntnis zu Nietzsche gut und gern einem ehrgeizigen Philologen die Karriere verderben konnte. Nun war sie zwar keine Philologin, solche gab es auch damals noch nicht. Dennoch hätte ein öffentliches Eintreten für Nietzsche auch ihrer Karriere Abbruch tun können. Außerdem wird sie aus Gründen des Pragmatismus (sie war ohne Vermögen und hatte ihre Mutter zu ernähren) eine wahrscheinlich unentgeltliche Mitarbeit an der Nietzsche-Biografie ausgeschlossen haben. Sie beschreibt jedenfalls, dass der Nietzsche-Schwester, wie allgemein bekannt war, die Mittel für ihre Unternehmungen fehlten. Elisabeth erzählt sie im selben Brief, S. Fischer habe sich nur insoweit gemeldet, als dass er noch um Geduld bäte.

Es scheint durch Reuters Ablehnung der Mitarbeit zunächst zu keiner Trübung im Verhältnis der beiden Frauen gekommen zu sein. Beim nächsten Besuch in Naumburg im Sommer 1895 muss es daher wohl auch zum Übergang vom Sie zum Du – ausgehend gewiss von der Älteren, Elisabeth, gekommen sein, denn in der Postkarte vom 18. September 1895 liest man erstmalig in der Anrede statt ‚Hochverehrte Frau' das freundschaftliche ‚Du'. Der Schreibanlass ist eine Erkältung, die Reuter abhielt, Elisabeth in Naumburg zu besuchen.

Zu Fritz Kögel nachzutragen ist, dass er seine künftige Ehefrau Emily Gelzer im Hause Elisabeths in Weimar kennenlernte und sich mit ihr im Dezember 1896 verlobte: Kurz danach eskalierte ein Konflikt mit der Nietzsche-Schwester, und sie entließ Kögel daraufhin im Juni 1897. Er ging daraufhin, wie schon als junger Mann, erneut in die Wirtschaft, ohne dadurch jedoch seine Lust an Vorträgen – unter anderem zu Nietzsches Werk und Kompositionen – zu verlieren. Interessant im allgemeinen kulturgeschichtlichen Zusammenhang ist, dass es ebenfalls der wandlungsfähige Fritz Kögel[124] war, der gemeinsam mit dem Architekten Paul Schultze-Naumburg (1869–1949) am 1. Juli 1904 die Saalecker Werkstätten G.m.b.H. gründete und dort als Geschäftsführer tätig war, während Schultze-Naumburg die künstlerische Leitung übernahm.[125]

123 Gabriele Reuter, *VKzM*, S. 275.

124 Ein Teilnachlass von Fritz Kögel befindet sich seit einigen Jahren im Weimarer Goethe- und Schiller-Archiv.

125 Die Saalecker Werkstätten stehen heute als Gebäude- und Gartenensemble unter Denkmalschutz: Das Besondere war der Versuch, unterschiedliche Gebäude auf verschiedenen Niveaus harmonisch in die Landschaft einzugliedern. Die Saalecker Werkstätten fertigten Möbel- und Architekturentwürfe an, planten Gärten und Parks und hatten zeitweise verschiedene Filialen in Deutschland, so in Berlin, Köln und Essen. Bis 1914 arbeiteten sie sehr erfolgreich. Nach dem

Bei einem letzten Besuch in Naumburg wird Reuter dann sogar – welch größeren Vertrauensbeweis konnte es wohl geben – von Nietzsches Mutter Franziska – Elisabeth Förster-Nietzsche ist selbst abwesend und hätte diese Initiative ihrer Mutter wahrscheinlich verhindert, mutmaßte Reuter – in das Krankenzimmer des umnachteten Philosophen geführt. Eindringlich beschreibt sie die Begegnung:

> „Mir gegenüber lag gerade ausgestreckt auf einer Chaiselongue, die der Türöffnung mit dem Fußende zugewendet stand, so dass ich ihm gerade ins Gesicht schauen konnte – Friedrich Nietzsche. Auf dieses seltsam feine und gewaltige sonnengebräunte Antlitz mit dem ungeheuerlichen Schnurrbart und der zarten schönen Nase schaute ich, sah die herrliche Stirn und die großen Augen, die nun einen furchtbar ernsten, erschütternden Blick auf mich richteten. Die bleichen, wundervoll geformten Hände lagen wie bei einer in Stein gehauenen alten Grabfigur gekreuzt über der Brust. Ich stand zitternd unter der Gewalt seines Blickes, der wie aus unergründlichen Tiefen des Schmerzes auftauchend, schon nach einer Sekunde wieder versank – die Pupillen verschwanden halb unter den Lidern, und rollten blicklos angstvoll unter den gesenkten Wimpern hin und her."[126]

Gabriele Reuter übersiedelte im Herbst 1895 gemeinsam mit der Mutter nach München in die Seestraße 4½ ins Zentrum von Schwabing.[127] Die „halb ländliche Parterrewohnung" ermöglicht es der Mutter Reuter, Rosen zu ziehen. Schwabing schickte sich indes an, bis zur Jahrhundertwende zum modischen, ‚angesagten' Künstlerviertel Münchens, gar Deutschlands zu werden, wo die Unkonventionalität innerhalb von wenigen Jahren exotische Blüten treiben sollte, der Tag zur Nacht gemacht wurde, wo Maler nun auch künstlerisch ambitionierte Frauen in privaten Ateliers ausbildeten und die unterschiedlichsten Reformentwürfe des Lebens unvermittelt aufeinanderprallten.

Der Mut der immer so schüchternen Reuter, sich hierher zu wagen, muss mittlerweile als beträchtlich eingeschätzt werden – zumal sie noch gar nicht wissen konnte, was aus ihrem Roman werden würde.

Sie scheint das Gefühl gehabt zu haben, und mit Recht, dass es sich um einen Erfolg handeln würde, sonst hätte sie dieses Wagnis nicht unter-

---

Ersten Weltkrieg erfolgte ein schleichender Niedergang, 1930 wurden sie aufgelöst. Vgl. auch Norbert Borrmann, *Paul Schultze-Naumburg, die „Saalecker Werkstätten" und der Saalecker Kreis*, in: Deutsche Erinnerungslandschaften Rudelsburg – Saaleck – Kyffhäuser, Halle 2004, S. 73–90.

126 Gabriele Reuter, *VKzM*, S. 276.

127 Ersichtlich aus einigen Absendern auf Briefen an Elisabeth Förster-Nietzsche, vgl. Kap. 7.

Buchumschlag Gabriele Reuter, *Aus guter Familie,* Berlin 1895

nommen. Dennoch: Ein Weggang aus Weimar war offenbar für sie auch notwendig geworden, denn sie hatte ja mit so manchem in der Familie durch die Kolportagen, die sie im Buch lieferte, gebrochen, nicht zuletzt ziemlich radikal auch mit dem Christentum, das für ihren Onkel Hermann Behmer unantastbar war. Sie war für viele Weimarer Freunde und Bekannte zur Persona non grata geworden.

All das ging auf ihre schon jahrelang währende geistige Emanzipation, zuletzt aber die Nietzsche-Lektüre und den liberalen Weimarer Freundeskreis zurück. Schließlich rechnete sie nicht umsonst in dem liberalen Schwabinger Klima auf sehr gute, neue weiterführende Kontakte.

Insofern waren ihrer Freundschaft mit Elisabeth Förster-Nietzsche fortan sehr enge Grenzen gesetzt – es war nur noch möglich, zu korrespondieren. Der Umzug gemeinsam mit der kränklichen Mutter im Schlepptau erfolgte Ende September oder Anfang Oktober, sodass Reuter am 17.10.1895 mitten über den Korrekturen am Roman und noch im Umzug an Elisabeth Förster-Nietzsche aus München berichten und sie auch um eine Rezension des Werks durch den gemeinsamen Freund Dr. Kögel bitten kann – offenbar ist der Bruch zwischen Nietzsches Schwester und dem Philosophen Kögel noch nicht erfolgt. Aus dieser relativen Nachrichtendichte in für die Schriftstellerin gänzlich darniederliegenden Zeiten der Produktionsmöglichkeiten erschließt sich auch die Wichtigkeit, die sie ihrer Freundschaft zu Elisabeth beimaß, wenn sie ihr dennoch

Benno Rüttenauer

schrieb. Letztlich benötigte sie Elisabeths gute Kontakte im Sinne der damals unbedingt notwendigen Einführungsbriefe für die ‚besseren Kreise'. Dass ihr Roman *Aus guter Familie* bei Samuel Fischer angenommen worden war, Rezensionsexemplare würden versandt, berichtete sie der Freundin natürlich auch und freute sich in ihrem Neujahrsbrief am 1. Januar 1896 über die wohl sehr positiven Worte Elisabeths zu *Aus guter Familie.* Insofern liegt nahe, den Umzug in Verbindung mit dem von Reuter vermuteten Erfolg des Romans im Verlag S. Fischer zu sehen: In München könnte sie viele andere Schriftsteller und Literaturinteressierte treffen, dort traf sich die moderne Welt. Sie begegnete erneut Ernst von Wolzogen, der den Roman positiv rezensierte, und auch Fritz Kögel muss eine sehr positive Kritik verfasst haben – überhaupt war die Resonanz auf diesen Wurf der inzwischen 36 Jahre alten Schriftstellerin enorm. So wird in den Zeitungen ausgehend von ihrem Buch eine Reform der Mädchenausbildung und freie Berufswahl für diese ab diesem Zeitpunkt diskutiert, auch die Problematik der Zersetzung der bürgerlichen Ehe oder insgesamt des bürgerlichen Mittelstands. Man stellt Reuters Buch gar dem *Werther* an die Seite, weil es für die weibliche Welt dasselbe bedeute wie für die männliche Goethes Buch und lobt die Personen- und

Milieu-Schilderungen. Vor allem wird immer wieder die Modernität des Buchs gewürdigt. Ein Autor, Benno Rüttenauer (1855–1940), würdigt das Buch auch als ein Kunstwerk. In seiner Darstellung habe es eine große runde Form und pflege eine einfache und zugleich eindringliche Sprache.[128] Dieser Autor sollte noch eine besondere Rolle in Reuters Leben spielen.

128 Alle Rezensionen: GSA Weimar, Bestand Gabriele Reuter, 112/12, insbesondere: Benno Rüttenauer, in: Die Nation Nr. 52, S. 785.

Das Ergebnis: *Aus guter Familie*, Teil I

Worum geht es in diesem in vier langen Jahren verfassten Roman mit seiner Hauptfigur Agathe Heidling, der für die Dichterin auch persönlich den Durchbruch darstellte. Geradezu nonchalant steckte sie die heftigen öffentlichen Reaktionen weg, zu denen die Androhung eines Blasphemie-Prozesses gegen sie gehörte. Der Abbruch der Beziehung seitens der meisten Verwandten war ihr ebenso wenig ein Problem. Sie selbst hatte sich ja schon Jahre vorher innerlich immer weiter von ihnen entfernt.

Zu Beginn erlebt der Leser die Konfirmation der jungen Tochter des Magdeburger Regierungsrats Heidling in einer ländlichen Dorfkirche. Die 17 Jahre alte Agathe ist sehr ergriffen. Sofort teilt sich mit, welche Sensibilität des Fühlens und Denkens das junge Mädchen bei gleichzeitiger hoher Intelligenz hat, und wie sie gleichzeitig angstvoll bemüht ist, allen an sie gestellten Anforderungen zu entsprechen: Konkret geht es um die für diesen Ritus seitens der Religion an sie gestellten Forderungen größter Wahrhaftigkeit. Sie bemerkt ihr Versagen, da sie ihre soeben abgelegten Gelöbnisse in ihren Augen gleich darauf bricht:

> „Über sich hörte Agathe die sanfte, ernstfeierliche Stimme des Geistlichen die Frage an sie richten: ob sie dem Teufel, der Welt und allen ihren Lüsten entsagen, ob sie Christo angehören und ihm folgen wolle. In süßer Schwermut hauchte sie ‚ja', fühlte die Berührung der segnenden Hände auf ihrem Haupte und versuchte mit gewaltsamer Anstrengung, alle ihre Sinne einzutauchen in die Anbetung der ewigen Gottheit – des Herrn, der über ihr schwebte.
>
> Aber sie vernahm das Rauschen ihres eigenen seidenen Kleides; ein gerührtes Flüstern und unterdrücktes Schluchzen drang aus dem Pfarrstuhl, wo ihre Eltern saßen, zu ihren Ohren; sie hörte ein Gesangbuch irgendwo polternd zur Erde fallen und eine gemurmelte Entschuldigung – sie lauschte auf die falschen Töne, die der Küster bei seiner leisen Orgelbegleitung griff – sie musste an ein Buch denken, an eine anstößige Stelle, die sie verfolgte …
>
> Thränen quollen unter ihren gesenkten Lidern hervor, krampfhaft falteten sich ihre Hände, auf den schwarzen Handschuhen sah sie die Thränentropfen nasse Flecke bilden – sie konnte nicht beten …
>
> Nicht in dieser Stunde? Nicht während weniger Sekunden konnte sie Gott allein angehören? Und sie hatte geschworen, für ihr ganzes Le-

ben dem Irdischen abzusagen! Sie hatte einen Meineid geleistet – eine untilgbare Sünde begangen! Mein Gott, mein Gott, welche Angst."[129]

Diese Situation ist der Nukleus einer sich im Roman in vielen weltlichen, intellektuellen und spirituellen Zusammenhängen wiederholenden Struktur: Agathe genügt vor allem ihren eigenen Ansprüchen nicht, kann ihnen nicht genügen, denn diese sind absolut. Agathe hat die durch die Umwelt vermittelten Glaubens- und Moralgrundsätze derartig verinnerlicht, dass sie angesichts ihrer Einsichtsfähigkeit und Sensibilität unbedingt scheitern muss. Weder zu Not- und anderen Lügen noch zur Koketterie oder zur Provokation von Mitleid bei Männern, den traditionellen ‚Überlebensstrategien' der Frau in der patriarchalischen Gesellschaft, ist sie fähig: Sie ist nämlich auch stolz, daher auch einsam und wenig flexibel. Ihr angenehmes Äußeres hat nichts Geschmeidiges wie das ihrer Kindheitsfreundin Eugenie, die so etwas wie Agathes Gegentypus ist. Eugenie ist überall gern gelitten, ein Weibchen, das früh schon Affären hat und sich den Handlungsspielraum durch allerlei Lügen insgeheim ausweitet. Was Agathe vom Leben der Freundin durchschaut, stößt sie mehr und mehr ab. So will sie nicht sein, das nimmt sie sich vor. Sollte ein Leben für sie nur auf der Basis eines scheinheiligen Herumlavierens möglich sein, wie Eugenie es praktiziert, dann lebt sie lieber in einer Fantasiewelt, beschließt sie schon früh.

Reuter beschreibt mit dem Psychogramm dieser Agathe ein eigenes frühes Stadium im Rückblick, eines, das sie selbst als einengend und frustrierend erlebt hatte.

Im Sinne einer post festum vorgenommenen Bearbeitung von als unerträglich empfundenen, demütigenden Erlebnissen und dem klaren Bewusstsein, diese Stadien überwunden zu haben, wurde der Roman geschrieben: Reuter hatte sich durch die Notwendigkeit, mit dem eigenen Schreiben würdig Geld für sich und ihre Mutter verdienen zu können, letztlich auch einen Freiraum des eigenen Handelns und der eigenen Äußerung zwar nicht erkämpft, doch erkennend angeeignet, der ihr persönlicher Rettungsanker wurde. Sie imaginiert somit über Agathe Heidling eine Existenz, die die ihre hätte werden können, wenn sie nicht mutig zahlreiche Schranken der Konvention durchbrochen hätte, und buchstabiert die Stufen der menschlichen Desillusionierung fast erbarmungslos durch, wie in einem Laboratorium:

So wäre es auch mit ihr gegangen, wenn … sie einen Vater wie Heidling gehabt hätte, einen Bruder wie Walter, wenn sie wie einst brav die Tanzkarte hingehalten hätte, um dann doch wieder in der Ecke stehenzublei-

129 Gabriele Reuter, *AgF*, S. 3 f.

ben, weil sie nicht in der Lage war, zu flirten und sich damit, wie sie es ihre Agathe denken lässt, zu prostituieren …

Der Name der Hauptfigur ‚Heidling' ist noch nie Gegenstand einer Überlegung gewesen, doch Reuter bevorzugte in ihren Werken immer sprechende Namen, heißt doch Agathe ‚die Gute' und Eugenie ‚die Schöngeborene' und entsprechen die Namen den charakterlichen Eigenschaften dieser Personen: Agathe ist die am Guten, an der Moralität fast zwanghaft klebende, Eugenie geht es um ein schönes Leben – dafür ist sie bereit, so einiges zu opfern auf dem Altar der Moral. Was also könnte Agathes Nachname Heidling ‚bedeuten'? Vermittelt dieser Name vielleicht das Eingeständnis der Autorin, von ihrem anerzogenen protestantischen Glauben abgefallen zu sein, in ein ‚Heidentum' oder einen Unglauben übergegangen zu sein? Ein Heidling … wäre das so etwas wie ein einsames Heidenkind? Dann wäre damit auch die Kritik am sich als Christen gerierenden Regierungsratsvater gemeint, der in Wahrheit nur konventionell und scheinheilig ist, nicht aus voller Glaubenskraft christlich glaubt. Über das Schisma zwischen ihrer Überzeugung und den Lehren der protestantischen Kirche gibt es auch in Reuters Autobiografie Aussagen. Sie hatte etwa im Alter von 28 Jahren, also um 1887/88, erneut den verwandten Pfarrer besucht, der sie konfirmiert hatte. Dieser Besuch wurde nach eigenen Aussagen der Abschied vom Christentum für sie:

> „Kurze Zeit nachher fiel das Christentum von mir ab, wie die bräunlichen Hülsen, wenn im Frühling die grünen Blätter sprießen. Ganz schmerzlos, nach so viel Ringen und Qualen, nach so inbrünstigen Gebeten und so viel glühender junger Liebe zu Jesus Christus, die mir unerwidert geblieben war – […] Alle Schranken fielen, die den Blick gehemmt hatten, alle Ketten glitten ab von Händen und Füßen und alle Wege lagen frei vor den erwachenden Sinnen – die Augen schauten ohne die gefärbte Brille tapfer und unerschrocken der Wahrheit ins Gesicht!"[130]

Im Roman wird Agathe sogar der Tag des Eintritts ins Erwachsenenleben, als der die Konfirmation jahrhundertelang in protestantischen Regionen galt, war doch ein junges Mädchen dann heiratsfähig, vergällt. Insbesondere der Vater hat klare Vorstellungen davon, wie eine Frau zu denken, zu fühlen, zu handeln, sogar – zu glauben hat. Hier gilt es das rechte Maß zu bewahren. Auch ein Zuviel an Glauben ist dem Regierungsrat nicht recht:

> „Mit wohlüberlegter Absicht hatte er seine Tochter nicht im Kreise ihrer Freundinnen bei dem Modeprediger in M. konfirmieren lassen,

130 Gabriele Reuter, *VKzM*, S. 242 f.

> sondern bei dem bescheidenen Vetter seiner Gattin. Er schätzte eine positive Frömmigkeit an dem weiblichen Geschlecht. Für den deutschen Mann die Pflicht – für die deutsche Frau der Glaube und die Treue.
> Daß der Fonds von Religion, den er Agathe durch die Erziehung mitgegeben, niemals aufdringlich in den Vordergrund des Lebens treten durfte, verstand sich bei seiner Stellung und in den Verhältnissen der Stadt ebenso von selbst […]"[131]

Diese Gedanken erfährt Agathe zwar nicht wortwörtlich, um so eindringlicher sind jedoch die Worte, die der sie konfirmierende Vetter der Mutter, Pastor Kandler, an sie richtet und ihr dabei ihre Zukunft vor Augen stellt, wobei er das Bibelwort „Alles ist euer – ihr aber seid Christi"[132] zum Ausgangspunkt nimmt:

> „Aber wie soll dieses ‚Alles' benutzt werden? Besitzet, als besäßet Ihr nicht – genießet, als genösset Ihr nicht! – Auch der Tanz – auch das Theater sind erlaubt, aber der Tanz geschehe in Ehren, das Vergnügen an der Kunst beschränke sich auf die reine, gottgeweihte Kunst. Bildung ist nicht zu verachten – doch hüte Dich, mein Kind, vor der modernen Wissenschaft, die zu Zweifeln, zum Unglauben führt. Zügle Deine Phantasie, dass sie Dir nicht unzüchtige Bilder vorspiegele! Liebe – Liebe – Liebe sei Dein ganzes Leben – aber die Liebe bleibe frei von Selbstsucht, begehre nicht das ihre. Du darfst nach Glück verlangen – Du darfst auch glücklich sein – aber in berechtigter Weise … denn Du bist Christi Nachfolgerin, und Christus starb am Kreuz! Nur wer das Irdische ganz überwunden hat, wird durch die dornenumsäumte Pforte eingehen zur ewigen Freude – zur Hochzeit des Lammes!"[133]

Agathe glaubt, den Sinn dieser Predigt nicht richtig verstanden zu haben, denn mit Recht fragt sie sich: Wie sollte es eigentlich möglich sein, zu genießen, als genieße man nicht? Sie sieht hierin eine sie überfordernde Aporie und bewundert die gereiften Christen ringsum. Immer ist sie im Grunde zuerst hellsichtig, aber klagt sich dann in der ihr eigenen Mischung aus Unsicherheit und vorauseilendem Gehorsam an, etwas wahrscheinlich Entscheidendes nicht begriffen zu haben. Denn es wäre doch ganz gegen die Erziehung, die sie genossen hat, zu glauben, dass die Erwachsenen (die Anderen) unrecht hätten. Ihr Schluss lautet daher konsequent: Ich muss mich ändern, mehr lernen, mehr begreifen, um diese

---

131 Gabriele Reuter, *AgF*, S. 9.
132 1. Kor., Kapitel 3, Vers 21–23.
133 Ebd., S. 10.

Gründe zu verstehen – und schließlich so zu werden wie sie. Man bemerkt schon jetzt das zwischen eigener Erkenntnisfähigkeit und Demutsgebärde bzw. Wunsch nach Unterordnung schwer schwankende Wesen der jungen Agathe. Sie ist zutiefst unsicher, da überfordert, hin- und hergerissen zwischen ihrem religiösen Gefühl, ihrer emotionalen Bereitschaft, ihrer Ratio und schließlich den Anforderungen ihres gesellschaftlichen Umfelds, das insbesondere jungen Frauen wenige Möglichkeiten zur Entfaltung gewährt. Der Konfirmationstag gestaltet sich noch verstörender, denn nach dem Pastor setzt auch Vater Heidling an, der knapp 17 Jahre alten Tochter eine in seinen Augen sicherlich erbauende Rede zu halten. Darin stellt er die Frau als wichtiges Glied der Gesellschaft dar, deren Bedeutung darin bestehe, sich „ihrer Stellung als unscheinbarer, verborgener Wurzel" bewusst zu sein:

> „Die Wurzel, die stumme, geduldige, unbewegliche, welche kein eigenes Leben zu haben scheint und doch den Baum der Menschheit trägt …"[134]

Derartige Sätze, die mit ihrem aufgedonnerten Pathos heute allenfalls ein müdes Lächeln bei den Lesern hervorlocken könnten, haben zum Datum des Erscheinens schockiert. Sie waren nämlich hart an der Realität entlang geschrieben und demaskierten den absoluten Primat des Männlichen der wilhelminischen Gesellschaft. Vor allem hatte sich vorher noch nie ein Autor, geschweige denn eine Autorin (!) mit der Problematik der unverheirateten Frau – der ‚alten Jungfer' bzw. des ‚alten Mädchens' – beschäftigt. Dieses Tabuthema fasste Gabriele Reuter an, denn diesen traurigen Lebensweg sollte Agathe nach ihrem Willen gehen müssen.

Das Tragische an Reuters Hauptfigur Agathe ist: sie möchte heiraten, sie möchte Kinder haben, sie möchte alles gut machen, sie möchte dieses Glied der Gesellschaft werden, das der Vater ihr zu werden eindringlich auferlegt – und weil sie es so gut machen möchte und so aufrichtig, deshalb scheitert sie. Reuter schildert dies alles sehr folgerichtig, sodass man die Mentalität des Wilhelminismus nach dieser Lektüre sehr viel besser begreifen kann.

Es ergibt sich, dass Agathe Heidling eine Märtyrerin auf dem Altar des protestantischen Christentums und des kaiserlichen Deutschlands ist. Sie soll stehen für die zahllosen unbekannten, durch die Erziehung an Geist und Seele verstümmelten jungen Frauen damals.

Entsprechend ist alles, was Agathe tut, immer auch Symbol.

Als erstes Opfer, das von ihr verlangt wird, muss das Geschenk des von ihr verehrten Vetters Martin herhalten, der einem Wunsch von ihr ent-

134 Ebd.

sprochen hatte und ihr zur Konfirmation die Freiheitsgedichte von Georg Herwegh schickte. Das Buch wird erst vom Pastor, dann vom Vater angeschaut – der Pastor zeigt dem Vater einige Stellen. Daraufhin wird Agathe fast einem Verhör unterzogen, in dessen Verlauf der Pastor das Mädchen fragt:

> „‚Was gefiel Dir denn besonders an diesen Gedichten?' prüfte er vorsichtig.
>
> ‚Die Sprache ist so wunderschön', flüsterte das Mädchen verlegen.
>
> ‚Hast Du Dir nie klar gemacht, dass diese Verse mit manchem, was ich dich zu lehren versuchte, in Widerspruch stehen?'
>
> ‚Nein – ich dachte, man sollte für seine Überzeugung kämpfen und sterben!'
>
> ‚Gewiß, mein Kind, für eine gute Überzeugung. Aber für eine thörichte, verderbliche Überzeugung soll man doch wohl nicht kämpfen?'
>
> Agathe schwieg verwirrt."[135]

Georg Herweghs (1817–1875) Gedichte und Überzeugungen mussten sowohl dem Pastor wie Agathes Vater, dem Regierungsrat, missfallen. Der Dichter der Freiheit von 1848, der wie Georg Weerth dem Proletariat verbunden war und den Anarchisten Bakunin als Vorbild ansah, war ein Antipode jener Vertreter der Säulen der wilhelminischen Gesellschaft, des Protestantismus und der monarchistischen Regierung. Es war für sie ganz klar, dass derartig emphatisch die Freiheit aller Menschen preisende Verse nichts für ein Mädchen sein durften, das für die Ehe mit einem jungen Offizier oder Beamten vorgesehen war. Welche Ideen würde Agathe am Ende entwickeln, welche Pläne schmieden, welche Wünsche äußern? Außerdem würden insgesamt Ideen, Pläne und Wünsche sie ablenken von ihrem Dasein als deutsche Ehe- und Hausfrau, deutsche Mutter.

Agathes Onkel Gustav sieht die ganze Sache als einziger in der Konfirmationsrunde pragmatisch. Er flüstert Agathe ins Ohr, dass es ein Fehler war, das Geschenk des Vetters vor der Tischgesellschaft ausgepackt zu haben. Doch diesen Onkel, das hat Agathe schon gelernt, sollte man nicht besonders ernst nehmen, hatte er doch eine Frau mit Vorleben geheiratet, die sich auch noch von einem Grafen hatte entführen lassen. Er sei daher nicht seriös, befindet sie, hat sie doch die in ihrer Familie verbreitete Einschätzung bereits gänzlich übernommen. Insofern wird die einzige Gegenstimme zu dem Chor der Unterwerfung verlangenden Männer verworfen – wiederholt tritt dieses Muster in der Folge auf.

135 Ebd., S. 12.

Das Geschenk wird konsequent konfisziert, denn es steht symbolisch für Agathes Wunsch nach Freiheit – dieser ist zu unterbinden, steht ihr nicht zu in den Augen des weltlichen und des geistlichen Vaters. Dennoch wird Agathe zumindest nachdenklich, als ihr dies angetan wurde:

> „‚Alles ist Euer', war ihr eben versichert worden, und gleich darauf nahm man ihr das Geschenk ihres liebsten Vetters fort, ohne sie auch nur zu fragen. Widerspruch wagte sie natürlich nicht. Sie hatte ja Gehorsam und demütige Unterwerfung gelobt für das ganze Leben."[136]

Allein geht sie danach durch den Garten und grübelt über das Erlebte nach. Sie kommt zu dem üblichen Schluss, dass sie noch recht dumm sei und sich in Selbstüberwindung und Entsagung üben müsse. Sie versucht sogar ein Prinzip abzuleiten:

> „Aber so war es fortwährend: was einem gefiel, dem musste man misstrauen."[137]

Agathe ist nicht in der Lage, einen Widerspruch durch- oder einen Konflikt auszuhalten. Das ist gemäß ihres persönlichen Charakters wie auch in der geschilderten historischen und gesellschaftlichen Situation auch undenkbar. Immer wenn sie ansatzweise Versuche dergleichen macht, läuft sie gegen Wände. So muss ihre Reaktion immer die Resignation sein, der Verzicht oder in Reuters Diktion: die Entsagung.

So auch im zweiten Kapitel des Romans, das einen Rückblick in die vergangene Kindheit Agathes liefert. Anhand ihrer Freundschaft zu der kleinen Eugenie Wutrow wird der radikale Wesensunterschied zwischen diesem Weltkind und Agathe, dem ‚Träumerchen', wie Frau Heidling ihr Kind nennt, beschrieben: Agathe träumt nämlich immer davon, fliegen zu können. Außerdem ist sie nicht immer freundlich. Als Kind ist sie sogar im Grunde unangepasst. Sie hasst es auch, Eugenie als Beispiel vorgehalten zu bekommen, die in Wahrheit vieles im Geheimen unternimmt und frühreifes Wissen hat, es aber versteht, mit artigen Blicken, Knicksen und freundlichem Lächeln der Umwelt vorzuspiegeln, wie reizend sie ist. Agathe will Eugenie nicht glauben, als diese ihr erzählt, wo die kleinen Kinder herkommen, und sie entwickelt gegen die Freundin aus Überforderung eine Abneigung. Sexualität ist für Agathe ein schon früh stark negativ besetztes Gebiet, ein Geheimnis, in das sie nicht eindringen möchte. Warum dies in Agathes Familie und nicht in Eugenies so ist, erfahren wir leider nicht: Reuter verweist hier lediglich auf die wesensmäßigen Unterschiede zwischen den beiden Mädchen.

Der Leser bekommt auch einen Eindruck von dem ursprünglich vorhan-

---

136 Ebd., S. 13.
137 Ebd.

denen Potential der Auflehnung, das einmal in Agathe vorhanden war, die es sich sogar als Kind herausnahm, gegen den Willen der Mutter mit einer sozial tiefer stehenden Schülerin der Bürgerschule (sie selbst besucht mit Eugenie gemeinsam eine kleine vornehme Privatschule) in der Stadt herumzuschlendern und dann sogar – Höhepunkt der Unangepasstheit – gemeinsam mit dem Mädchen auf einer zwischen zwei Steinpfeilern gespannten Kette zu sitzen und mit den Beinen zu baumeln. Sie bleibt den ganzen Nachmittag von zu Hause weg und gräbt mit dem Mädchen ein Loch in deren Hof, das wenn möglich bis zur der anderen Seite der Erdkugel reichen soll, wo beide Amerika vermuten.
Als es dunkel wird, fürchtet sich Agathe plötzlich vor der Reaktion der Mutter, die nicht ausbleibt: Agathe wird von der Mutter beim Heimkommen mit einer Rute geschlagen. Frau Heidling, eine schwache Frau mit schlechten Nerven, hat lange gerungen, ob sie diese Strafe zur Anwendung bringen soll. Schließlich glaubte sie aus einem Gefühl der Pflichterfüllung heraus handeln zu müssen:

> „Ja, es war ihre Pflicht. Das Kind durfte sich nicht so über alle Autorität hinwegsetzen."[138]

Agathe vergisst der Mutter diese erstmalig erlebte Demütigung nicht. Sie hört auf, ihre Mutter zu lieben und leidet gleichzeitig unter dieser ‚Gewissensnot'. Daneben plagt sie auch die Erinnerung an Eugenies geheimes Wissen. Die Mutter ihrerseits geht auf Agathes in der Folge ausbrechenden unbändigen Wissensdrang, der sich auf unterschiedlichste Gebiete, geschichtliche wie literarische und naturwissenschaftliche Gegenstände wirft, in keiner Weise ein, ja blockt diesen systematisch ab, indem sie der Tochter meist das Wort abschneidet. Für sie ist die Pflege des Äußeren Agathes, deren Kleidung, Haltung und Anstand das einzige, das sie interessiert, kritisiert und immer als verbesserungswürdig ansieht: Ihr Ziel ist es, Agathe zu einem ‚ordentlichen Mädchen' zu erziehen. Das meint, ein untadelig sauber gekleidetes, höfliches und schmückendes Accessoire einer Familie. Ein denkender Mensch wäre genau das Gegenteil. Agathes Lebhaftigkeit und ihren Wissensdurst empfindet sie als exaltiert, ja sogar gefährlich. Sehr richtig wurde in der Sekundärliteratur dargestellt, dass Reuters Roman eine „weibliche Parodie des traditionellen Bildungsromans" darstellt, in dem mit dem Älterwerden der handelnden Person keineswegs ihre Entwicklung zu einem immer vollständigeren, umfassenderen Menschen dargestellt wird, sondern „eine fortschreitende geistige und körperliche Verstümmelung".[139]

138 Ebd., S. 20.
139 Ludmila Kaloyanowa-Slavova, *Übergangsgeschöpfe: Gabriele Reuter, Hedwig*

Reuter arbeitet geschickt mit dem Perspektivenwechsel, um ihr Ziel einer ironischen Darstellung und gleichzeitig einer emotional-empathischen Einbeziehung des Lesers zu erreichen: Sie changiert zwischen objektivierendem auktorialem Erzählmodus und „personaler Erzählsituation"[140].
Mittlerweile ist die Familie in eine kleinere Stadt umgezogen, und Agathe wird zu Hause von einer Gouvernante unterrichtet. Diese wird von ihr verachtet, weil sie es darauf anlegt, in dem kleinen Städtchen eine möglichst gute Partie zu machen: Auch das ist eine Reaktion des Agathe'schen Stolzes, denn sie selbst würde so etwas nie tun, für sie kommt nur eine Liebesheirat in Frage. Oder eben keine. Geld und Liebe hätten doch gar nichts miteinander zu tun, denkt – und fühlt sie. Und so hat sie es ja auch bei Goethe und den anderen Klassikern gelesen. Diese sind ihre Ratgeber, nicht die realen Menschen ihrer Umgebung, die Erfahrungen, die sie macht, werden weggefiltert.
Es sind eindeutig die Pubertätsjahre Agathes, die hier mit ihren Szenen, ihrem Gefühlsüberschwang und der sich einstellenden Distanzierung von den Eltern geschildert werden. Agathe fühlt sich entsprechend einsam und unverstanden, ja wähnt, sie sei nicht das wahre Kind ihrer Eltern – auch dies ein Muster bei Heranwachsenden. Frau Heidling ihrerseits fühlt sich in ihrer Mutterrolle mehr und mehr überfordert und schickt Agathe schließlich in dieselbe Pension, in der auch Eugenie Wutrow inzwischen erzogen wird und an die Agathe sich neu mit einer schwärmerischen Liebe anschließt.
Eugenie übernimmt wie schon in der Kindheit die weitere Einführung Agathes in den Bereich Sexualität, indem sie sie ins Vertrauen über die Gründe ihres Pensionsbesuchs zieht: Sie, Eugenie, war in einen Angestellten ihres Vaters verliebt, mit dem sie sich immer heimlich in einem Raum des Kontors ihres Vaters traf. Nun ist sie unglücklich und liebäugelt mit einem romantischen Selbstmord, doch diesen Gefühlen gibt sie mit ihrer Pragmatik nur des Nachts Raum, während sie am Tag ein fröhliches, zu allen Scherzen aufgelegtes junges Mädchen ist.
Agathe wird unversehens mit Gefühlen konfrontiert, die in ihr noch nahezu ungeweckt schlummern. Auch sie würde gern lieben, entdeckt sie, aber, von Eugenie befragt, kann sie allein ihren Vetter Martin als eine Sehnsuchtsgestalt anführen. Vielleicht liebt sie ihn ja wirklich, fragt sie sich verwirrt. Aber die entwürdigenden Dinge, von denen Eugenie als zur Liebe zugehörig berichtet, kann sie sich nicht vorstellen. Sie bemerkt den

---

Dohm, Helene Böhlau und Franziska zu Reventlow, New York/Bern u. a. 1998, S. 45.

140 Ebd., S. 46.

großen Unterschied zwischen sich und der Freundin staunend und leidet wenig später maßlos, als sich Eugenie mit einer neuen Mitschülerin so intensiv anfreundet, dass sie Agathe gegenüber von Liebe zu ihr spricht. Agathe, die sich als Reaktion auf diese Zurückweisung gegen die neuen und für sie anstößigen Lektüren der Mädchen ausspricht, wird fortan als prüde ausgegrenzt. Sie ist verletzt, bleibt einerseits stolz und zurückweisend, andererseits ist sie selbst auch neugierig, was in den Lauben der Pension unter den anderen Mädchen in der Freizeit verhandelt wird:

> „Hätten die Mädchen nur nicht immer ihre geflüsterten Unterhaltungen abgebrochen, wenn Agathe sich näherte. Sie verging vor Neugier, zu erfahren, was jetzt wieder alle so furchtbar beschäftigte. Aber der Stolz hinderte sie, auch nur eine einzige Frage zu thun. Es war ein entsetzlicher Zustand, ausgeschlossen und verachtet zu sein, während man sich grenzenlos nach Vertrauen und Liebe sehnte."[141]

Agathe zieht sich also wieder einmal zurück in ihr Inneres, in die Sprachlosigkeit, die sie auszeichnet, während die anderen Mädchen ein Bündnis miteinander eingegangen sind, in dem sie einander ihre Informationen austauschen. Grund für dieses Ausschließen seitens der Mädchen und dem Gefühl des Ausgeschlossenseins auf Seiten Agathes ist ihr sprachloser Stolz, der sie unfähig macht, zu erkennen, dass ihre Sehnsüchte und Fantasien sich gar nicht so sehr von denen ihrer Kameradinnen unterscheiden.

Endlich erfährt sie von dem Thema, das man ihr vorenthalten wollte: Entgegen ihrer Vermutung, dass sie von schlüpfrigen Lektüren oder Liebeserlebnissen der Mitschülerinnen nichts erfahren sollte, war es die Schwangerschaft der Frau des Lehrers und Leiters der Pension, Dr. Engelbert, die bei den Mädchen Anstoß erregt hatte. Erneut prallen zwei Welten aufeinander, die der Mädchen und die eines ‚anderen' Mädchens, Agathe. Für sie ist gerade dieser Zustand etwas Schönes und Normales innerhalb einer Ehe und keineswegs Anstoß erregend. Hier geht gewiss auch die Erfahrung Gabriele Reuters als eines ältesten Kindes einer Familie mit ein, das die Geburt von vier Brüdern und einer kleinen Schwester, die allerdings früh verstarb, im Haus miterlebt hatte.

Neben dem Thema Geburt spielt aber auch der Tod im Pensionatskapitel eine Rolle – Reuter buchstabiert in der Tat die großen Themen der Pubertät glaubwürdig durch. Denn wenig später stirbt im Roman eine Mitschülerin an Typhus. Es ist für die Mädchen erregend, sich spät am Abend heimlich die aufgebahrte Leiche anzuschauen. Und diesmal gibt auch Agathe dem Bedürfnis, einen schaurigen Eindruck zu erleben, nach.

141 Gabriele Reuter, *AgF*, S. 28.

Doch anders als die Mitschülerinnen, die lediglich den ‚kick' in dem Anblick suchen und danach gleich wieder fröhlich sind, hat Agathe ein ganz anderes Gefühl. Sie wünscht sich als Einzige, möglichst bald ebenfalls zu sterben:

> „Das Leben, auf das sie sich so freute, schien ihr wertlos im Vergleich zu dieser Ruhe. An Auferstehung dachte sie nicht. Sie wäre gern in dem Augenblick vergangen – im Nichts verschmolzen, doch ohne sich darüber klar zu werden. Die Traurigkeit und Todessehnsucht hielt lange bei ihr an. Auch als Eugenie sich ihr wieder näherte, machte sie das nicht mehr glücklich."[142]

Reuter schildert die Adoleszenzdepression ihrer Figur sehr einfühlsam und authentisch – wie Selbsterlebtes.

Es folgen die Sommerferien, die das Mädchen in neuer Lebensfreude auf dem Lande verbringt. Es ist die Atmosphäre auf dem Klostergut Althaldensleben mit den zahlreichen jungen Vettern und Cousinen, die hier abgeschildert wird, und die Agathes erste Verliebtheit (auch das war ja Gabriele Reuters Erlebnis) mit sich bringt. Matthäus von Nathusius heißt im Roman Martin Greffinger. Martin möchte Agathe unbedingt einen Kuss abschmeicheln. Eigentlich war sie ja vorbereitet durch Eugenies Initiationen. Doch Agathe bleibt Agathe, und daher weicht sie aus, flieht, und Martin holt sie nicht ein. Sie hat unbändige Angst vor der Realisierung ihrer Träume – Anziehung und Abstoßung sind ebenso wie Lebensbejahung und Todessehnsucht ganz eng bei ihr miteinander verbunden, und ihr ewiger Stolz kommt hinzu: Ein Kuss ist für sie unvorstellbar, denn er ist ein Versprechen. Da ist sie ganz anders als die lebenslustige Eugenie und gelobt:

> „Sie wollte auch immer streng und abweisend bleiben – bis – ja bis er kommen würde, der Herrlichste von allen! Visionen weißer Schleierwolken und brennender Altarkerzen schwebten durch ihre Phantasie. Oder tot – still – im schwarzen Sarge mit der Myrthenkrone über der reinen Stirn – ach wie traurig – o wie schön! Agathe liefen bei dem Gedanken gleich die stets bereiten Thränen aus den Augen."[143]

Hier wie auch sonst immer wieder zeigt die Autorin mit derartigen Äußerungen, dass sie sich über die dem Kitschroman so nahe Gefühlswelt ihrer Heldin lustig macht, deren Vorstellungswelt sich ausschließlich in Extremen abspielt. Gleichzeitig handelt es sich in ihren Romanen um abgelegte Häute Reuters. Insofern distanziert sie sich damit auch von ihrer eigenen Biografie.

---

142 Ebd., S. 29 f.

143 Ebd., S. 31 f.

Es folgt im Roman ein neuerlicher Umzug der Familie Heidling, zurück in die Provinzhauptstadt, wo der Vater weiter als Regierungsrat tätig ist. Als Vetter Martin auf der Reise zur Universität noch einmal vorbeischaut, verstehen sich die jungen Leute nicht mehr. Von Verliebtheit ist erst recht nicht mehr die Rede. Agathe findet sein Lachen und Höhnen über alles, was sie schön findet, roh, er verachtet ihren überbetonten Gehorsam, der es sogar nötig machte, dass sie sein Konfirmationsgeschenk, Herweghs Gedichte, gegen eine Lyrikanthologie mit dem Titel *Fromme Minne* eingetauscht hatte. Agathe befindet sich nun deutlich in einem Zustand des stummen Wartens auf den Ritter, der sie zu ihrer Bestimmung einer ‚deutschen Hausfrau' führen würde:

> „Durfte sie am Sonntag ein Tischtuch aus dem schönen Wäscheschrank der Mutter holen und die Bettbezüge und Laken für den Haushalt verteilen, that sie es mit froher Andacht, wie man eine symbolische Handlung verrichtet."[144]

Die feine Ironie Reuters angesichts solcher Szenen distanziert sie stark von ihrer perfektionistischen Heldin, die sich von ihrem Kinderspielzeug trennt, um es auf dem Dachboden zu lagern. Hier erinnert sich Agathe, wie sie als kleines Mädchen einst die Puppe mit dem Wachskopf an ihrer Kinderbrust im Spiel säugen ließ und wird sich schamvoll ihrer nun entwickelten Figur bewusst. Auch hier überzeugt die ambivalente Haltung der Heldin, die andererseits neugierig die eigene Säuglingskleidung aus einer Kiste nimmt und in träumerischer Erwartung schwelgt. Gleichzeitig ist sie voll euphorischen Taten- und Wissensdrangs. Alles, was sie tut, so wünscht sie es: Wissen und Fähigkeiten erwerben, schöne Kleider schneidern lassen, Freundschaften gestalten, wohltätige Werke vollbringen – soll sie ab sofort nur noch verbessern und würdig machen für den einen großen Unbekannten, den künftigen Ehemann. In dieser Stimmung feiert sie heiter mit ihren Freundinnen den 17. Geburtstag, zu dem auch die liebeserfahrene Eugenie geladen ist, die inzwischen dank einer Mastkur eine erstaunliche Büste aufweisen kann. Hauptgesprächsthema ist der bevorstehende große Ball, der schon erwähnt wurde. Das Tableau der Szene malt Reuter so aus:

> „Da standen die jungen Mädchen in langen Reihen und in kleinen Gruppen – wie ein riesenhaftes Beet zartabgetönter Frühlingshyacinthen – rosenrot, bläulich, maisgelb, weiß, hellgrün. Die Hände über dem Fächer gekreuzt, die Ellbogen der entblößten, fröstelnden Arme eng an die Hüften gedrückt, vorsichtig miteinander flüsternd und die blumengeschmückten, blonden und braunen Köpfe zu schüchternem

144 Ebd., S. 33.

> Gruße neigend. Nur einige, die schon länger die Bälle besuchten, wagten zu lächeln, aber die meisten brachten es nur zu einem Ausdruck von Spannung.
> Getrennt von dem duftigen, regenbogenfarbigen Kleidergewölk, den weißen, nackten, ängstlichen Schultern – getrennt durch einen weiten leeren Raum, der hoch oben mit einer reichverzierten Stuckdecke, nach unten mit einem spiegelglatten Parkett abgeschlossen wurde – eine Mauer von schwarzen Fräcken und weißen Vorhemden, die so hart und blank erglänzten wie das Parkett, [...] Von der schwarzen Phalanx sonderte sich ein kleiner Kreis blitzender Epauletten und Uniformen ab. Hier wurde lauter geschwatzt, die Kameraden musterten den Saal mit spöttischem Siegerblick und wagten sich leichten, tanzenden Schrittes über den fürchterlichen leeren Raum zu dem Hyacinthenbeet, durch welches dann jedes Mal ein leichtes Zittern und Bewegen lief.
> Zu zweien und dreien lösten sich nun auch die schwarzen Gestalten aus der Menge und tauchten nach Tänzerinnen zwischen die lichten bunten Kleiderwolken. Vom Rande des Saales aber starrten und starrten viele Mutteraugen zu den sich in Schlachtreihen gegenüberstehenden Heerscharen und wie gern hätte mancher Mund aus dem Hintergrund Befehle und Anweisungen herübergerufen Die Väter verharrten gleichsam als der Train und die Fouragemeister, die eine Armee ja nicht entbehren kann, in den Nebenstuben und in den Thüren des Tanzsaals.
> Und nun schmetterten die Fanfaren zum Angriff, und die Schwarzen stürzten sich auf die Hellen, alles wirbelte durcheinander und die Schlacht konnte beginnen.“[145]

Das Bild einer Schlacht, das Reuter für diesen den Geschlechterkampf bestens symbolisierenden Ballbeginn wählt, trifft auch noch in heutiger Zeit den emotionalen Eindruck, den eine solche Situation vermitteln kann: Hier werden die Marktwerte der jungen Damen ausgehandelt, die Beliebtheit als Tänzerin ist gleichbedeutend mit der körperlichen Attraktivität – eine derartig demütigende Situation war nichts für sensible, stolze Mädchen wie Agathe Heidling (und Gabriele Reuter). Im Laufe des Abends nimmt Agathe dann noch eine erstaunliche Wandlung ihres Vetters Martin wahr, der noch zwei Stunden zuvor ganz der derbe junge Mann war, als der er sich ihr gegenüber jetzt immer zeigte:

> „Sein Blick wich nicht von Eugenie, aber er schien kaum zu hören, was sie sagte, er starrte fortwährend auf ihren Hals, auf ihren Busen.

145 Ebd., S. 41 f.

> Sie war so weit dekolletiert – wie konnte sie das nur aushalten, ohne vor Scham zu vergehen, dachte Agathe empört. Etwas in der Brust tat ihr dabei weh. Es war wie eine Enttäuschung – als träte nun eine endgültige Entfremdung zwischen ihr und Martin ein ... als entschlüpfe ihr etwas, das sie für unbestrittenes Eigentum gehalten ... Was denn? Sie liebte ihn doch nicht? Es fiel ihr gar nicht ein!"[146]

Erneut ist es Agathes Ambivalenz, die sie hier den eigenen Gefühlen misstrauen lässt: die Eifersucht, die sie angesichts des wahrgenommenen Begehrens, das Martin Eugenie gegenüber zeigt, empfindet, lässt sie als Gefühl nicht zu. Es entspricht eben ihrem Selbstbild des untadeligen Mädchens nicht. Gleichwohl lässt sie in einer Art von Verschiebung den jetzt bei ihr um einen Tanz bittenden kahlköpfigen Assessor Raikendorf abblitzen, um Sekunden später mit einem Leutnant zu tanzen. Diese Unhöflichkeit wird Agathe von der streng beobachtenden Mutter vorgeworfen – so etwas darf sie nie wieder tun, fordert die Mutter.

Hier wird Agathes sehr geringer Handlungsspielraum erneut eingegrenzt, wie überhaupt bei jedem eigenen Wunsch, jeder eigenen Aktion sofort eine Sanktionierung erfolgt. Agathe soll lernen, keinen eigenen Willen, keinen Aktionsradius zu haben außerhalb der engen Grenzen der gesellschaftlichen Regeln. Es wird aufs grausamste durchbuchstabiert, wie ein fantasievoller und sensibler junger Mensch/eine junge Frau mehr und mehr seiner Fähigkeiten einbüßt, weil sie gesellschaftlich nicht gewünscht sind und weil dieser Mensch dummerweise nicht in der Lage ist, sich so zu verhalten wie andere junge Frauen, sprich: bereit ist, sich nach den Anbahnungsregeln der Zeit mit einem ungeliebten Mann in der Ehe zu vereinigen.

Die Crux bestand weiter darin, dass Agathe nun leider die Klassiker und Romantiker gelesen hatte, und zwar mit empathischer Begeisterung und Zustimmung, und deshalb andere Liebes- und Eheideale tief verinnerlicht hatte.

Reuters Leistung war es, genau diese Dimensionen der Depravation, die sie selbst zum Glück nicht erleben musste, zu imaginieren. Sie hatte ja dieselben Ideale verinnerlicht und ursprünglich dieselben Anpassungsschwierigkeiten gehabt.

Die Radikalität dieses Unterfangens, die Plausibilität der Geschichte von Agathe, war genau das Schockierende des Romans bei Erscheinen.

Wie ging es aber mit Agathe weiter? Nach dem ersten Ball ist sie entsprechend ihrer Erfahrung unglücklich und beschloss, keinen weiteren aufsuchen zu wollen. Dennoch spricht sie mit ihren Freundinnen darüber,

146 Ebd., S. 46.

als wäre es die schönste Erfahrung ihres Lebens gewesen. Sie entspricht also nicht ihrem eigenen Ideal der Wahrhaftigkeit, weil sie erst jetzt begriffen hat, was von ihr verlangt wurde und was sie nur halb und widerwillig leisten konnte: Sich zu bemühen zu gefallen, dann gewählt und vielleicht danach sogar begehrt zu werden. War doch der erste Ball für viele Mädchen damals der Ausgangspunkt einer Heirat.

Es folgt für Agathe eine Jugend im Schatten der Erwachsenen der wilhelminischen, deutlich männlich dominierten Welt, in der Staat und Militär die Säulen sind, individuelles Glücksstreben der Frauen nichts zählt. Sie will es allen recht machen, sich selbst aber auch, in ihrer völligen Wahrhaftigkeit – ein unmögliches Unterfangen. Anders, ganz anders agieren die übrigen Freundinnen, die die doppelte Moral: vorne freundliches Weibchen, hinten: so wie ich will, deutlich verinnerlicht haben. Allen voran Eugenie, die wichtigste Freundin, die inzwischen Agathes Cousin Martin umgarnt hat, der das Haus Wutrow trotz seiner sozialdemokratischen Ansichten regelmäßig aufsucht.

Der Regierungsratsvater Agathes führt sie daneben dozierend in die Welt der bildenden Kunst ein und veranstaltet am Sonntag zwischen zwölf und eins in der Sammlung älterer und neuerer Gemälde kleine Führungen, zu denen auch Agathes Freundinnen geladen sind. Das, was ihr Vater in dürren, lediglich grob einordnenden Worten erzählt, entspricht so gar nicht Agathes Vorstellungen. Speziell Lord Byron, den sie sich neuerlich als Geliebten imaginiert, wird ihr geradezu entweiht durch die prosaische, lakonische Darstellung des Vaters, der ein Gemälde, auf dem er dargestellt ist, interpretiert. Sie ist ergriffen und geht am nächsten Tag allein in die Ausstellung – niemand ist unter der Woche dort. Sie betrachtet das Bild erneut:

> „Das Bild nahm ein seltsames Leben für sie an. Es war dem Künstler gelungen, etwas von der Macht, die der Dichter zu seiner Zeit auf die Frauen geübt, in dieses gemalte Antlitz zu bannen. Das Mädchen schlich zu ihm, wie zu einem verbotenen Genuß, sie berauschte sich an der Sehnsucht, die nun ein Ziel gefunden hatte, bei dem sie doch immer Sehnsucht bleiben konnte.“[147]

Agathe ist in das Bild verliebt, den Menschen konnte sie nicht mehr kennenlernen. Sie liest Byrons Werke, das beflügelt ihre Gedanken und Gefühle. Ihre Liebe ist erneut nur Märchenhaftes, Fantasie, nichts, was in der Realität Bestand haben kann – froh wird sie lediglich, als sie erfährt, dass der Lord keine Frau wirklich geliebt hatte. Sie selbst fantasiert, sie sei, hätten sie einander begegnen können, für diese Rolle ausersehen gewesen:

147 Gabriele Reuter, *AgF*, S. 50.

> „Aber keine von den Frauen, an die er sein glühendes Herz verschwendete, hatte ihn befriedigt. Keine … Das war ein Trost!
> Das Glück, die heitere Götter-Ruhe, die dem Genius, wie seine Kritiker sagten, gefehlt, um ihn zu einem Klassiker zu machen – Agathe Heidling hätte sie ihm gebracht! – Da wurde ihr nun die Melancholie klar, die sie oft so rätselhaft überschattete!“[148]

Wenig später wird Agathes Bruder Walter, der gegen des Wunschs des Vaters die Offizierslaufbahn einschlug (anstatt Jura zu studieren) in die Stadt M. (Magdeburg) versetzt und verlobt sich nur drei Monate später mit Eugenie Wutrow. Agathe ist erstaunt, war sie doch im Glauben gewesen, Eugenie sei heimlich mit Vetter Martin verlobt. Sie ist sogar schockiert, zumal sie selbst für Martin immer noch Gefühle hegt, und möchte dieses Gefühl der Freundin gegenüber zum Ausdruck bringen:

> „Sobald Agathe mit der Braut allein war, konnte sie nicht unterlassen, die Bemerkung hinzuwerfen:
> ‚Ich glaubte, es wäre Martin, den Du gern hättest!‘
> ‚Einen sozialdemokratischen Studenten?‘ fragte Eugenie vorwurfsvoll. ‚Aber Agathe – ! Den heiratet man doch nicht! – Und übrigens haßt er ja auch die Ehe,‘ fügte sie mit ihrem frivolen kleinen Lachen hinzu.
> Ein Gefühl von Abneigung, von Verachtung gegen die neue Schwägerin peinigte Agathe, während ihr alle Bekannte Glück wünschten, weil ihr Bruder die liebste Freundin zur Frau wählte. Sie meinte, es sei ihre Pflicht, Eugenie noch einmal ernstlich zur Rede darüber zu setzen, ob sie Walter auch wirklich liebe. […] Was aber im Innern der zukünftigen Schwägerin vor sich ging, blieb Agathe eine so fremde Welt, wie es Eugenie ihr phantastisches Traumleben gewesen wäre. Jede hütete ängstlich die eigenen Geheimnisse.“[149]

Agathe ist nicht in der Lage, das, was einem Mann damals möglich gewesen wäre und das, was sie ganz richtig auch aus der Religion als Grundsatz mitgebracht hatte, der künftigen Schwägerin gegenüber zu formulieren: Dass eine Ehe ohne Liebe und Treue der Grundlage entbehre.
Für sie gab es in dieser Situation erneut keinen erkennbaren Handlungsspielraum, da sie ernst nahm, was man ihr vermittelte. Für Eugenie Wutrow jedoch gab es diesen gleichwohl. Sie war eine Frau, die erkannte, wie und wo sie profitieren konnte, für sie waren Liebe, Ehe und Verbindungen letztlich Handelswaren: War nicht ihr Vater Besitzer eines Kontors?
Während Eugenie also in Agathes Augen verachtungsvoll ist, weil sie

148 Ebd.
149 Ebd., S. 51 f.

nicht die hohen sittlichen und Gefühls-Ideale verfolgt wie sie selbst, wird an einer weiteren weiblichen Nebenfigur, dem einfachen Bauernmädchen Wiesing Groterjahn, mit der Agathe vor wenigen Jahren konfirmiert worden ist, eine sozial und bildungsmäßig Agathe weitaus unterlegene Person geschildert, die aufgrund männlicher Übergriffe untergehen muss. Dies ist ein weiteres Beispiel für die Brutalität den Frauen gegenüber, die in der wilhelministisch-patriarchalen Gesellschaft an der Tagesordnung war.

Wiesing, die als Dienstmädchen bei Heidlings arbeitet, gesteht der Tochter ihrer Herrschaft etwas für Agathe Entsetzliches: Der junge Herr Walter, verlobt mit Eugenie Wutrow, habe sich an ihr vergriffen. Natürlich erfolgt das Geständnis in verschlüsselter Form, gemäß dem prüden Zeitstil:

> „‚Fräulein', sagte Wiesing eines Morgens, als sie Agathe warmes Wasser in ihr Schlafzimmer brachte, und dabei stand sie mit gesenkten Augen, ‚an meiner Thür is kein Riegel, könnte da nicht einer angemacht werden?'
> ‚Ja – hast du denn keinen Schlüssel?'
> ‚Den hat der junge Herr abgezogen', stotterte Wiesing.
> ‚Der junge Herr? Was ist denn das für dummes Zeug! Du hast ihn sicher verloren!'
> […] ‚De junge Herr – seggen Se man nix tau de Frau Regierungsräten – ik hew jo ok nix von seggt, …'"[150]

Auch hier also Verschweigen des unmöglichen, unmoralischen und gleichzeitig ‚normalen' Verhaltens des jungen Leutnants Walter, der das Hausmädchen in seiner armseligen Kammer vergewaltigt hat. Sie fürchtet Wiederholung und vertraut sich der einzigen Person an, die ein wenig Interesse an ihr gehabt hatte, Agathe. Diese besorgt in größter Aufregung den gewünschten Riegel und bringt ihn gemeinsam mit Wiesing auch an. Aber nicht nur gegen Walter empfindet Agathe plötzlich Ekelgefühle, auch gegen dessen Opfer Wiesing – ein Zeichen dafür, wie stark sie die patriarchalischen Normen der Gesellschaft, in der sie sozialisiert wurde, bereits internalisiert hat.

Lediglich die Religion, so meint sie, kann noch Kraft geben und Lösungen anbieten. So verfällt sie auf die Idee, ihrem Bruder in Liebe zuzureden, wünscht sich zugleich in ihrer im Grunde konfliktscheuen Mentalität weg von allen Menschen. Dennoch wagt sie den Schritt, als Walter sie auf ihr unfrohes Gesicht anspricht, das Problem anzusprechen. Sie erntet jedoch, anders als sie erhofft hatte, höchsten Zorn ihres Bruders,

150 Ebd., S. 53.

der ihr untersagt, sich in seine Angelegenheiten zu mischen. Dies begründet er mit ihrer sozialen Rolle, die ein derartiges Verhalten ausschließt:

> „‚Du beträgst dich nicht wie eine Dame, sondern wie ein exaltiertes Frauenzimmer. Es ist unpassend von Dir, an solche Dinge zu rühren! Verstehst du mich?' Damit riß er die Thür auf und warf sie gleich darauf krachend zu."[151]

Das Erlebnis beeinträchtigt Agathes Verhältnis zum männlichen Geschlecht insgesamt, was ihre Mutter merkt, ohne den Grund dafür zu erfahren oder zu erahnen:

> „Agathes Wesen, das gegen die jungen Männer ihres Kreises immer steifer und verschlossener wurde, bekümmerte die Mutter. Agathe hatte durch hochmütige Nichtachtung schon mehrere Herren, die sich ihr auffällig zu nähern suchten, verletzt und zurückgestoßen."[152]

Die Mutter fühlt nur, dass die mittlerweile 20 Jahre alte Tochter eine Ablenkung braucht und schlägt einen Aufenthalt bei einer entfernten jüngeren Verwandten vor, der Malerin Woszenski, die ebenfalls mit einem Maler verheiratet ist – das Vorbild der Suchodolskis in Weimar wurde erwähnt.[153] Agathe soll für die Reise die Ersparnisse aus ihrem Taschengeld einsetzen, da der Vater sie nicht von seiner Seite gehen lassen möchte und ihr die Reise daher auch nicht finanzieren mag. Als die Mutter auf diese Ersparnisse anspielt und ihr heimlich noch 20 Mark von dem Wirtschaftsgeld zukommen lassen möchte, ist Agathe „verstört und erschrocken":

> „Ja – sie hatte sich einen kleinen Schatz erspart …
> Schon lange trug sie in Gesellschaften keine Glacehandschuhe mehr, sondern Halbseidene, und auf Spaziergängen sogar Baumwollene. Machten die jungen Damen einen Abstecher zum Konditor, so wusste sie sich auf irgendeine Weise zurückzuziehen, und ihre Geburtstagsgeschenke waren geradezu mesquin. Die öffentliche Meinung beschäftigte sich bereits mit der augenfälligen Vernachlässigung ihrer sonst so gepflegten Erscheinung und mit der Veränderung ihres sorglos generösen Charakters."[154]

In Wahrheit spart Agathe für eine Reise nach England zu Byrons Grab, ohne zu wissen, ob ihr die Eltern diese Reise erlauben würden. Sie spielt mit dem Gedanken, eventuell heimlich zu gehen und dann nicht mehr

---

151 Ebd., S. 56.
152 Ebd., S. 57.
153 Vgl. hier S. 36.
154 Ebd., S. 58.

wiederzukommen, denn es gibt in ihrem derzeitigen Leben nichts, das sie festhält. Was sie sich ersehnt, ist eine Ausnahmetat, gegründet auf Ausnahmegefühlen. Oft ist sie in ihrem Alltagsleben ganz gleichgültig oder sogar abgestoßen. Nun kommt der Vorschlag, das Künstlerehepaar zu besuchen, das so „drollige" Briefe schreibt, ihr als Anfechtung ihrer heroischen großen Traumliebe einerseits vor, andererseits auch als Faszinosum. Als sie sich für die Reise zu dem Ehepaar entscheidet, schilt sie sich feige. Wieder einmal wird sie ihren Entschlüssen untreu. Aber letztlich nimmt sie sich vor, die Reise zu genießen.

Agathes Selbstbild in ihren Träumen und die Realität lassen sich je länger desto schwerer miteinander in Einklang bringen. Reale Freundschaften und auch die Familie können ihr mittlerweile nichts mehr an Halt oder positive Gefühle bieten – dies unterscheidet sie neben ihrer großen Sensibilität auch von den gleichaltrigen Mädchen.

Im Hause Woszenski, in dem beide Eltern von der Kunst leben, und Sohn Michel unter der Schule leidet, herrscht Frohsinn. Mutter und Sohn überbieten einander im Fratzenschneiden, ein Mittel, um sich gegen die Dummheit, die Trivialität und die Hässlichkeit zu wehren. Für Agathe ist dieser humorvolle Umgang mit Widrigkeiten der Welt geradezu revolutionäres Verhalten. Jetzt erlebt sie die verwirrende Begegnung mit dem Maler Adrian Lutz, einem Kollegen von Woszenski, die bereits beschrieben wurde.

Gleichzeitig blüht Agathe jedoch in der allem Philisterhaften entgegentretenden Atmosphäre vollkommener Akzeptanz bei dem Malerehepaar auf.

> „Nun geschah das seltsame, dass Agathe unter ihrem angelernten Geschmack etwas in sich fand, das damit gar nicht zusammenhing, das selbständig, wenn auch sehr bescheiden und ängstlich, ein ihr selbst nur halb bewusstes Dasein geführt hatte. Sie bemerkte mit frommem Erstaunen, dass ihr Widerwille gegen die Langeweile, Gleichförmigkeit und Enge der gesellschaftlichen Sitten ihres Kreises, ja gegen die Grundsätze ihrer eigenen Eltern von Woszenskis völlig geteilt wurde."[155]

Für Agathe ist es bereits ein Vergehen, einen vom Vater, dem Bruder und der Schwägerin lautstark geschmähten Maler wie Böcklin ihrem eigenen Gefühl gemäß zu verehren. Insofern stärken die Woszenskis einerseits ihren ästhetischen Sinn, andererseits ihren Wunsch nach Entfaltung ihrer Individualität, die sie nun unter dem Einfluss des Ehepaars, vor allem aber auch des Malers Lutz noch einmal ernst nimmt. Ein letztes Mal sieht

155 Ebd., S. 68.

sie diesen Maler vor der Abreise, ohne dass er sie wahrnimmt. Sie hatte ihm entgegen ihrem gewöhnlichen Stolz in einer menschenleeren Straße gewissermaßen aufgelauert.

> „Sie war dort auf und nieder gegangen, um die Zeit zu erwarten, wo sie ihm zu begegnen hoffte. Es war das erste Mal, das sie so etwas that, und sie konnte es auch nicht wiederholen – es zerriß sie zu sehr.
> Er kam, die Cigarette zwischen den Lippen, aus seinem Atelier, traf auf den Postboten und nahm ihm einen Brief ab. Mit seinen hastigen Bewegungen riß er den Umschlag auf und schritt lesend ihr näher. Agathe ging langsam an ihm vorüber, ohne dass er sie bemerkte. Er blickte in die Höhe, sein bewegtes Gesicht strahlte vor Freude über die Nachricht, die er soeben empfangen hatte. Da fühlte sie tief, dass er mitten in einem reichen Dasein voll mannigfacher Erlebnisse stand – und sie hatte keinen Anteil daran – ihr war es ganz fremd.“[156]

Agathes Wunsch, nach ihrer Rückkehr in die Familie per Brief weiter in Kontakt mit den Woszenskis zu bleiben, geht nicht in Erfüllung. Wieder hatte sie zu hohe Erwartungen, hinter denen die in ihre Tätigkeiten eingebundenen Künstler zurückbleiben, und so erfährt sie vorerst auch nichts über Adrian Lutz, den Geliebten, das Idol. Dann jedoch hört sie, dass der ‚Euphorion', die Schauspielerin Daniel, in ihrer Heimatstadt engagiert ist, und sie hofft, Lutz werde kommen, um sie zu sehen – und dabei auch sie selbst, Agathe, zu besuchen. Die unwahrscheinlichste Hypothese, die notwendig ist, um ihren Traum weiter träumen zu können, bedient sie daher hoffnungsfroh: Sie glaubt nämlich, eine große Ähnlichkeit zwischen Lutz und der Daniel wahrnehmen zu können, die für sie logischerweise darauf zurückzuführen wäre, dass beide Geschwister sind. Als Lutz jedoch im Theater auf Agathe trifft, erkennt er sie nicht. Sie ist enttäuscht. Auch auf der Hochzeitsfeier ihres Bruders Walter mit Eugenie wird Agathe enttäuscht: Ihr Cousin Martin als ihr Brautführer hat sich noch mehr verändert, seitdem er sein Jurastudium aufgegeben hat und in England war. Von seinen Erlebnissen erzählt er Agathe nichts, die mehr und mehr den Eindruck gewinnt, nirgends einen Raum zu haben, sie selbst zu sein. Schließlich – das Brautpaar ist schon zur Hochzeitsreise aufgebrochen –, bemerkt sie, dass Cousin Martin sich heimlich in Eugenies Zimmer zurückgezogen hat und dort leise schluchzt – aus Liebe zu der ungetreuen Liebhaberin, die Eugenie nun einmal ist.
Diese wird wenig später sogar mit dem Maler Lutz bekannt und erzählt Agathe davon, deren Neigung für Lutz die allseits begehrte Blondine kennt. Die Tiefe dieses Gefühls der Schwägerin erfährt sie aber jetzt erst

156 Ebd., S. 70.

und fast unwillig, denn sie selbst ist solcher tiefen Gefühle nicht fähig und lehnt sie letztlich auch als nicht existent bei anderen Menschen ab.
Es folgt nun die bereits im Vergleich mit der Biografie Reuters erwähnte Szene auf dem Kostümball – der erste und einzige Triumph Agathes in Sachen Flirts.
Danach kommt es im Roman sogar zu einem Zusammentreffen zwischen Agathe und Lutz in der Wohnung von Bruder Walter und Eugenie – allerdings sind die Eltern Heidling ebenfalls geladen und verderben mit ihrer spießbürgerlichen Denkart den ganzen Nachmittag. Agathe wagt es nicht, ihre von ihrer Familie abweichenden Kunstansichten, die sie an denen des Malers und der Woszenskis geschult hat, zu äußern. Es ist also eine weitere verpasste Chance für sie, die auch noch darin kulminiert, dass Frau Heidling mit ihrem sechsten Sinn für das Seelenleben ihrer Tochter Agathe anvertraut, der Vater habe untersagt, den Maler in das eigene Haus einzuladen. Sein Lebenswandel, insbesondere das unklare Verhältnis zu einer schlecht beleumundeten Schauspielerin, sei der Grund: In der damaligen Zeit bedeutete dies das Aus für einen gebilligten Umgang Agathes mit dem Mann, den sie heimlich liebte. Nur über ihren Onkel Gustav, der Lutz in seinem Atelier aufsucht, erfährt sie Details über die Einrichtung und die Atmosphäre dort. Noch einmal lehnt Agathe sich, allerdings nur in Gedanken, gegen das immer enger gezogene Handlungskorsett auf, in das sie gepresst wird:

> „Agathe fragte sich trotzig, warum Adrian Lutz schlimmer sein sollte als ihr Bruder Walter? Wenn die Eltern wüssten … sicherlich würden sie dann Adrian nicht so ungerecht verurteilen. Er war ihnen nicht unsympathisch – das war's im Grunde.
> Unbestimmte Erinnerungen alter Volksmärchen, die aus tiefen, verborgenen Quellen ihre Phantasie tränkten, weil sie des kleinen Mädchens erste Geistesnahrung gewesen, redeten ihr nun tröstlich von den Prüfungen zur Treue, zum ausharren, der der König die Geliebte unterwirft […] Und am Schlusse läuten doch die Hochzeitsglocken, und er hebt sie zu sich empor – sie, die nicht an ihm gezweifelt hat […] Sie liebte Lutz – und sie glaubte an seine Reinheit wie an seine Schönheit, wie an ihre Liebe – glaubte blind, mit Fanatismus – dem Märtyrer gleich, der seinem Gotte Jubellieder singt, während die wilden Tiere seine Glieder zerreißen und er das Herzblut zu des Herrn Ehre opfern darf."[157]

Als Agathe jedoch von dem einzigen anderen Mann, für den sie noch etwas empfindet, Martin Greffinger, der inzwischen aufgrund seiner lin-

157 Ebd., S. 86.

ken politischen Ansichten von Agathes Vater Hausverbot erteilt bekommen hat, in Abwesenheit ihrer Eltern heimlich Besuch erhält, wird ihre ideale Identität der Opferbereitschaft auf eine schmerzhafte Probe gestellt: Martin soll wegen seiner politischen Ansichten aus Deutschland ausgewiesen werden und steht kurz vor seiner Abreise in die Schweiz – er möchte politisch missliebige Schriften an Agathe übergeben. Diese soll sie lesen und sie ihm dann nachschicken. Agathe lehnt dies zunächst in schematischer Übernahme der Ansichten ihres Vaters strikt ab, dann jedoch packt Greffinger sie bei der Ehre:

> „Ja – zucke nur mit den Schultern! Ich habe im Dienste unserer Sache Frauen kennen gelernt, die täglich ihre Freiheit, ihre Existenz aufs Spiel setzten, um ihren Schwestern aus Not und Schande zu helfen. Das sind Frauen, die das Herz auf dem rechten Fleck haben! Die ich hochachte! – Aber Du willst von ihnen ja nicht einmal hören … Ihr kalten, armseligen Bourgeois-Würmer – ich glaube, Ihr könntet nicht einmal ein Opfer bringen, wenn der Liebste es von euch verlangte!“[158]

Das trifft Agathes Nerv. Hier ist ihre Liebe zu Lutz angegriffen – und also nimmt sie doch mit plötzlichem Mut die Schriften entgegen. Nein, sie soll sie nicht nachschicken, korrigiert Martin seinen Wunsch, vielmehr lesen und dann verbrennen. Und plötzlich erwacht Agathes ursprüngliche Neugierde wieder, will sie wissen, was in den verbotenen Schriften steht, die sie mit einem religiösen Begriff als ‚Offenbarung‘ bezeichnet.

Immer deutlicher klingen die Motive an, die für die zwischen Gleichgültigkeit und Ekstase schwankende Agathe bald mehr und mehr gelten sollen: Opfer – Martyrium – Tod. Zunächst hätte sie sich gern einem Geliebten geopfert, in Ermangelung eines solchen muss es eine soziale Idee tun. Noch im Stehen beginnt sie zu lesen und ist auf einmal hellwach, wie gebannt von den Worten, auch Versen. Sogleich imaginiert sie eine neue Identität als Sozialdemokratin in der Schweiz. Heimlich könnte sie Martin nachreisen, fantasiert sie. Bei einem Glas Wein hatte sie sich in Rage gelesen, doch wenig später kommt wieder die altbekannte Verzagtheit über Agathe, ihre Handlungsunfähigkeit, die traurige Kehrseite ihrer nervösen Fantasiebegabung:

> „Sähe Lutz sie so!
> Warum kam er nicht in dem Augenblick … Ach …! warum war das unmöglich!
> Warum konnte sie nicht zu Martin?
> Ein kurzer, schluchzender Schrei, und das Mädchen warf sich lang auf das kleine Sofa nieder – die Arme weit hinausgebreitet in dem

158 Ebd., S. 89 f.

> hilflosen Begehren nach etwas, das sie an die Brust drücken konnte – nach der Empfängnis von Kraft, von dem befruchtenden Geistesodem, der im Frühlingssturm über die Erde strömt.
> Rings um sie her standen die zierlichen, hellen Möbel still und ordentlich auf ihren Plätzen, der kleine Lampenschirm glimmerte durch rosa Papierschleier auf den gläsernen und elfenbeinernen Nippsachen, den Photographien und Kotillonandenken. Und die ganze niedliche kleine Welt – ihre Welt sah sie verwundert an. – Die ausgebreiteten Arme sanken ihr nieder, ein wildes verzweifeltes Weinen beruhigte endlich den Krampf, der sie schüttelte."[159]

Reuter versteht es an dieser Stelle hervorragend, Agathes Gefangensein in der bürgerlichen Wohlanständigkeit und Trivialität durch die Verlebendigung ihres kleinen Salons darzustellen und genau diese Szene hart an die des Aufbruchs – zumindest in Gedanken – in eine neue, von sozialen Idealen getragene zu stellen. Schon durch diese Darstellungsweise wird deutlich, wie unmöglich jetzt schon der Ausbruch Agathes aus ihrer kleinen bürgerlichen Welt wäre.

Der Rhythmus, mit welchem Reuter Agathes Desillusionierung vorantreibt, ist rasch. Schon im nächsten Kapitel (XV) lässt sie ihre Protagonistin an ihrer Liebe zu Lutz verzweifeln: An einer Bahnstation – Agathe soll ihren Eltern auf den Verwandtenbesuch folgen – findet sie ein hilflos allein herumirrendes Kind, nimmt sich seiner an und meldet das Kind als vermisst. Als zwei Damen im Bahnhofsbuffet, wo Agathe sich um ‚Didi' kümmert, erscheinen, entpuppt sich die eine als Pflegemutter des Kinds, die andere als die Schauspielerin Daniel, die obendrein, als sie Agathe als eine ihr bekannte Theaterbesucherin erkennt, ihr Geheimnis in bestürzender Offenheit preisgibt, dazu den Maler Lutz als ein letztlich liebesunfähiges Wesen charakterisiert:

> „Er liebt mich ja nicht mehr. Aber er liebt auch die anderen nicht – keine – keine. Sie werden ihm eben alle so schnell zuwider. Und wenn ich sterbe und man öffnet mir das Herz – ich glaube, man findet seinen Namen da mit glühenden Buchstaben eingebrannt."[160]

Lediglich durch ein stummes Nicken bestätigt Agathe hochmütig die Bitte der Schauspielerin, ihr Geheimnis – sie habe ein Kind mit Lutz – nicht preiszugeben. Agathe gibt sich selbst wenig später zu, dass sie keineswegs Abscheu vor der Daniel empfinde, sondern sie in Wahrheit beneide. In der Nacht leidet sie, weil sie sich bewusst wird, nur in der Fantasie geliebt zu haben, während die Daniel die reale Liebe des Malers

159 Ebd., S. 92.
160 Ebd., S. 96.

erleben durfte. Damit wird jedoch anders als bei in der Realität lebenden Menschen nicht ihre Fantasie desavouiert, sondern im Gegenteil die Realität:

> „Pfui – wie das gemein war und schmachvoll lächerlich dazu ... wie ihre im Todeskampf ringende Liebe geschändet wurde durch die Erkenntnis der Wahrheit, der elenden, abscheulichen Wirklichkeit."[161]

Unmittelbar danach, im selben Kapitel, deutet sich bei Agathe während eines Verwandtenbesuchs über einen Blutsturz eine Krankheit an – jene, die in der zweiten Hälfte des 19. Jahrhunderts und zu Beginn des 20. Jahrhunderts als die Krankheit der verschmähten Liebenden bekannt war, der Neurastheniker bzw. jener, die als „Amalgam zweier unterschiedlicher Phantasien" galten, einem leidenschaftlichen Anteil und einem zugleich unterdrückten: die Lungentuberkulose.[162] Auch Agathe verbindet das ausgespiene Blut mit ihren für sie verzweiflungsvollen Erlebnissen:

> „Nur die Aussicht, das Erlebte jahrelang heimlich mit sich weitertragen zu müssen, hatte sie so aufgeregt und zerrissen."[163]

Sie fiebert stark und ist in einem Dämmerzustand fast gleichgültig dem eigenen Zustand gegenüber. Daher behandeln sie ihre Eltern und Verwandten ab sofort wie ein rohes Ei, wie eine dem Sterben schon anheim Gegebene. Man stellt ihr täglich frische Blumen ans Bett sowie ein Bild des Gekreuzigten. Selbst als sie aus einem Brief Eugenies erfährt, der Maler Lutz habe sich nach ihr erkundigt und bei einer Landpartie einer gemeinsamen Bekannten den Hof gemacht, allerdings nur zum Spaß, außerdem verlasse die Schauspielerin Daniel die Stadt, reagiert sie kaum. Sie zeigt ein mattes Lächeln, ist aber froh über ihre kühle Reaktion:

> „Nun hatte sie auch diese Prüfung bestanden ... sie fühlte sich stark in aller Schwäche – sie hatte seinen Namen gehört und nach dem ersten Augenblick, in dem es ihr gewesen war, als sinke sie mit ihrem Lager hinab in ein dunkles kaltes Wasser, war sie ruhig geblieben.
> Gott sei Dank – kein Neid und kein Haß auf die Daniel war mehr in ihr – und auch keine Hoffnung und kein Wunsch.
> Wie gut das that.
> Auch das Glück war doch im Grunde Schmerz gewesen."[164]

Die Darstellung von Agathes Krankheitssymptomen entspricht dem Bild

161 Ebd., S. 98.

162 Vgl. hierzu etwa: Susan Sontag, *Krankheit als Metapher*, München/Wien 1977 bis 2003, insbesondere S. 36; Thomas Sprecher (Hg.), *Vom Zauberberg zu Doktor Faustus*, Frankfurt 2000; Joachim Radkau, *Das Zeitalter der Nervosität: Deutschland zwischen Bismarck und Hitler*, München 1998.

163 Gabriele Reuter, *AgF*, S. 99.

164 Ebd., S. 101.

von der Lungentuberkulose als einer angeblich konstitutionellen Krankheit, wie sie etwa von Klabund noch 1915 gesehen wurde. Er beschreibt die Seelenlage des Tuberkulosekranken als die einer „nach innen gewandten Leidenschaft, die die Lunge und das Herz zerfrisst.“[165]

Ein neuerlicher Anfall stellt sich für Agathe als dramatischer Abschied von den Eltern dar. Diese sind ebenfalls voller Angst, aber bitten sie inständig, wieder gesund zu werden, und der Hausarzt sieht die jetzt überstandene Krise als Auftakt der baldigen Genesung der jungen Frau an.

Agathes Gesundungsprozess steht gleichfalls im Kontext der Ende des 19. Jahrhunderts gängigen Interpretation der Krankheit Lungentuberkulose als korrelierend mit mangelndem Willen oder einer Überintensität der Empfindung und Stoffwechselfunktionen des Patienten. Daher waren die Ärzte damals stets bestrebt, ihren Patienten gut zuzureden, damit sie wieder gesund würden: „Ihr Rezept war das gleiche wie das aufgeklärte, das heute den geistesgestörten Patienten verschrieben wird: eine heitere Umgebung, Fernhalten vom Streß und von der Familie, gesunde Kost, Bewegung, Ruhe.“[166]

Auch die regelmäßige Wiederkehr von psychosomatischen Zusammenbrüchen in immer weiter sich steigernden Formen gehört zu den Gestaltungselementen, die die Lektüre des Romans für die damaligen Leser besonders eindringlich machte, weil dadurch die Unausweichlichkeit von Agathes Schicksal sehr plastisch vor Augen geführt wird: Ein Mädchen/eine Frau, die so beschaffen ist wie sie, hat dieses und kein anderes Schicksal, ist Reuters unerbittliche Aussage.

Im Roman bemühen sich die Eltern hingegen weiter: Die Diagnose genügt ihnen nicht, die eine Zeit lang alle ihnen empfohlenen Hausmittel an Agathe ausprobieren, um dann schließlich einen bedeutenden Pneumologen zu bitten, die Tochter zu untersuchen. Immer noch weilt die Familie bei den Verwandten. Als der Spezialist fragt, ob sich Agathe kurz vor ihrem Blutsturz erregt habe – er gebraucht das Wort ‚alteriert‘ – gibt diese das schamvoll errötend zu. Sie weiß wohl, dass sich eine Dame nicht zu alterieren habe, das genau sollte die Erziehung ihr abtrainiert haben, und die gesamt anwesende Verwandtschaft lauert daher um sie. Doch die günstige Prognose, die der Arzt abgibt, lenkt alle schließlich von den Gründen für die Alteration ab. Er empfiehlt dieselbe stärkende Diät wie der Hausarzt, insgesamt eine Kräftigung ihrer Konstitution und verabschiedet sich mit folgendem Ratschlag:

---

165 Klabund (1915), zitiert nach Stefan Winkle, *Kulturgeschichte der Seuchen*, Düsseldorf/Zürich 1997, S. 195.

166 Susan Sontag, a. a. O., S. 56.

„Geben Sie sich heiteren Eindrücken hin, genießen sie Ihre Jugend." Genau das jedoch war Agathe mit ihrer hohen Sensibilität ja noch nie gelungen. Die wenigen Versuche, die sie gemacht hatte, auszubrechen aus dem Gefängnis der Vorschriften und bald schon internalisierten Moralvorstellungen, waren alle gescheitert. Doch Agathe ist erkennbar dankbar für die Prognose des Arztes, und man hat keinen Grund, das zu bezweifeln:

> „Agathe hätte ihm am liebsten in heißer Dankbarkeit die Hand geküsst.
>
> Als der Professor sich entfernt hatte, umarmten Papa und Mama die Tochter. Ihr Glück dünkte Agathe so unschätzbar, so köstlich und so tief befriedigend, dass ein freudiger, ja ein wahrhaft kampflustiger Mut zu jeder Entsagung über sie kam.
>
> Sie wollte gesund sein, sie wollte leben – für niemand und für nichts anderes auf der weiten Welt, als nur für ihre Eltern."[167]

Mit diesem Entschluss Agathes endet der erste Teil des Romans, der um weniges länger ist als der zweite Teil.

167 Ebd., S. 105.

Das Ergebnis: *Aus guter Familie,* Teil II

Reuter greift zu Beginn von Teil II ihres Romans aus Gründen der markanten Gegenüberstellung ihrer beiden Figuren Agathe und Eugenie zu folgender Szene: Die Schwägerin hat einen kleinen Knaben, Agathes Neffe, den sie vor ihr ausgiebig liebkost. Wir erfahren, dass der Pate des Kinds der Junggeselle gebliebene Hauptmann und Vorgesetzte Walter Heidlings ist. Heidling, so wird lediglich angedeutet, ist seiner Frau völlig verfallen und außerdem finanziell von ihrem Vermögen abhängig. Außerdem ist er wohl ein Spieler. Eugenie hat ihn daher fest in ihrer Hand und kostet seine Angst, sie zu verlieren, weidlich aus. Dies merkt nur ein einziger Mensch (während alle Übrigen die reizende Eugenie anbeten), und das ist Agathe.

Diese hat sich mittlerweile einem religiösen Furor ergeben und frequentiert ohne Wissen ihrer Eltern eine Sekte, die Jesubrüder. Mit dieser neuen Neigung wird sie jedoch von Eugenie gequält, die ihr untersagt, ihr Kind auf den Arm zu nehmen, da sie von ihren Besuchen bei armen Leuten (solche sind die Jesubrüder) sicherlich Ungeziefer mitgebracht habe. Agathe betet voll Inbrunst, der Herr möge ihr Geduld mit Eugenie verleihen – allein, hier erreicht sie erneut ihre psychischen Grenzen:

> „Mit Angst und Verzweiflung fühlte sie, dass die dumpfe, unklare Abneigung gegen Eugenie zum Haß wurde – zu einem Haß, so tief, so giftig und so bitter, wie nur zwischen alten Freunden und nahen Verwandten, die sich sehr gut kennen und sehr viel verkehren müssen, gehaßt wird."[168]

Auch in diesem Fall klagt Agathe sich selbst an und versucht, das authentische Gefühl zu unterdrücken und sich zu verdeutlichen, wie viel sie Eugenie zu verdanken habe, die ihr etwa den Maler Lutz nahegebracht hat. Doch jeder vernünftige Grund wird in ihrem Innern sofort von einer Gegenstimme zum Schweigen gebracht: Eugenie hatte dies nicht aus Seelengüte getan, sondern um den Maler für sich selbst einzunehmen. Für die eigene damalige Verliebtheit in den Maler hat sie nur das Wort ‚Unzurechnungsfähigkeit' übrig. Es ist interessant, wie bei psychisch Kranken, und das hat Reuter gut erkannt, frühere Lebensphasen konsequent abgewiesen oder auch vergessen werden. Nur das Jetzt zählt, so auch bei Agathe. Sie fühlt sich durch die Jesu-Brüder

---

168 Ebd., S. 108.

> „befreit – Gottes Kind – des Herrn Magd. O süße helle Seligkeit – in seine Wunden zu tauchen – von seinem Blute sich überströmen zu lassen – zu vergessen – alles – alles […] sich vergehen fühlen unter den Schauern seiner Gnade …“[169]

Diese Passage weist schon auf Agathes Ende hin. Im Augenblick ist aber für sie der Gottesglaube der Sekte lebensbestimmend, und die lediglich pflichtgemäße Religionsausübung ihrer bürgerlichen Herkunftsschicht Grund für ihre massive Kritik: Scheinheiligkeit, den Gottesdienst besuchen, um gesehen zu werden (wie Eugenie) oder um anzubandeln (wie die Offiziere), aus Gewohnheit (wie die allermeisten), um zu schlafen (wie die älteren Leute), das erkennt sie in ihrer Wahrnehmung. Diese ist richtig, ohne dass sie eine Möglichkeit hätte, wirksame Kritik üben zu können. Ihre einzige Möglichkeit sieht sie daher in den heimlichen Besuchen bei den Jesubrüdern, wenngleich die armselige Atmosphäre des Versammlungsraums über einem Pferdestall ihr auch Widerwillen einflößt. Die harte Linie des Wanderpredigers Zacharias imponiert Agathe hingegen:

> „Der Mann glaubte noch an den Teufel. Da gab's kein Umschreiben – keine Konzessionen. Alles oder nichts, hieß es hier … Wenn Du lau bist, so will ich Dich ausspeien aus meinem Munde […] Agathe schauderte vor Furcht und Schrecken. Aber es wurde ihr so wohl – so wohl unter dieser Härte. Das war etwas! Sie war lau – o sie war ein schwankendes Rohr – ein glimmender Docht – nun blies der heilige Geist seine Flammen in ihr an und wärmte ihr kaltes verödetes Herz.“[170]

Reuter insinuiert, dass es sich bei Agathes religiöser Inbrunst um einen Ersatz für die fehlende Liebe handelt, die sie eigentlich ersehnt hatte.

Das Intermezzo bei den Jesubrüdern währt indes nicht lange: Der Fleischermeister, der in der Regel die Bibelstunden hält, ist ebenso hochmütig wie die ‚normalen‘ evangelischen Christen ihrer Umgebung, und außerdem hat Agathe große Schwierigkeiten bei den Besuchen in den Häusern der Armen. Sie sieht sich als zu schwach an, um zu helfen, und außerdem begreift sie mit ihrem scharfen Verstand, dass die Hungernden wohl schwerlich an Gott glauben konnten, weil er sich gar nicht um sie kümmerte. Alles, was sie, die Wohlgekleidete, geben könnte, wäre nur ein Tropfen auf den heißen Stein, denkt sie wiederum realistisch.

Mehr und mehr fragt sie sich nun, wie sie ihr Leben ausfüllen könnte, denn ihre Eltern, das sieht sie ebenso klar, kommen gut ohne sie aus.

169 Ebd., S. 109.
170 Ebd., S. 111.

Auch Martins verbotene politische Schriften hat sie dem Cousin inzwischen nachgeschickt, denn sie glaubt begriffen zu haben, dass diese Schriften lediglich eine Versuchung zum Bösen waren.
Inzwischen hat Agathe auch jegliche Freude an den Bällen, verbunden immer noch mit Heiratsversprechen, verloren und meint, ihren Vater davon abbringen zu können, sie auf solche zu schicken, indem sie ihm die überflüssigen Investitionen in Ballkleider erspart.
Der ewige Zwiespalt, in dem Agathe zu Hause ist, mittlerweile ist das jener zwischen Gott und der Welt und ihr, und ihr Scheitern daran wird ihr deutlich, als sie sich die Cousine Mimi Bär vor Augen führt. Sie hat ihre Eltern allein gelassen und ist Diakonisse geworden. Dieser Weg sei ihr, Agathe, nicht offen, befindet sie:

> „Und Agathe konnte nicht einmal Kindespflicht und Christentum vereinen. Zwar Mimi hatte dies beides auch nicht vereinigt. Sie hatte einfach ihren inneren Beruf über die Kindespflicht gestellt – ihre alten Eltern fröhlich der Obhut und Pflege Gottes überlassend."[171]

Agathes Vater, der Regierungsrat, ist da von anderer Statur: Von Bürgerstolz und Obrigkeitsgehorsam erfüllt verbietet er Agathe den weiteren Besuch der Zusammenkünfte der Jesubrüder, da sein Vorgesetzter ihm hierzu Andeutungen gemacht hat. Und anders als Mimi Bär reagiert Agathe nur zaghaft, mit schwachen Worten, dass der Prediger wegen seiner inneren Überzeugungen immerhin mit fünf Kindern eine gute Stelle aufgegeben habe und in ärmlichen Bedingungen lebe. Hierauf reagiert der Regierungsrat Heidling unbeeindruckt und autoritär, ganz im Sinne seiner Konfirmationsrede:

> „‚Ist ihm ganz recht,' sagte der Regierungsrat, im Zimmer umhergehend. ‚Du hörst doch, welche unangenehme Scene ich deinetwegen gehabt habe. Es ist mir unbegreiflich, wie Deine Mutter Dir erlauben konnte, zu diesen Sektierern zu gehen! Ich verbiete es Dir hiermit ausdrücklich. Hörst Du! Du hast den Gottesdienst im Dom. Da kannst Du Dir genug Frömmigkeit holen. Jede Übertreibung ist von Übel.'"[172]

Schon hier fällt aus dem Munde des Vaters das Todesurteil für Agathes sensitives Wesen, das nur in der Übertreibung und Verabsolutierung ihrer Ideale leben kann – oder absterben muss.
Die Zeit vergeht. Die meisten der Freundinnen Agathes haben in den letzten Jahren geheiratet. Der Verkehr mit den verheirateten Freundinnen, die immer tuschelnd wie schon in der Pensionszeit ihre erotischen

171 Ebd., S. 113.
172 Ebd., S. 114.

Erfahrungen austauschen, lassen Agathe wieder als Außenseiterin zurück, und immer mehr wird sie dies auch und beschließt, „mit strebsamen älteren Mädchen zu verkehren."[173]

Dies ist der Begriff, den die Gesellschaft damals den unverheirateten Töchtern ab Mitte 20 zugewiesen hat: Nicht Frau, sondern ewig Mädchen, junges, jüngeres, dann älteres Mädchen – pejorativ gelegentlich auch ‚alte Jungfer'. So besucht Agathe einen Italienischkurs, ohne jemals die Aussicht zu haben, das Land der Sehnsucht auch kennenzulernen, denn ihre Eltern kränkeln inzwischen. Der Musikunterricht befriedigt sie ebenfalls wenig, obwohl sie eisern daran festhält. Bei Gelegenheit einer Einladung ihrer Klavierlehrerin in deren dürftiges Heim, zu der diese die Kolleginnen bittet und die Schülerinnen zum Vorspielen animiert hat, wird von einem dieser berufstätigen ‚älteren Mädchen' (alle werden sie als hässlich, besonders kleinwüchsig oder missgestaltet gekennzeichnet) mit Verve der Plan einer Heimgründung für invalid gewordene alleinstehende Mädchen vorgetragen – was mit großem Beifall aufgenommen wird.

Und wieder ist Agathe allein mit ihren Gefühlen. Sie steht der Euphorie und allgemeinen Akzeptanz angesichts einer in ihren Augen miserablen Persepktive der ‚Mädchen' verständnislos gegenüber:

> „Und sie ließen es sich behaglich schmecken, während sie von dem Mädchenheim redeten, das ihnen eine Aussicht auf eine gesicherte Zukunft eröffnete. Die Zukunft, die sie sich im besten Falle mit ihrer energischen Arbeit bei Tage und die halbe Nacht hindurch, mit allem ängstlichen Sorgen und Sparen schaffen konnten – eine Stube mit einem Ofen in einem öffentlichen Stift, [...] Alle die Damen sprachen mit einer gewissen Aufdringlichkeit von ihrer inneren Befriedigung, von ihren segensreichen Berufspflichten, von den Beschwerden der Ehe und der Schönheit ihres freien Mädchenlebens.
>
> Schönheit – ach Du lieber, gütiger Gott – wo war denn da wohl ein Fünkchen Schönheit zu finden? Wie geheimnisvolle Schuld, die andere Geschlechter ihnen aufgebürdet, mussten die armen Geschöpfe ihre körperlichen Gebrechen, den anmutbaren Frauenleib mit sich schleppen."[174]

Auch zu dieser Gruppe Frauen möchte Agathe also nicht gehören, und auch für das Heim möchte sie sich nur innerhalb ihrer bürgerlichen Rolle einsetzen: Geschenke für eine Lotterie würde sie bringen und auch Lose zum Verkauf annehmen. So wird ein weiterer Sektor, in dem eine Frau wie sie, die sich zum Heiraten zu schade ist, weil ihre Ideale unerfüllbar

173 Ebd., S. 115.

174 Ebd., S. 118 f.

sind, um 1895 eine Verwirklichung finden konnte, mit einem Fingerstreich von ihr weggeweht.
Auf dem Heimweg von dieser Einladung belauscht Agathe die erste Hälfte eines Gesprächs zwischen zwei Frauen, von denen die attraktivere der beiden behauptet, jede Frau könne einen Mann in sich verliebt machen, sobald dieser nicht eine andere große Liebe hätte. Wie das gelingen soll, erfährt Agathe nicht mehr, da sie selbst an der Station der Pferdebahn warten muss, um nach Hause zu kommen.
Reuter komponiert nun in wahrer Engführung eine Begegnung Agathes mit dem einstmals verschmähten Assessor Raikendorf – man erinnert sich des ersten Balls – auf der Pferdebahn. Er ist inzwischen Landrat geworden und begrüßt Agathe, indem er sie fragt, was sie so spät noch auf der Straße – so allein – tue. Und Agathe, die sich freut, ihm zu begegnen, weil er sie immer zum Widerspruch reizte, wird plötzlich lebhaft und berichtet von ihren Erfahrungen bei dem Tee der Klavierlehrerin.

> „‚Ach,' sagte sie vertraulich zu ihm, ‚ich bin sehr schlechter Laune – ganz melancholisch! Ich war in einem Thee mit alten Jungfern.'
> ‚Schrecklich!' rief er schaudernd. ‚Wie kam denn das? Da gehören Sie doch nicht hin!' [...] ‚Aber in allem Ernst – gehen Sie nur da nicht wieder hin! Zu der Gesellschaft, die man frequentiert, wird man schließlich auch gezählt.'"[175]

Der inzwischen glatzköpfige Raikendorf begleitet Agathe nach Hause, die ihren alten Widerwillen gegen ihn plötzlich verloren hat, obwohl er ihr nie gefallen hat. Er beschreibt ihr seinen Arbeits- und Wohnort auf dem Land und lädt sie dorthin ein, er will ihren Eltern schreiben. Und Agathe, die plötzlich an das Gespräch der beiden Frauen von zuvor denken muss, fragt sich, ob Raikendorf vielleicht eine andere große Liebe habe. Er wird sogleich forsch:

> „‚Also – wann wollen wir Ihren Besuch verabreden?' fragte er.
> ‚Bald,' antwortete Agathe schnell, ‚sonst kommt es gewiß nicht dazu.' Unter dem Schein der Gaslaterne hob sie den Kopf und blickte Raikendorf in die Augen. Niemals hatte sie einen Mann auf diese Weise angesehen. Auch nicht Lutz.
> Es wurde ihr ganz schwindlig vor Scham über sich selbst.'"[176]

Nur als Raikendorf „Auf Wiedersehen" zu ihr sagt, überfährt sie eine Erinnerung, die sie als böses Omen wertet: Auch der Maler Lutz hatte dies als letztes zu ihr gesagt – und es gab kein Wiedersehen. Sie fragt sich, ob dies eine Warnung Gottes sein könnte.

---

175 Ebd., S. 121.
176 Ebd., S. 123.

Im nächsten Kapitel lässt Reuter ihre Heldin an der Seite der Eltern und des Jugendfreunds Dürnheim die bewusste Landpartie zum Wohnsitz Raikendorfs unternehmen, und es gelingt Agathe, in dem etwa 40 Jahre alten Hagestolz zärtliche Gefühle zu erwecken, sogar Gedanken an Heirat, wie es aus seinem inneren Monolog ersichtlich wird: Raikendorf ist die vielen Affären mit den Frauen seiner Freunde satt, er möchte einen eigenen Hausstand gründen, und es ist nicht die Ballkönigin, die er sich dafür aussuchen möchte, sondern eine kluge Frau, mit allerlei hausfraulichen Fähigkeiten ausgestattet und vielen seelischen Nuancen, die auch schon Leid erfuhr – Agathe passte im Grunde, denkt er. Und sie, die offenkundig den schönen Sommertag genießt, an dem sich neben Raikendorf auch der junge Dürnheim in sie verliebt, fängt schon auf der Rückfahrt wieder an zu zweifeln:

> „Im Sommersonnenschein – Sieg über ein kühles, müdes Männerherz. Ja – Sieg …
> Und untreu allem, was heilig, recht und gut ihr schien … Das klare, reine Ideal verleugnet! Fehler und Lichter ihres Ich bewusst zu dem Zwecke betrachtet: was lässt sich damit unternehmen? Aus Erfahrung und Beobachtung ein Vorbild zusammengefügt und sich danach gerichtet – ihre Rolle durchgeführt!
> Das Gemeinste, dessen ein Mädchen sich in ihren Augen schuldig machen konnte, war gethan – von ihr selbst.
> Sie wollte ihn heiraten – den sie nicht liebte. Und gerade der Mann musste es sein, der auf jenem ersten Ball ihr die unvergessene Demütigung angethan und ihr den Vorgeschmack gegeben hatte von dem gallenbitteren Trank ihrer Jugend.
> So also wurden Männer gewonnen?
> So einfach war es? Nur ein Rechenexempel? Und sie hatte vierundzwanzig Jahre alt werden müssen, um das zu lernen?
> Nicht weiter so – nein – nicht wiederholen … Brennende Verachtung – ein wunder, blutender Haß – resignierte Freude. Und ganz im nächtlichsten Dunkel der Gefühle kauernd, das zitternde, gierige Verlangen, sich an dem Gewonnenen zu berauschen.
> Ja, ein schöner Tag."[177]

Agathe lebt ihre inneren Kämpfe allein aus, wie schon seit langem. Alle Zweifel an ihrer Neigung zu Raikendorf wischt sie plötzlich pragmatisch vom Tisch, die Abneigung gegen seine Physis, die gegen den Beamtenstatus und vor allem den Zweifel an ihrer Liebe zu ihm, die keinesfalls erregt, sondern die sie als ein ruhiges und friedvolles Gefühl interpretiert.

177 Ebd., S. 125 f.

Jetzt erkennt sie sich richtig, als das, was sie immer verleugnete zugunsten eines idealen Selbstbilds. Sie sieht sich und ihre Wünsche auf einmal ganz realistisch:

> „Schließlich war sie doch nichts Besseres, als all die anderen Mädchen auch.
>
> Nur nicht mehr ausgeschlossen daneben stehen, neben den tiefen, heiligen, reifenden Erfahrungen des Lebens."[178]

Die nun folgende ernsthafte Werbung Raikendorfs beglückt Agathe, die ihm nach seinem Antrag am Abend nach einem gemeinsamen Konzertbesuch im Hauseingang sogar einen Kuss gewähren will. Wären da nicht Schritte gewesen, die sie zurückweichen lassen. Am nächsten Tag bereitet Agathe die Mutter auf den Antrittsbesuch des Landrats vor, auch erzählt sie davon, dass er nach ihren finanziellen Verhältnissen gefragt hat und dass sie sorglos vom Vermögen ihrer Mutter erzählte, das ihr sicherlich zur Verfügung gestellt würde.

An dieser Frage jedoch entscheidet sich alles. Agathe, die eben noch von ihrem Hauptwunsch, einem kleinen Kind, geträumt hat, stürzt ins Bodenlose, nachdem sie lange vor der Tür warten musste, während Raikendorf mit ihrem Vater eine Unterredung hat. Da hört sie scharfe Worte des Vaters und erlebt schließlich, wie der Landrat, ohne sich auch nur von ihr zu verabschieden, das Haus verlässt. Der Vater ist zu feige, die Wahrheit zu offenbaren, das überlässt er erneut der Mutter, deren Vermögen er vor Jahren schon geopfert hat, um den guten Ruf seiner Familie zu wahren.

> „‚Du bist ein verständiges Mädchen … Papa hat es uns bisher verschwiegen … er meinte, wir würden die Diskretion nicht gewahrt haben – wegen Eugenie. Walter hatte Schulden – gespielt – ehe er sich verlobte. Papa musste sie bezahlen, sonst wegen seiner Stellung … Er hat auch so strenge Ehrbegriffe. Wir haben viel verbraucht – von meinem Vermögen ist nichts mehr da. Er hat mir den Kummer ersparen wollen … Mein gutes, verständiges Mädchen …' […] Und beinahe feige, hinterlistig, die Schuld von ihrem Manne abzuwälzen, begann sie: ‚Wenn Dich Raikendorf wirklich lieb gehabt hätte …'"[179]

Reuter hat mit dieser Szene aufgedeckt, dass Agathes Probleme auch strukturelle Probleme der Beziehungen zwischen Männern und Frauen der wilhelminischen Zeit sind:

Frauen durften weder über ihr in die Ehe eingebrachtes Vermögen bestimmen, noch durften sie erfahren, was die Männer damit taten.

---

178 Ebd., S. 127.

179 Ebd., S. 130 f.

Wegen abstrakter Ehrbegriffe und der Spielsucht des Sohns büßte Frau Heidling ihr Vermögen ein und Tochter Agathe ist somit auch diese Möglichkeit, ihren Herzenswunsch, Heirat und Kind, endlich erfüllt zu sehen (wenngleich mit einem ungeliebten Mann), verschlossen. Das erkennt sie sofort, entsprechend brüsk ist ihre Reaktion der Mutter gegenüber: Sie sagt, Raikendorf sei ehrlich zu ihr gewesen, er habe auch Schulden zu begleichen gehabt.

Beim nächsten Besuch der jungen Heidlings im Elternhaus steht Agathe bei einer Bemerkung ihres Bruders Walter beleidigt vom Tisch auf, und die übrige Familie unterhält sich anschließend über ihre Empfindlichkeit, ohne dass die Eltern die Gründe offenbaren. Selbst die Bemerkung der Mutter, wenn sie als Eltern stürben, gäbe es niemanden mehr, der für Agathe sorgen würde, ist für den stolzen Regierungsrat ein Satz zuviel. Der äußere Schein geht ihm über alles, und das bedeutet: Eugenie, die reiche Erbin, darf auf keinen Fall etwas ‚von dieser Geschichte' erfahren. Die jungen Heidlings beschließen lässig, sie würden Agathe zu sich zu nehmen, wenn die Eltern verstürben. Sie finden die Idee sogar praktisch, da sie sich durch ihre Hilfe ein Kindermädchen sparen könnten.

Waren soeben noch Balltoiletten für Agathe wichtig, um standesgemäß zu repräsentieren, so wird das Mädchen nun, da sie es nicht geschafft hat, einen Mann auch ohne eigenes Vermögen an Land zu ziehen, projektiv in den Rang einer Dienstbotin gestuft.

Agathe vollzieht aber nochmals eine erstaunliche Entwicklung, die man ihr nicht zugetraut hätte. Erstmals wird ihr deutlich, dass sie nicht einen bestimmten Mann lieben/heiraten möchte, sondern dass sie Sehnsucht nach Erotik hat, dass sie sich einen ‚Kuss' wünscht, was immer die Weiterungen wären. Mit einer nie gekannten Lebhaftigkeit strebt dieser Wunsch des Inneren aus ihr heraus:

> „Zuweilen dachte Agathe: wenn sie noch heiratete, so könnte es nun nimmermehr eine ideale Ehe für sie werden. So vieles, was ihr schon durch den Kopf gegangen, durfte sie keinem Manne je gestehen. Und eine wahre Ehe war nicht möglich ohne völliges, gegenseitiges Vertrauen. Also bemühte sie sich kaum noch um des Zieles willen, sondern nur, weil eine innere Unruhe sie antrieb, immerfort nach Liebe und Bewunderung zu suchen.
>
> Nur einmal geküsst werden, das war eine fixe Idee. Mußte es denn eine regelrechte Verlobung sein? Es waren doch auch andere Küsse denkbar? Ja – denkbar schon … denkbar! Aber die Gewohnheit eines ganzen Lebens deckte Agathe mit einem festen Schilde."[180]

180 Ebd., S. 133.

Doch immer noch ist Agathe zwiespältig, sendet derartig widersprüchliche Signale aus, die in einem Moment Annäherung bedeuten, im nächsten Distanz oder gar Ablehnung, dass sie keinen Erfolg auf dem Sektor der Beziehungsanbahnung haben kann. Diesen Zwiespalt erkennt sie sogar selbst und begründet ihn mit ihrem ‚wilden, scheuen Hochmut' vor der Hingabe an einen Mann, der nicht ihren wahren Wert erkennen würde. Gleichzeitig ‚kämpft' sie zwei Winter lang auf Bällen und anderen gesellschaftlichen Ereignissen um die ersehnte Anerkennung als begehrenswerte Frau. Aber selbst der junge Dürnheim, der sie immer verehrt hat, springt letztlich ab und heiratet eine Frau mit einem Vermögen. Es bleibt ein schales Gefühl des Identitätsverlusts nach diesem ‚Kampf' in ihr zurück.

Selten ist der Geschlechterkampf im ausgehenden 19. Jahrhundert derartig einfühlsam und gleichzeitig in seiner ganzen Brutalität geschildert worden. Jedes spielerische Element, das dieser Kampf, je nachdem, wer ihn focht, auch haben konnte, fehlt für Agathe. Die Drastik der Darstellung geht eindeutig auf den ständigen Wechsel zwischen der Einnahme der Innen- oder Außenperspektive durch die Erzählerin zurück.

Im Roman gibt es gleichwohl weitere Steigerungen: Anlässlich des 25-jährigen Dienstjubiläums der Heidling'schen Köchin, das die preußische Kaiserin (Augusta) routinemäßig mit einem silbernen Ehrenkreuz und einer Bibel ehrt und die Familie Heidling erstmals in den vielen Jahren am Mittagstisch mit der Köchin beim relativ schweigsamen Essen zusammenführt – hat doch die Herrschaft ihrer Dienstbotin außer Floskeln nichts zu sagen –, kann Agathe einen weiteren Stein ihres Desillusionierungspuzzles aufklauben. Sie begreift an diesem Mittagstisch, dass man auch die treue Köchin um „des Daseins besten Teil betrogen" hatte, Lebensfreude, Mann und Familie, oder auch nur: rein menschliche Anerkennung und Dankbarkeit fern von pedantischer Pflichterfüllung.

In Agathes Tagebuch werden diese Erlebnisse nicht unmittelbar gespiegelt, sondern wird eine allgemeine Diagnose gestellt, die deutlich macht, dass ihr Herz Krieg gegen ihren Verstand führt. Dieser Kampf ist mittlerweile ein ungleicher, da das Herz inzwischen eindeutig die Übermacht errungen hat. Im Roman wird er mit einer Wasserflut verglichen, einer Naturgewalt, die nicht aufzuhalten ist. Diese Vorstellung macht Agathe Angst, gleichzeitig imaginiert sie ihren Selbstmord, am besten in einem See in den luftigen Höhen der Alpen. Sie fragt sich, ob sie dann, an der Schwelle zum Tod, immer noch Schmerzen fühlen würde.

Gleich im nächsten Kapitel wird sie aus diesen morbiden Vorstellungen in die harte Realität zurückgerissen: In ungelenken Buchstaben schreibt die schon längst bei Heidlings nicht mehr tätige Wiesing Groterjahn an Agathe mit der Bitte um Geld für die Bestattung ihres kleinen Kinds. An Wiesing knüpfen sich für Agathe sehr schmerzhafte Erinnerungen, dennoch geht sie in das armselige Quartier am Stadtrand, wo das schwerkranke Blut hustende Mädchen in einer Dachkammer lebt, und sie bezahlt das Begräbnis. Sie möchte auch einen Arzt zu der jungen Frau rufen, doch einerseits lehnt Wiesing das massiv ab, andererseits wird Agathe als alleinstehende junge Frau von den Männern im Haus auf obszöne Weise angesprochen, sodass sie schockiert und für Tage danach krank ist. Als sie schließlich erneut von Schuldgefühlen geplagt den Weg in das Haus findet, ist Wiesing tags zuvor gestorben. Agathe erfährt, dass sie einen Soldaten liebte, von dem sie das Kind hatte. Er hatte sie eigentlich heiraten wollen, kam aber nicht von seinem Dienst los. Sie hört von der Ausbeutung, die die ledige Mutter durch die Wirtin erfahren musste. Sie zweifelt andererseits am Bericht von Wiesings Nachbarin und kann entsprechend nicht adäquat reagieren.

Mit derartigen Episoden wird die ständisch streng voneinander abgetrennte Welt des Kaiserreichs geschildert und auch die Unmöglichkeit für Agathe, einer unverheirateten Frau aus der Mittelschicht, konstatiert, Gutes zu tun. Die Begründung dafür sieht Reuter darin, dass ihrer Figur wegen ihrer anderen Schichtzugehörigkeit versagt ist, einen authentischen Einblick in die Lebenswirklichkeit der Unterschicht zu erhalten. Zurück bleiben schlechte Gefühle bei Agathe, Scham über das eigene Versagen und das ihrer Familie im Falle Wiesings: Man hätte sie nicht aus dem Haus jagen dürfen, sagt sich Agathe einerseits, andererseits muss sie einräumen, das Mädchen sei leichtsinnig gewesen. Unterschiedlichste sittliche Vorstellungen kämpfen in ihr. Wahrhaftig, wie Agathe auch immer agiert, fragt sie sich am Ende jedoch, wie sie an Stelle Wiesings gehandelt haben würde, hätte Adrian Lutz sie ernsthaft begehrt. Die Antwort besteht in drei vielsagenden Punkten und einem Fragezeichen:

> „— Und wenn Lutz gewollt hätte …?"

Fassungslos reflektiert sie, dass ‚ein paar Worte' eines Pastors das diffamierte Unrecht plötzlich zu Recht machten. Von dem enthusiastischen Glauben an den Erlöser hat sie sich ohnehin schon befreit, aber die Moralvorstellungen ihrer Schicht kleben an ihr, und obwohl sie sich mehr als alles ein ‚Abenteuer' ersehnt, fürchtet sie den ‚Schlamm', den ein solches nach sich ziehen könnte, den moralischen und sozialen Abstieg. Mit ihrem Verstand als dem einzigen immer von ihr sanktionierten Helfer will sie sich von ihren erotischen Wünschen befreien:

> „Hohe Zeit, dass ein Abschnitt gemacht wurde! Alles Beten und Jammern zu Gott dem Herrn um Hilfe hatte nichts gefruchtet. Wer

> konnte wissen, ob es einen Gott gab? Jedenfalls hatte er sich Agathe nicht geoffenbart und sie im Stich gelassen.
> Sie musste sich nur einmal recht klar machen, dass ihre Jugend vorbei und es einfach schmachvoll war, sich nun – in reiferen Jahren – so dummen Ideen hinzugeben. Nur ein für allemal keine Hoffnungen. Das Haar ging ihr auch schon aus, und wenn sie lachte, so hatte sie kein niedliches Grübchen mehr, sondern eine richtige Falte.
> Wie viele Mädchen heiraten nicht. Das Leben bot ja auch sonst noch so viel Schönes! Und Pflichten hatte sie genug – die brauchte sich wirklich nicht außer dem Hause zu suchen. Hatte sie denn ihr Gelübde, einzig und allein für ihre Eltern zu leben, so ganz vergessen? Sie musste viel liebenswürdiger und heiterer sein!“[181]

Wenig später wird Agathe damit konfrontiert, dass ihr Vater statt nach Berlin versetzt zu werden, von seinem Amt als Regierungsrat suspendiert wird – die Gründe enthält er seiner Tochter vor. Eine kleinere Wohnung, weniger Bedienung, dazu die Einquartierung durch den beruflich und persönlich gescheiterten Onkel Gustav – Agathe wird zugesetzt durch perspektivlose ältere Leute in ihrem Umfeld und damit verbunden von von ihr geforderter, starker Mitarbeit im Haushalt. Reuter lässt keine Möglichkeit aus, um schonungslos deutlich zu machen, dass sich Agathes Handlungsspielraum nun auf das ganze winzige Areal der elterlichen Wohnung zu beschränken hat und dass sie zudem die mit der veränderten Situation nicht zurechtkommende depressive Mutter emotional stützen muss.

Agathe wird in all ihren Lebenswünschen enttäuscht, und entsprechend reagiert sie jetzt, wie schon verschiedentlich zuvor, mit ‚krankhaften Zuständen'. Die Krankheit ist der einzige Ausweg, den sie mit ihrer hochsensiblen Persönlichkeit sieht, die immer bereit ist, sich selbst aufzugeben, um es ihrer Umwelt recht zu machen. Gleichzeitig hat sie ein genaues Bewusstsein darüber, dass die Unfreiheit, in der sie gehalten wird, die es ihr sogar verbietet, ein Wort der Kritik zu äußern, selbst krank und krankmachend ist. Zudem leidet sie unter der Verdammung zur Sprachlosigkeit, zur Handlungsunfähigkeit, zum ewigen Kindsein:

> „Sie wurde von lauter Gedanken gequält, über die sie sich Vorwürfe machen musste. Es gärte ein fortwährender Aufruhr in ihr gegen jedes Wort, das die Eltern sprachen. So lange man wartete und immer wartete, so lange morgen vielleicht das neue Leben für uns selbst anbrechen konnte – so lange war es leicht gewesen, Geduld zu haben. Aber nun sah man, dass das neue Leben niemals kommen würde –

181 Ebd., S. 145.

> dass man sich mit gegebenen Verhältnissen einrichten musste, so gut es ging – nun war es fast nicht mehr zu ertragen, immer noch als ein liebes unverständiges Kind behandelt zu werden, über dessen Meinungen man lächelte und scherzte, oder das man unterwies und erzog."[182]

Agathe verrichtet den Hauptteil der Hausarbeit, ohne dass sie das Regiment darüber übernehmen darf. Sie muss sogar so tun, als täte sie nichts in Eigenregie, und gelegentlich arten die Sparzwänge der Mutter, die im Widerspruch zu den Ansprüchen an eine vornehme Haushaltung und Küche, die der Vater und der Onkel haben, ins Absurde aus. Agathe muss etwa jeden Abend den Teppich im Wohnzimmer mit einer weichen Bürste abkehren und zusammenrollen, damit er länger seine Farben hält. Der Vergleich mit ihrer Kindheitsfreundin und Schwägerin Eugenie treibt ihr dann gelegentlich Tränen in die Augen. Ein Zeichen für Agathes immer stärker werdenden depressiven Anteil ist ihr Rückzug von ihren Freundinnen – von den Bällen ganz zu schweigen, die sie nicht mehr besuchen will und in Ermangelung von Einladungen auch nicht mehr besuchen kann.

Doch noch einmal findet Agathe in ihrer erstaunlich unbeirrbaren Suche nach einem interessanten Lebenszweck eine Möglichkeit, sich zu begeistern: Bei der Entstaubung der väterlichen Bibliothek stößt sie auf ein Buch, in dem sie sich gleich festliest: Ernst Haeckels (1834–1919) *Natürliche Schöpfungsgeschichte* ist es, 1868 erschienen, das Buch des Jenaer Zoologen und Philosophen, das Darwins Evolutionstheorie den Durchbruch in Deutschland beschert hatte und sogar noch über Darwin hinauswies, weil es versuchte, naturwissenschaftliche Erkenntnis und christlichen Glauben zu vereinen.[183]

Plausibel vermutet werden kann, dass Reuter Haeckel in Weimar sicherlich im Kreise ihrer Freunde begegnet ist. Seinem Denken, in dem der Pantheismus wie auch bei Goethe eine große Rolle spielte, konnte sie sich als große Goethe-Freundin sehr gut nähern. Haeckels *Natürliche Schöpfungsgeschichte* war wie das spätere Werk von 1899, *Die Welträtsel*, ein Versuch, die eigenen wissenschaftlichen Erkenntnisse zu popularisieren. Die Einbindung des Haeckel'schen Buchs und seiner geisteswissenschaftlichen Verortung wirft ein deutliches Licht auf Reuters Haltung zu diesem Zeitpunkt: Zur Zeit der Veröffentlichung des Romans hatte sie sich deutlich vom dogmatischen christlichen Glauben entfernt.[184]

182 Ebd., S. 146.

183 Vgl. Reuters eigene Beschäftigung mit Ernst Haeckels Theorien, hier S. 55.

184 Dass Haeckel als ein Vordenker der Eugenik und Rassenhygiene auch vom

Reuter lässt ihre Anti-Heldin Agathe in ihrer typischen zwiegespaltenen Weise angesichts der Lektüre sinnieren, ob Darwin und Haeckel oder dem christlichen Glauben recht gegeben werden müsse und versinkt in begeisterte Überlegungen zur neu entdeckten Weltanschauung. Noch einmal erkennt sie ihre dem Geschlecht geschuldete Unterdrückung, aber sieht doch immerhin eine Zukunft für sich als interessierte Leserin:

> „Ach, Männer, die sich hier vertiefen – die weiter forschen und grübeln durften – die Glücklichen! Denen brauchte freilich die dumme Liebe nur etwas Nebensächliches zu sein! Am Ende fand auch sie in den neuen Gedanken ihren Frieden. Sie sah nun doch, dass es so sein musste – dass die Natur unerhört grausam war, dass Millionen Keime fortwährend untergingen, damit die andern Raum bekämen, sich zu entwickeln. So war sie eben auch einer von den schwächlichen, unnützen Keimen – was war da weiter? Daß es eine solche Verschwendung gab, hatte sie allerdings vorher auch schon gewusst. Aber sie bezog das nie auf sich, sie hatte immer für sich selbst einen Platz außerhalb der Natur gesucht und mit einem Gotte gehadert, der Wunder thun konnte und nur keins ihr zu Liebe thun wollte!“ [185]

Agathe möchte sich bei Haeckel einlesen. Aber da gibt es mittlerweile für sie nur noch den Weg eines Weihnachtswunsches. Denn sie verfügt über kein eigenes Taschengeld mehr, da sie nach der Pensionierung ihres Vaters ein eigenes Opfer zugunsten der Entlastung der Familienkasse hatte bringen wollen, was vom Vater akzeptiert worden war. Nach reiflicher Überlegung setzt sie drei naturwissenschaftliche Bücher, die Ernst Haeckel selbst im Anhang zu seinem Buch empfohlen hatte, auf ihren Wunschzettel. Sie erntet eine demütigende Kommentierung ihres Vaters zu diesem Wunsch, verbunden mit dem Verbot, in Zukunft eigenmächtig Werke aus seinem Bücherschrank zu entnehmen. Am Ende des Gesprächs macht sie sich angesichts der freundlichen Miene des Vaters doch noch Hoffnungen auf die Erfüllung ihres Wunschs. Umso enttäuschter ist sie, als sie unter dem Weihnachtsbaum neben einem Garderobenartikel einen Bildband zur Flora Mitteldeutschlands und eine geschnitzte Blumenpresse vorfindet.

Die Worte, mit denen der Regierungsrat a. D. versucht, die jetzt fast 30 Jahre alte Agathe zu versöhnen, sind eigentlich an ein Kind gerichtet, als welches er sie auch tituliert:

Nationalsozialismus vereinahmt wurde, konnte Reuter zum Zeitpunkt der Abfassung ihres Buchs noch nicht klar sein – auch später hat sie sich nie zu diesem Punkt geäußert.

185 Ebd., S. 149.

> „‚Siehst Du, liebes Kind', sagte ihr Vater freundlich, ‚hier habe ich ein sehr hübsches Werk gefunden, das besser für dich passt, als die Bücher, die Du da aufgeschrieben hast. Ich blätterte in den Sachen – sie wollten mir gar nicht für mein Töchterchen gefallen. Hier findest Du eine Anweisung, wie man Blumen trocknet – daraus fabriziert Ihr ja jetzt allerliebste Lichtschirme! Das wird Dir auch Spaß machen!'"[186]

Agathe reflektiert die Situation sehr realistisch, erkennt in dem nicht gewährten Geschenkwunsch eine Wiederholung der Verweigerung des Konfirmationsgeschenks und koppelt diese Erfahrung von Wiederholungen an ihre Überlegungen zu Ernst Haeckels Theorien:

> „Entwickelten sich denn alle Wesen in dieser Welt zu höheren Daseinsformen und nur sie und ihresgleichen blieben davon ausgeschlossen? Sie war ‚das junge Mädchen' – und musste es bleiben, bis man sie welk und vertrocknet, mit grauen Haaren und eingeschrumpftem Hirn in den Sarg legte –?"[187]

Agathe behält ihren Zorn dem Vater gegenüber für sich, ganz wie es eine Bürgerstochter um 1895 zu tun hatte. Sie kann sich ihm nicht öffnen. Seine konventionellen Gesten der Zuneigung ihr gegenüber, so seine Küsse an jedem Morgen und Abend, werden von ihr als rein habituell entlarvt und lassen kein offenes Vertrauensverhältnis zu.

Aber das Leben hat noch weitere und ernstere Prüfungen für sie parat: Zuerst erledigt sie gemeinsam mit der Mutter pflichtgemäß die Pflege des früh vergreisten Onkels Gustav. Dies ist wahrscheinlich ein sehr treues Abbild jener Pflege, die die Mutter und Gabriele Johanna und Hermann Behmers gemeinsamem Bruder Alfred wenige Jahre zuvor in Weimar angedeihen ließen. Im Roman sind Mutter und Tochter Heidling, als Onkel Gustav stirbt, bereits mehr als erschöpft. Der Kommentar des Regierungsrats, Gustav habe ein verfehltes Leben geführt, weil er immer nur auf die Frauen gesetzt habe, die ihn alle genarrt hätten, führt Agathe zu einer skeptischen Betrachtung über die Liebe allgemein, die auch sie nur genarrt habe. Abschließend resümiert sie für sich resignierend: Niemanden würde es grämen, wenn sie einmal stürbe.

Beim Begräbnis des Onkels zieht sich Mutter Heidling zu allem Überfluss eine schwere Erkältung zu, an der sie Wochen später auch sterben sollte. Eine mehr als leidvolle Zeit ist das für die Tochter, die der Kranken versprechen muss, nach ihrem Tod den Haushalt genauso zu führen wie die Mutter ihn eingerichtet hatte. Dieses Vermächtnis ist wirkmächtig:

186 Ebd., S. 151.
187 Ebd.

Agathe ist jetzt unfähig, eigene Initiativen oder Verbesserungen, die sie noch kurze Zeit zuvor überlegte, auch einzuführen. Sie erlebt sich von nun an als gehetzt durch ihre Stellvertreterposition, mit der sie sich nicht identifiziert und die deshalb als überfordernd wahrgenommen wird. Geradezu zynisch wirkt es, dass sie jetzt freiwillig jenes von ihr noch vor kurzem als absurd erachtetes allabendliche Abbürsten und Zusammenrollen des Wohnzimmerteppichs durchführt und dabei sehnsüchtig der Vergangenheit nachtrauert. Ihre Gegenwart ist vollgestopft mit letztlich sinnloser Arbeit. Eine Zukunft mit erfreulichen Perspektiven kann sie nicht für sich erkennen. So hat die Erzählerin alles daran gesetzt, eine Befreiung ihrer Heldin aus dem immer enger werdenden Lebensgefängnis als unmöglich auszuschließen.

Agathe weint jetzt, sobald sie allein ist, und erkennt ihren Zustand als prekär. Noch einmal versucht sie mit einer fast unnatürlichen Willensanstrengung den Entschluss einer Selbstüberwindung. Als Symbol dafür, dass sie alle Hoffnungen auf ein erfülltes Frauenleben, das für sie nur das einer Ehefrau und Mutter war, ad acta gelegt hat, verschenkt sie alle kleinen Kinderkleidchen, die auf der Bodenkammer gelagert waren, an die Schwägerin Eugenie, die nach zwei Jungen nun auch das ersehnte Mädchen bekommen hat. An das Kinderkrankhaus, wo Cousine Mimi als Oberschwester tätig ist, gibt Agathe die eigenen Spielsachen ab. Bewundernd erlebt sie die ruhige Überlegenheit der Diakonisse angesichts von Krankheit und Elend und will sich ein Beispiel nehmen:

> „Sie [Schwester Mimi, A.S.] ging von Reihe zu Reihe, mit einem behaglichen Frohsinn auf ihren großen Zügen unter der steifgestärkten Haube. Sie scherzte hier, strafte lustig dort – Agathe beneidete sie als friedliche Herrscherin hier in diesem Reich der Krankheit und des Todes.
>
> Sich überwinden – glücklich sein mit anderen – bis zur Selbstvergessenheit – bis zur Selbstvernichtung – das ist das Einzige – das Wahre!“[188]

Als sie daraufhin in einer plötzlichen extremen Gefühlsveränderung übertriebene Lustigkeit beim Verteilen der Spielsachen an die Kinder an den Tag legt, wird sie von Mimi Bär gebeten, die Kinder nicht unnötig aufzuregen. Sie reagiert mit einem hysterischen Lachkrampf und wird von Mimi in deren Schwesternzimmer auf ein Bett gelegt. Die Cousine rät ihr, etwas für sich zu tun, sie sei sehr überreizt. Das ist zwar richtig, aber einen eigenen Handlungs- oder Entscheidungsraum hat Agathe in dieser Situation nicht, und ihr Vater zeigt zunächst kein Verständnis für

188 Ebd., S. 157.

den Zustand der Tochter. Doch als auch der Hausarzt eine Erholungsreise für Agathe vorschlägt, erklärt er sich einverstanden, gemeinsam mit Agathe in die Schweiz zu reisen – natürlich wäre es gegen die guten Sitten gewesen, hätte er sie allein in die Erholung fahren lassen.

Auf der Hinreise machen Vater und Tochter bei dem Künstlerpaar von Woszenski einen Besuch. Für Agathe ist dies eine Reise in die Vergangenheit und die gedankliche Konfrontation mit ihrer unerfüllten Liebe zu Adrian Lutz. Außerdem gelingt es Reuter durch die Beschreibung des beim ersten Besuch Agathes angefangenen Bilds des Malers, *Die Ekstase der Novize*, nach dem sich Agathe erkundigt, die ihrer Hauptfigur drohende Märtyrerrolle zu verdeutlichen. Der Maler versichert, dass er noch immer an dem Bild arbeite und klagt sich an, Agathe damals nicht als Modell gewählt zu haben. Dadurch wird die Gestalt auf dem Bild eindeutig mit Agathe verknüpft:

> „Statt des himmlischen Sonnensturmwindes, der die üppige rot und goldene Pracht des Hochaltars wirbelnd bewebte und in den Tausende von Engelsköpfen die niedergesunkene Gottesbraut selig-toll umflatterten, glitt nun ein leichenhaftes, blaues Mondlicht durch den Säulengang eines Klosters. In dem stillen Geisterschein schwebte ein bleiches Kind mit einer Dornenkrone zu ihr hernieder. Die Nonne war nicht mehr das rosige Geschöpf, welches den kleinen Erlöser in ihren Armen empfing und mit unschuldig strahlendem Lächeln an ihr Herz drückte. Im Starrkrampf lag sie am Boden, die Arme steif ausgestreckt, als sei sie ans Kreuz geschlagen – die roten Wundmahle an der blassen Stirn und den wächsernen Händen.“[189]

Agathe reflektiert ihren Eindruck:

> „Und der Tag, an dem sie Lutz zum ersten Male gesehen, stand wieder vor Agathe. Zwischen damals und heute lag ihr Leben. Und nun nichts mehr? Ein langsames Erstarren in Kälte und Entsagung?
> Sie blickte nieder auf ihre wächsernen Hände, und fast meinte sie, das blutige Stigma müsse dort sichtbar werden …
> Was für wunderliche, sinnlose Gedanken bisweilen kamen …“[190]

Typisch für Agathe ist die hellsichtige Erkenntnis ihres Seelenzustands und der Ausweglosigkeit ihrer Lage, die immer von dem als heilsam eingeschätzten Versuch gefolgt wird, die Erkenntnis mit konventioneller Rationalität wegzuwischen oder kleinzureden. Mit dieser Strategie kann sie letztlich nicht dazu gelangen, etwas an ihrer Lage ändern zu wollen.

In der Schweiz tritt das Gegenteil von Erholung für Agathe ein – sie be-

---

189 Ebd., S. 159 f.

190 Ebd., S. 160.

ginnt unter Schlaflosigkeit nachts und Ermattung tags zu leiden. Unaufhörlich grübelt sie über all die verpassten Gelegenheiten in ihrem Leben nach, eine Liebesbeziehung zu einem Mann einzugehen: Adrian Lutz, Raikendorf und der Cousin Martin geistern in ihren Wachträumen herum, und jeder harmlose Tourist oder Einheimische, der auch nur unabsichtlich einen Blick auf sie heftet, wird sofort als Lüstling eingestuft, der ihr vielleicht etwas antun würde, wenn sie ihm allein begegnete. Agathe verdammt ihre erotischen Fantasien und projiziert ihre Wünsche auf alle Männer, denen sie begegnet. Der Zufall, von der Erzählerin komponiert, führt dann den inzwischen zum bekannten und ernsthaft diskutierten Buchautor gewordenen Cousin Martin just in die Pension, in der Agathe und ihr Vater wohnen. Ihre Wiederbegegnung nach vielen Jahren erfreut die beiden spontan sehr. Agathe blüht unwillkürlich auf:

> „Sie erkannte Martin gleich, obschon er voller und älter geworden war. Mit ausgestreckten Händen kam er ihr entgegen.
> ‚Agathe! Das freut mich aber, Dich hier zu sehen!‘
> Lachend, bewegt und erhitzt standen sie voreinander und blickten sich glücklich an. Es war, als seien die Jahre ausgelöscht, und sie wieder der begeisterte Schüler und der frische Backfisch, die unter der Sommersonne im hohen Grase lagen und von Freiheit und Menschenglück träumten.
> Martin ließ Agathes Hände nicht aus den seinen.
> ‚Du hast dich gar nicht verändert‘, behauptete er kühn.“[191]

Wenig später fällt die entscheidende Frage Martins, ob Agathe allein sei. Natürlich sei sie mit ihrem Vater gereist, antwortet sie wahrheitsgemäß, woraufhin er ironisch auf die guten Sitten anspielt, die so etwas für junge Damen nicht ermöglichen. Damit ist die kurze Situation des Flirts auch schon beendet. Wenig später, als Martin erfährt, dass die Cousine mit ihrem Vater sogar in derselben Pension wie er wohnt, fällt die fröhliche Unbefangenheit von ihm ab, und er wird nachdenklich.

Martin hat Karriere gemacht, lebt im Ausland und hängt seinen früheren sozialdemokratischen Idealen nicht mehr an. Im Austausch mit Agathe entsteht seine frühe Jugend wieder vor ihm. Durch Nachfragen begreift er, dass Agathe im Vergleich zu ihm lediglich Trauriges erlebt hat. Mitleid motiviert ihn, viel Zeit mit ihr zu verbringen, hinter dem Rücken des Regierungsrats a. D.. Agathe erfährt eine ihr noch nie seitens eines gleichaltrigen Manns gewidmete Aufmerksamkeit über Tage hinweg. Daher ist es nicht verwunderlich, dass sie sofort ihren Gefühlszustand sondiert:

> „Greffinger behandelte Agathe wie eine alte Freundin, der man Ver-

191 Ebd., S. 165.

> trauen schenken konnte. Und sie war nicht verliebt in ihn – Gott sei Dank!
> Aber was er ihr von seinem Leben, seinem Streben und Denken sagte, interessierte sie brennend und regte sie beinahe ebenso auf, als machte er ihr den Hof. Es war ihr alles so neu, so überraschend, so ganz verschieden von dem, was sie sich vorgestellt hatte."[192]

Agathe vernimmt alles, was Martin berichtet, mit wachsamster Spannung – denn wie schon in allen früheren Kontakten zu Männern hört sie ausschließlich zu und schweigt zu dem Gehörten. Sie lernt einerseits dazu, andererseits fängt sie an, Liebesfantasien zu entwickeln, obwohl sie sich ständig das Gegenteil einredet. Immerhin kann sie Martin von ihrer gestörten Beziehung zum Vater erzählen, und Greffingers Empathie ermöglicht es ihm, den Zorn herauszuspüren, den Agathe lebenslang angesammelt hat. Sein Vorschlag jedoch spricht von einer kompletten Unkenntnis der Psyche seiner Cousine und der Fesseln, in die die (mittellosen) unverheirateten Töchter um 1895 geschlagen waren:

> „Der alte Mann wird Dich stets an allem hindern, womit Du Dir helfen willst. Wenn er seinen Bücherschrank vor Dir abschließt, und wenn er Dir das Leben abschließt … Du musst dich von ihm frei machen! Geh' von ihm fort und suche Dir Arbeit und Freude, die Dich befriedigt."[193]

Agathe versucht Martin deutlich zu machen, dass sie in einem unauflösbaren Dilemma steckt: Sie sei ungenügend ausgebildet und mittellos, sodass kein Leben auf eigenen Füßen möglich wäre, außerdem brauche ihr Vater sie zur Erheiterung und Pflege, während in der Welt niemand sie benötige. Hier beharrt Martin auf seiner Sicht: Es sei wichtig, sich auf die eigenen Füße zu stellen, denn nur so würde Agathe lernen, sich selbst wiederzufinden. Martin hat sich vorgenommen, Agathes Standpunkte zu verändern und ihr Selbstbewusstsein zu heben, das ist seine Motivation, Zeit mit ihr zu verbringen. Das registriert sie wohl und bleibt lange bei der vernünftigen Erkenntnis, dass er ihr eine wertvolle Freundschaft zu bieten habe. Ihr Gefühl jedoch will viel mehr und idealisiert ihre Beziehung zu Martin in eine Sphäre hinein, die noch höher als eine Liebesbeziehung angesiedelt ist. Martin, so erkennt Agathe, ist ein freier Mensch geworden. Und im gleichen Zug versteht sie, wie sehr sie sich dadurch von ihm unterscheidet:

> „Und was das heißen wollte – ein freier Mensch. Welche Kluft zwischen einer ganz auf sich gestellten Persönlichkeit, die nach eigenem

192 Ebd., S. 167.
193 Ebd.

> Gesetz und eigener Wahl das eigene Leben führt, und den Kreisen ihrer Gesellschaft! An solchem Maß gemessen – besaß jede That, jeder Gedanke ihres Daseins überhaupt noch Wert? Das ahnte sie nun erst. Es war ein schauderndes Aufwachen mit ungeduldigem Flügelschlagen ihrer Seele."[194]

Martin nimmt sich vor, aus Agathes „dummem kleinen Mädchenkopf" alle Raupen, also: alle dummen Gedanken und Vorurteile, zu verbannen, aber er ist immer auch unsicher, ob sich die Mühe wohl lohne und Agathe vielleicht genau so sei wie die anderen jungen Frauen ihrer Schicht. Um das herauszufinden, schlägt er ihr vor, nach Zürich zu ziehen und ihn bei einer Arbeit, die er vorhabe, zu unterstützen. In eine eigene Wohnung wohlgemerkt, die sie vielleicht mit einer der dort jetzt auch zugelassenen Studentinnen teilen könnte.[195] Seine Vorschläge klingen plausibel – der Vater werde ihr doch keinen Unterhalt versagen, wenn sie ihm die Sache als ihre Entscheidung vorbrächte, argumentiert er. Agathe jedoch identifiziert sich mit dem Vater und seiner Generation, die ohne Zweifel davon ausgehen würden, sie würde wegen Martin nach Zürich gegangen sein. Das genau, eine Beziehung mit ihm, hat Martin nicht angeboten, eine solche aber wünscht sich Agathe im Grunde. Martin stellt sich vor, dass Agathe, ähnlich wie ein junger Mann, eine eigene Existenz aus sich selbst heraus begründen könnte. Agathe verwirft zwar die Möglichkeit der Realisierung des Plans, imaginiert aber dennoch sofort das Arbeitsleben an der Seite des Idealisten und die Verachtung der Welt für sie, die als seine Geliebte gelten würde. Aber schon bald kippt ihr heroisches Selbstbild angesichts ihrer tiefsten Wünsche nach Zärtlichkeit und ehelicher Gemeinschaft, die sie erneut auf das Objekt ihrer Liebe, Martin, projiziert. Meisterhaft arbeitet Reuter den emotionalen Umschwung heraus:

> „Es war schauerlich aufregend und anziehend, sich das vorzustellen: Alle Welt hielt sie für eine Gefallene – nur sie selbst trug das Bewusstsein ihrer kühlen Reinheit in sich. Und Martin, der hatte natürlich eine unbegrenzte Hochachtung vor der stillen Kraft, mit der sie, allen Verleumdungen zum Trotz, den gewählten Weg weiter schritt. Solche Frau war ihm denn doch noch nicht vorgekommen.
>
> Er bat sie um Liebe – bat sie immer wieder – flehte – wurde leidenschaftlich ..."[196]

194 Ebd., S. 169.

195 In Zürich waren junge Frauen ab 1840 als Hörerinnen zugelassen, ab 1863 konnten sie ordentlich immatrikuliert studieren. Auch die deutsche Schriftstellerin Ricarda Huch hat dort ihre akademische Ausbildung erhalten.

196 Gabriele Reuter, *AgF*, S. 171.

Mit jeder neuen nicht gemachten, aber als möglich erachteten Liebeserfahrung wird Agathes Fantasieren über die Beziehung greifbarer, und die Grausamkeit, die Reuter bedacht inszeniert, besteht darin, dass es immer unwahrscheinlicher wird, dass die psychisch schon stark beeinträchtigte und dadurch auch körperlich nicht mehr allzu attraktive Protagonistin einen Erfolg im Sinne einer realen Liebeserfahrung erringt. Der Geschlechterkampf tobt sich für Agathe in Gestalt einer wie immer bei ihr widersprüchlichen Phantasmagorie aus:

> „Aber in eine bürgerliche und nun gar in eine kirchliche Trauung würde er wohl niemals einwilligen.
> Gott sei Dank – sie liebte ihn nicht …
> Nur irgendwie kam ihr der Wunsch, ihre Wange gegen seine Hand zu lehnen, sich von dieser kräftigen weißen Hand über Stirn und Brauen streichen zu lassen.
> – Von solchen weiblichen Schwächen durfte sie nicht träumen, wenn sie es wagen wollte, ihren Plan auszuführen."[197]

Die Zeit mit dem Cousin wird Agathe nicht lang. Immer wieder diskutieren sie den Zürichplan, und als der Regierungsrat eine Zweitagestour mit anderen Herren unternimmt, fährt Agathe mit Martin Dampfer und will gemeinsam mit ihm einen Berg besteigen. Oben angekommen, laben sie sich im Gasthaus, und Agathe berichtet ihm in aller Offenheit von der „in lauter kleine Leiden und Sorgen und unnötige Arbeiten zerfaserte[n] Existenz der letzten Jahre", die sie geführt habe und die ihr in den vergangenen 14 Tagen immer mehr als ein schrecklicher Irrtum erschienen sei. Martin rät der Cousine, das, was sie ihm erzählt hat, in genau derselben Weise niederzuschreiben. Nicht an ein literarisches Werk denke er dabei, sondern an einen wahrhaftigen Bericht, der in der Lage wäre, anderen jungen Frauen zu einem Bewusstsein zu verhelfen, das dann ihre Emanzipation bewirken könne:

> „Sag' Deinen Mitschwestern nur ehrlich und deutlich, wie ihr Leben in Wahrheit beschaffen ist. Vielleicht bekommen sie dann Mut, es selbst in die Hand zu nehmen, statt sich von ihren Eltern und der Gesellschaft vorschreiben zu lassen, wie sie leben sollen, und dabei kranke, traurige, hysterische Frauenzimmer zu werden, die man mit dreißig Jahren am liebsten alle miteinander totschlüge!"[198]

Agathe hat Feuer gefasst. Sie sieht ihren neuen Weg in der Fantasie schon genau vor sich. Martin hingegen wendet jetzt seine Blicke immer wieder zu der kleinen Kellnerin, die schon Minuten zuvor Gegenstand des Ge-

197 Ebd., S. 171 f.
198 Ebd., S. 174.

sprächs war, als Martin sich über die rohe Anbandelei eines älteren Gasts mit ihr mehr als missbilligend ausgesprochen hat. Nun ist er versunken in den Anblick der jungen, gesunden und hübschen Frau, während Agathe sinnend dieser Realität gar nicht bewusst ist, sondern zu einer neuen Erkenntnis gelangt:

> „Schweigend versenkte sie sich in dieses Neue, das ihrer Zukunft etwas Werdendes versprach.
> Etwas Werdendes – –! Darin lag die Befreiung. Darum hatte das Zusammenleben mit den Eltern sie so unglücklich gemacht, trotz aller Liebe und aller Pflichttreue: es war ohne Hoffnung. Sie sah nichts als Absterben um sich her. [...] Etwas Werdendes ... ein Kind – oder ein Werk – meinetwegen ein Wahn, jedenfalls etwas, das Erwartungen erregt und Freude verspricht, mit dem man der Zukunft etwas zu schenken hofft – das braucht der Mensch, und das braucht darum auch die Frau!“[199]

Als Agathe sich von diesen Gedanken ab- und Martin erneut zuwendet, erblickt sie einen Verwandelten, der mit Blicken um die appetitliche Kellnerin wirbt, ihr zuprostet und dann mit ihr ein Gespräch über Belanglosigkeiten anfängt. Agathe begreift, dass es sich um eine Werbung handelt. Urplötzlich ist ihr gutes Verhältnis zu Martin gestört, all ihre idealisierten Gefühle für ihn sind tiefer Ablehnung bis hin zum Ekel gewichen. Das ist typisch für Agathes absolute und radikale Gefühlsumschwünge, die die Realitätsferne ihrer Einschätzungen zeigen. Wortlos verlässt sie das Gasthaus.

Abends hat Martin das Bedürfnis, sich mit Agathe auszusprechen und fordert sie zu diesem Zweck zu einem Abendspaziergang auf, was von einer Dame in der Pension, mit der sie inzwischen bekannt geworden sind, mit Befremden aufgefasst wird. Sie wendet ein, für einen Spaziergang sei es für Agathe zu spät, das gehöre sich nicht. Agathe jedoch folgt ihrem Vetter, obwohl ihr unklar ist, warum sie es tut. Martin achtet ihrer nicht, geht voraus, und sie langen in einer abgelegenen einfachen Wirtschaft an, wo sie ungestört sprechen können. Martin macht der Cousine bittere Vorwürfe:

> „Für so klein und sentimental und weibisch eitel, wie sie sich heut gezeigt, habe er sie nicht gehalten. Er wollte sie für die Freiheit gewinnen. Aber er werde sich nicht unter die Tyrannei eines prüden und thörichten Frauenzimmers beugen.
> Was habe sein Gefallen an dem hübschen, frischen Schweizermädchen mit ihrer Freundschaft zu thun? Wenn sie sich einbilde, dass er

199 Ebd., S. 175.

> in Zukunft auf den Verkehr mit hübschen jungen Mädchen verzichten solle, dann habe sie das Gefühl, das ihn zu ihr gezogen, gründlich missverstanden, darüber müssten sie sich erst auseinandersetzen."[200]

Agathe schluchzt, fast röchelt sie, springt auf und ringt die Hände, „wie in Erstickungsnot und Todeskampf". Erst jetzt empfindet Martin Gefühle. Er ängstigt sich um die Cousine und versucht zu ergründen, warum sie so außer sich ist. Ihre Antwort muss für ihn überraschend kommen und ist für sie eine ungeheure Überwindung, die sofort von einer widersprüchlichen Handlung, nämlich Wegrennen, gefolgt wird: Agathe gesteht Martin schreiend, dass sie ihn liebt, meint dies jedoch nicht als positive Liebeserklärung, sondern als Beleidigung. Sie will zum See, diffuse Gedanken an Selbstmord, um sich von dieser unwürdigen Liebe zu befreien, bedrängen sie. Doch dann drängt sich erneut die Pflicht in den Vordergrund, hat sie doch ihrer sterbenden Mutter versprochen, für den Vater zu sorgen. Sie sinkt zusammen und wird durch das Brausen des Gebirgsbachs unter ihr betäubt. Nach einer längeren Zeit schafft sie es, in die Pension zurückzukehren, wo Martin sie erneut mit Vorwürfen empfängt, er habe sie eine Stunde im Dunkeln gesucht und sich gesorgt.

> „Sie schleppte sich abgewendet an ihm vorüber und riegelte sich in ihrem Zimmer ein.
>
> So hatte Agathes Ausflug in die Freiheit ein Ende genommen."[201]

Im Kapitel XV des Romans folgt die Beschreibung von Agathes Auslöschung als fühlendem Menschen. Sie durchleidet eine Phase unaufhörlichen Weinens, unterbrochen von heftigen Ausbrüchen, sobald der Vater sie trösten will. Der Regierungsrat initiiert daraufhin zwei Rettungsaktionen: Da Martin abgereist ist und keine Aufklärung über die Situation geben mag – Agathe hat sich offenbar mit ihm überworfen, stellt der Vater fest –, ruft er die Schwiegertochter Eugenie herbei, um Agathe zu beruhigen. Ebenfalls konsultiert er einen Arzt, der Nervenüberreizung in Zusammenhang mit Bleichsucht konstatiert und dagegen ein Stahlbad empfiehlt. Eugenie, die ihrerseits selbst schon entschlossen war, ebenfalls ein Stahlbad aufzusuchen, will Agathe einfach mitnehmen. Diese traut sich nicht, dem Vater zu sagen, dass sie Eugenie verabscheut, ohne dafür einen rationalen Grund nennen zu können. Die Wahrheit ist, dass sie sich nicht eingesteht, dass sie Eugenie für ihr in ihren Augen unverdientes Glück beneidet. Noch einmal findet sie eine Erklärung für das eigene Schicksal nur in Gottes Zorn über ihre maßlosen Wünsche:

200 Ebd., S. 178.
201 Ebd., S. 179.

> „Sie wollte nun alles tragen, als eine Strafe von Gott, für das wahnsinnige Verlangen nach Glück.
> Wie Er sich wohl freute, dass Er sie so marterte …
> Anständigen Mädchen kamen gewiß keine blasphemischen Gedanken … Anständige Mädchen sind nicht mit dreißig Jahren noch eifersüchtig auf eine Kellnerin …“[202]

Sie schließt aus diesen Überlegungen, dass sie trotz aller Anstrengungen kein anständiges Mädchen geworden sei, sondern immer nur aus Feigheit geheuchelt habe.

Ihr Ziel ist, vom Arzt für gesund erklärt zu werden. Dieser verordnet ihr jedoch eine sechswöchige Kur. Und den letzten Wunsch, die Kur allein durchzuführen, schlägt er ihr auch ab: Die reizende Schwägerin müsse sie pflegen, sie sei zu sehr geschwächt.

Röhren, wohin sie reisen, ist ein fast vollständig von weiblichen Kranken besuchtes Bad. Gutes Essen, die Bäder und die Stahlquellen sind für die wohlhabenden Gäste da, die Einheimischen leben ärmlich in Hütten und arbeiten in Heimarbeit. Reuter gelangt bei der Beschreibung der Kuranstalten zu einer jener raren Passagen massiver offener Gesellschaftskritik, deren sie doch auch fähig war:

> „Frauen – Frauen – nichts als Frauen. Zu Hunderten strömten sie aus allen Teilen des Vaterlandes hier bei den Stahlquellen zusammen, als sei die Fülle von Blut und Eisen, mit der das Deutsche Reich zu machtvoller Größe geschmiedet, aus seiner Töchter Adern und Gebeinen gesogen, und sie könnten sich von dem Verlust nicht erholen. Fast alle waren sie jung, auf der Sommerhöhe des Lebens. Und sie teilten sich in zwei ungefähr gleiche Teile: die von den Anforderungen des Gatten, von den Pflichten der Geselligkeit und den Geburten der Kinder erschöpften Ehefrauen und die bleichen, vom Nichtstun, von Sehnsucht und Enttäuschung verzehrten Mädchen.“[203]

Reuter hatte 1872 mit ihrer Mutter Wildbad kennengelernt – kein Stahlbad, aber mit Thermalwasser schon früh auch die Balneologie praktizierend. Sie verknüpft diese Erlebnisse mit Erkenntnissen aus der sich entwickelnden Psychologie der Lungenkranken und nimmt in einer kurzen Passage ein Thema vorweg, dem Thomas Mann in seinem Roman *Zauberberg* große Aufmerksamkeit gewidmet hat. Die Vermutung liegt mehr als nahe, dass er, der Reuter verschiedentlich positiv rezensiert hatte und mit ihr im Austausch stand, sich wie von zahlreichen anderen Autoren auch von ihr hat inspirieren lassen zu seinem großen späteren Roman.

202 Ebd., S. 181.
203 Ebd., S. 182.

Gabriele Reuter beschreibt wie er die erotisch angeheizte Atmosphäre unter der Frauengemeinschaft, wenn der einzige Mann im Bad, abgesehen von einem alten Oberst, der seine Ehefrau begleitet, die ‚Bühne' betrat, der Arzt:

> „Ein höchst aufregender Augenblick entstand, sobald er abends in den Kursaal trat und man nicht wusste, zu welcher Gruppe er sich gesellen würde. Es mochte ja thöricht sein – lächerlich – aber es blieb nun einmal ein Ehrenpunkt, den Doktor an seinem Tisch zu haben. In dieser engen Gemeinschaft, wo das Interesse sich auf so wenige Punkte konzentrierte, unter dem Einfluß der aufregenden Bäder, der scharfen Höhenluft bekam jede Stimmung, jedes Gefühl, jeder Einfall in den Seelen, deren Gleichgewicht schon krankhaft gestört war, eine unnatürlich gesteigerte Bedeutung und wirkte mit gefährlicher Ansteckungskraft. Sie erwarteten alle so viel von diesem Doktor, Gesundheit, Frohsinn, Mut und Lebenshoffnung sollte er jeder einzelnen zurückgeben. Da musste man ihm doch ein wenig den Hof machen."[204]

Agathe als einzige im Saal widersteht der Anziehung, die von dem Arzt ausgeht – was ihrem Wesen entspricht. Nicht wie die anderen, die das einzig verfügbare männliche Wesen jeweils für sich erobern wollen, will sie sein. Sie wünscht, als ‚ganz anders' erkannt zu werden und daher ausgewählt zu werden. Zu einer solchen Differenzierungsleistung ist der Arzt jedoch nicht in der Lage. Agathe glaubt jetzt, nur in der absoluten Ruhe könne sie noch weiter leben. Insbesondere die Überwachung durch Eugenie hindert sie, und plötzlich hört sie gar ‚Tönen und Dröhnen', in ihren Ohren, das sie im Denken hindert.

Martins Abreise war für sie fatal. Er hatte ihr zugesagt, sie zu unterstützen, falls sie doch noch in die Schweiz reisen wollte, doch sie war stumm geblieben. Jetzt ist sie verstimmt und will ihn niemals wiedersehen. Gleichzeitig zieht es sie zu ihm, ihrer ersten Liebe. Erneut also die Ambivalenz aller mit Erotik verbundenen Gefühle bei Agathe. Sie erwägt sogar eine heimliche Flucht, zu der sie sich andererseits nicht in der Lage sieht, denn Selbstvertrauen und Kraft, so sagt sie, fehlten ihr vollkommen. Daher glaubt sie nun, sei sie am besten in ihres Vaters Obhut oder wie sie sagt, unter seinem ‚Joch' aufgehoben. Die Bergesgipfel der Schweiz assoziiert sie – und erneut kommt hier Reuters Nietzsche-Rezeption ins Spiel – mit den Gipfeln des Selbstbewusstseins. Sie vermutet, in dieser dünnen Luft könnten nur Männer atmen. Sie selbst fühlt sich nun betrogen um ihr ganzes Leben, das eigentlich einzig und allein der Liebe gewidmet werden sollte.

---

204 Ebd., S. 183.

Agathe denkt in dieser für sie schrecklichen Situation aber immer noch folgerichtig und begreift, einzig bei oder im Umfeld von Martin könnte sie allenfalls noch gesunden von der verstümmelnden Krankheit an Leib und Seele, die die Gesellschaft, insbesondere deren Vertreter, ihr Vater und ihr Bruder, an ihr begangen haben.

Allerdings besitzt sie, um dieses Ziel, Martin als Schutz, die Schweiz als neues Domizil, zu erreichen, nicht mehr die Kraft. Außerdem ist sie zumeist angstbesessen und allein, während Eugenie mit dem Doktor ausfährt – „die höchste Ehre, die er zu vergeben hatte." Zwischen beiden sitzt Eugenies kleiner Sohn.

Agathes Fantasien beschäftigen sich jetzt nur noch mit in ihren Augen obszöne Liebesszenen zwischen den anwesenden Beteiligten. Vergangenheit und Gegenwart werden vermischt. Sie möchte vor diesen Bildern die Augen schließen, da sie doch ein ‚anständiges Mädchen' ist. Realität und Fantasie gehen eine schreckliche Mixtur ein, die umso explosiver zu kochen beginnt, je mehr sie ihren Fantasien in der Einsamkeit des Pensionszimmers im Stahlbad nachgeben kann.

Hier entwickelt sie unvermittelt auch erstmals Hass gegen die gesamte Umwelt, inklusive Martin. Die erste, die danach in Agathes Zimmer kommt, die mit furchterregendem Gesichtsausdruck im Lehnstuhl kauert, ist Eugenie. Diese bekommt dann auch die Wucht von Agathes Hass zu spüren: Agathe würgt die Schwägerin in einem psychopathischen Anfall, der aber seine Gründe hat. Denn Eugenie war diejenige, die sie einst in die Geheimnisse der Sexualität – und ihrer eigenen Eskapaden – eingeweiht hat. Genau dieses Geheimnis wird und darf nie an die Öffentlichkeit kommen, denn all die wahren oder obszönen Details, die Eugenie damals als Jugendliche Agathe erzählte, werden natürlich jetzt als fast teuflische Einflüsterungen eines ‚jungen Mädchens' – bar jeder sexuellen Erfahrung – gehandelt. Und Eugenie hat längst vergessen, was sie Agathe damals erzählt hat.

Das Ende dieses Romans ist kurz, aber sehr deprimierend: Agathe kann nach zwei Jahren Behandlung in Sanatorien mit Elektroschocks, Massage, Hypnose und Suggestion – den damals möglichen therapeutischen Maßnahmen – wieder bei ihrem Vater leben und regelmäßig mit ihm spazieren gehen. Keine eigene Lektüre, sondern der vom Vater verlesene Bericht aus seiner Zeitung ersetzen ihr die geistige Beschäftigung, sie legt Patiencen und hat sich eine Sammlung von Häkelmustern zugelegt. Sie ist auch hinsichtlich ihrer Zukunft abgestumpft, gleichwohl ist sie oft traurig.

Diese Zukunft wird nicht sie selbst regeln, wie sollte sie auch, ohne jegliche ihr zur Verfügung stehenden Mittel:

„Walter und Eugenie bemühen sich, eine Stelle für sie in dem neugegründeten Frauenheim zu erlangen. Denn sollte Papa einmal abgerufen werden … ins Haus nehmen kann man sie doch nicht gut, zu den Kindern – ein Mädchen, das in einer Nervenheilanstalt war … Und Agathe hat vielleicht ein langes Leben vor sich – sie ist noch nicht vierzig Jahre alt.“[205]

205 Ebd., S. 188.

Gabriele Reuter
München
1896.

Gabriele Reuter, 1896

Die Rezeption des Hauptwerks: Ruhm in München und Berlin

Reuter hat das klinische Bild der Depression oder ‚melancholia' in ihrem Roman sehr präzise beschrieben. Das ist beobachtet worden wie auch, dass ihr Buch über lange Strecken eine Heldin zeigt, die Auswege für sich immerhin erneut imaginiert, Auswege, die ihr jedoch sowohl aus persönlichen wie aus gesellschaftlichen Zwängen heraus versagt bleiben.[206]
Für Reuter war es, so schreibt sie es in der Autobiografie, sehr schwer, das Buch überhaupt für eine Veröffentlichung zuzulassen. Sie befürchtete nach Gesprächen mit ihren vertrauten Literatenfreunden Interpretationen, die rein auf die Sexualität – oder deren Verhinderung – hinauslaufen würden. Diese Befürchtungen hatten sie sogar mit dem Gedanken spielen lassen, das fertige Manuskript zu verbrennen. Doch rang sie sich durch, es im Sinne der ‚Wahrhaftigheit', der sie sich als Nietzscheanerin ja verpflichtet fühlte, an die Öffentlichkeit zu bringen. John Henry Mackay half ihr, den Verleger Samuel Fischer für das Buch zu erwärmen.
Dann war plötzlich das fertig von Reuter abgeschriebene Manuskript des Romans auf dem Postweg verschwunden – die Arbeit von vier Jahren. Erst Wochen später erhielt Reuter dann doch sehr erleichtert ihr Manuskript zurück.
Wieder sind die unpublizierten Briefe Gabriele Reuters an Elisabeth Förster-Nietzsche aus dieser ersten Münchner Phase sehr aufschlussreich. Reuter suchte damals offenbar auch gezielt nach Rezensenten und bat Förster-Nietzsche, Fritz Kögel um eine Rezension anzugehen, „wenn das Buch ihm sonst der Mühe wert scheint, [...]"[207]. Dies schrieb sie in ihrem Brief an die Freundin vom 17. Oktober 1895. Mitte November berichtet sie von ersten Besuchen in München bei wichtigen Persönlichkeiten, sowie, dass die Rezensionsexemplare ihres Buchs in der nächsten Woche versendet würden.
Reuter freundete sich in München auch mit dem neben Hauptmann wichtigen Vertreter des naturalistischen Dramas, Max Halbe (1865–

206 Lisabeth Hock, *Shades of Melancholy in Gabriele Reuter's ‚Aus guter Famlie'*, in: The German Quarterly, 2006 (Fall), S. 452.

207 Alle diesbezüglichen Zitate stammen aus dem GSA Weimar, 72/BW 4398, Bestand Elisabeth Förster-Nietzsche/Nietzsche Archiv, Eingegangene Briefe: Reuter Gabriele 1894–1933.

Lily Reuter als Kind

1944), an und bat Elisabeth Förster-Nietzsche um weitere Einführungsbriefe. Nach der Jahreswende hatte sie offenbar einen sehr zustimmenden Brief Förster-Nietzsches zu ihrem Buch erhalten, und sie berichtet der Freundin über den günstigen Verkauf und die Kritiken. Im Dezember 1896 berichtet sie von einer ausgeglichenen, vergnügten Lebenshaltung – geschuldet einerseits dem Erfolg des Buchs, aber auch der Tatsache, dass ihre Mutter sich in München gut einleben konnte. Sie fragt nach Elisabeths Mutter und deren Umgang mit dem Umzug beider erwachsener Kinder nach Weimar.

Ein weiterer Brief an Elisabeth Förster-Nietzsche, nicht datiert, doch nach allen Erkenntnissen frühestens vom Ende 1897 oder Beginn des Jahrs 1898, ist eines der wenigen und ebenfalls bisher nicht publizierten Zeugnisse Reuters über ihr Privatleben. In diesem Brief bekennt sie sich auch zu ihrer fortgesetzten Nietzsche-Lektüre, was im Zusammenhang bedeutsam ist. Darüber hinaus schreibt Reuter:

> „Ich weiß nicht, ob du seinerzeit erfahren hast, dass ich im letzten Frühling nahe daran war, mich zu verheiraten. Aber ich kam noch in letzter Minute zu der Erkenntnis, dass der Mann, den ich lieb hatte,

absolut nicht für eine bürgerliche Ehe taugte. Man mag mich und mein Sein nun beurteilen wie man will – ich hielt es jedenfalls für das Beste, ihn nicht durch eine kirchliche oder staatliche Formalität an mich zu binden, nachdem ich sah, wie sehr dies seinem ungebundenen und eigenartigen Künstlernaturell entgegen war."[208]

Reuter beschreibt, wie ihre eigenen und die noch viel herkömmlicheren Vorstellungen ihrer Mutter ein Grund waren, die Ehefrage zumindest zu erwägen und damit lange zu ringen. Eine Entscheidung gegen diese bürgerliche Bindungsform – und gegen eine Familie – war von ihr mutig gefällt worden.

Nun kam jedenfalls am 18. Oktober 1897 ihr Töchterchen zur Welt. Es lebe bei ihr, schreibt sie Monate später an die Freundin, trage den Namen Elisabeth und vermittle ihr Mut zu allen Kämpfen, die auf sie warteten.

Hintergrund zu der Aussage, dass das Kind bei ihr lebe, ist die damals noch sehr gängige Praxis, dass unehelich geborene Kinder bei Pflegeeltern oder in Heimen groß wurden.

Ein kurzer Abgleich zur Weimarer Situation der Freundin: Am 20. April 1897 war Franziska Nietzsche, die Mutter Friedrichs und Elisabeths, gestorben. Elisabeth Förster-Nietzsche war aus ihrer ersten Weimarer Wohnung in der Wörthstraße (heute: Thomas-Müntzer-Straße) in das ihr von Meta von Salis erworbene und zur Verfügung gestellte Anwesen der Villa Silberblick in der Luisenstraße (heute Humboldtstraße, Nietzsche-Archiv) umgezogen und hatte auch ihren kranken Bruder von Naumburg nach Weimar transferiert. So war auch bei Elisabeth Förster-Nietzsche ein großer Umbruch erfolgt, und sie hatte sicherlich in Weimar vielfach Gelegenheit gehabt, die Reaktionen auf Reuters Roman aufzunehmen. In diesem kleinstädtischen Milieu waren die Reaktionen der Behmer-Familie gewiss nicht geheim geblieben. Davon lässt sich jedoch nichts mehr rekonstruieren.

Es erhebt sich die Frage: War der Name Elisabeth, den Gabriele Reuter ihrer Tochter gab, vielleicht eine Hommage Reuters an die Freundin Elisabeth Förster-Nietzsche? War die Namensgebung vielleicht strategisch vorgenommen worden, um die Nietzsche-Schwester für irgendetwas zu versöhnen oder sie emotional enger an sich zu binden, eine Bresche für sie im schon vergifteten Weimar zu schlagen? Fast könnte man das vermuten.

Es kommt aus nicht mehr zu klärenden Gründen jedenfalls zu einer bis in das Jahr 1901 andauernden Briefpause zwischen beiden Frauen. Reuter lebte dann schon in Berlin. Diese Briefpause geht zumindest nach Lage

208 GSA, ebd., Bl. 36.

Das Tränenhaus
Roman
von
Gabriele Reuter
Fünfte Auflage

S. Fischer, Verlag, Berlin
1909

Titelseite Gabriele Reuter, *Das Tränenhaus*, 5. Auflage 1909

der vorliegenden Dokumente von Reuters Seite aus – die Gegenbriefe existieren ja nicht.

Im ersten Brief nach der Pause, datiert auf März 1901, ist von einer Verstimmung Elisabeths gegen Reuter die Rede, die, so Reuter, wahrscheinlich auf einem Missverstehen ihrer Handlungsweise beruhe. Erst zwei Jahre später kam es dann zu einer Versöhnung zwischen beiden Frauen anlässlich einer Wiederbegegnung in Weimar, wie aus einem späteren Brief Reuters hervorgeht. Mehr kann hierzu fundiert nicht ausgesagt werden.

Wer war jedoch der Kindesvater, den Reuter nicht nennt und den fast alle biografischen Arbeiten bis in die jüngste Vergangenheit verschweigen?

Die später ‚Lily' genannte Tochter Elisabeth stammt mit größter Wahrscheinlichkeit aus Reuters Beziehung zu Benno Rüttenauer,[209] einem humorvollen, hoch gebildeten Schriftsteller und Realschullehrer, der Geschichte und Kunstgeschichte studiert hatte und eine große Liebe zu Frankreich besaß. Der katholische Rüttenauer hatte 1895 zwei Werke veröffentlicht, *Heilige – Legenden und Historien in Prosa* sowie das literarische Skizzenbuch *Zeitiges und Streitiges*. 1936 im Zug der Rassegesetze bezeugte Rüttenauer die Vaterschaft für Elisabeth (Lily) Reuter.

---

209 Vgl. Ulrich Hauer, *Gabriele Reuter – Jugendjahre in Alt- und Neuhaldensleben*, in: Jahresschrift der Museen des Landkreises Börde, Bd. 49 (16), Haldensleben 2009, S. 69.

Gebäude der „Isarlust", heute Sitz des Deutschen Alpenvereins auf der Münchner Praterinsel, Fotografie (1909)

Reuter hatte alle Fakten rund um ihre Beziehung und die Vaterschaft bewusst stark verschleiert. So hatte sie ihre Tochter in München nicht polizeilich gemeldet. Sie hatte Rüttenauer offenbar bei Ausflügen in die Umgegend am Starnberger See in Leoni/Berg kennengelernt, wo sie dann auch einen Teil ihrer Schwangerschaft verbrachte, bevor sie in dem Geburtshaus in Erbach an der Donau die letzten Monate vor der Niederkunft verbrachte und unter Narkose die Tochter am 18. Oktober 1897 zur Welt brachte. Im dortigen Geburtsregister ist Elisabeth Reuter aufgeführt.

Benno Rüttenauer war als Rezensent von Reuters Hauptwerk hier erwähnt worden.[210] So kann man mutmaßen, dass aus der bewundernden oder auch kollegialen Beziehung die Liebesbeziehung entstanden war. Die gemeinsame Verehrung Max Stirners und Nietzsches mag ein übriges getan haben – und war nicht zuletzt für die Art der Beziehung zwischen beiden Partnern, ihre Ablehnung der Ehe und ihr wechselseitiger Respekt vor dem Leben und Schaffen des anderen, mehr als wirkmächtig.

210 Vgl. S. 87 hier.

Ihre uneheliche Mutterschaft – kurz vor der Jahrhundertwende durchaus ein skandalöser Status – hat Reuter bewegt, über ihre Jahre in München wenig Privates verlauten zu lassen. Und sicherlich ist diese auch der Grund, weshalb sie auch ihre Autobiografie *Vom Kinde zum Menschen* von 1922 mit der Erwähnung ihrer Übersiedlung nach München, der Veröffentlichung des Romans und seiner Bedeutung für ihre Karriere und für die Emanzipation der Frau im Allgemeinen abschließt. Eine der Wahrhaftigkeit verpflichtete Autorin, wie sie es war, hätte in der Folge unweigerlich über ihre Mutterschaft berichten müssen, was sie nicht wollte. Die Münchner Jahre Reuters kann man daher nur indirekt und lediglich in groben Umrissen skizzieren. Hier geben zwei Romane Aufschluss, die in großem Abstand voneinander entstanden sind, zum einen der 1908 erschienene Roman *Das Tränenhaus*[211] und schließlich das 1935 erschienene Buch *Das Mädchen, das nicht lieben konnte*[212].

In *Das Tränenhaus* ist die Protagonistin wie Reuter eine Schriftstellerin. Vorbild für die Einrichtung des Tränenhauses ist jenes Geburtshaus in Erbach an der Donau, das Reuter selbst in der zweiten Hälfte ihrer Schwangerschaft aufgesucht hatte,[213] und insgesamt ist die Fülle der biografischen Übereinstimmungen bis hin zur Charakterschilderung der Cornelie Reimann überwältigend. Über diesen Roman soll später ausführlicher gehandelt werden.[214]

Das Mädchen, das nicht lieben konnte hingegen beschreibt aus sehr großer zeitlicher Distanz den Entwicklungsprozess der Renate Rupprecht von der begeisterten Studentin ohne Bindungsfähigkeit und -wunsch zu einer innig liebenden Mutter und verstehenden Partnerin. Auch diesen geistig-seelischen Prozess konnte Reuter wahrscheinlich deshalb so überzeugend schildern, da sie ihn selbst in schmerzvoller Weise durchlebt hatte.

Doch zurück in die Münchner Jahre: Nach einer zwei Jahre nach dem großen Erfolg veröffentlichten Novellensammlung unter dem Titel *Der Lebenskünstler,* erscheint 1898, noch in München, Reuters nächster bereits zuvor diskutierter Roman *Frau Bürgelin und ihre Söhne*. Es ist die wahrscheinlich aufgrund der Nietzsche-Lektüre und des Einflusses der Schwabinger Boheme, in der sie sporadisch verkehrte, entstandene, nun überwertig interpretierte Wahrheitsliebe und Grenzüberschreitung im

211 Gabriele Reuter, *Das Tränenhaus,* Berlin 1908.

212 Gabriele Reuter, *Das Mädchen, das nicht lieben konnte,* Berlin 1935.

213 Vgl. Ulrich Hauer, a. a. O., Fußnote 23: „Das Entbindungsheim wurde 1892 von Eleonore Vogel eröffnet und 1896 von Pauline Offinger übernommen. Eigentümer des Hauses war Freiherr Max Johann von Ulm-Erbach."

214 Vgl. hier S. 166–169.

Sinne Zarathustras, die sie offenbar zu dieser kolportagehaften Veröffentlichung Weimarer Verhältnisse brachten. Und womöglich könnte der Bruch mit Elisabeth Förster-Nietzsche erst danach und wegen der Publikation erfolgt sein.

Reuters Wohnsitz in Schwabing ließ sie gewiss Einblicke in die sich rasch verändernden Kommunikationsformen und Gesprächsthemen damals nehmen. Zahlreiche junge Frauen führten ein sehr sprunghaftes Beziehungsleben in der Künstlerszene, und uneheliche Kinder waren fast an der Tagesordnung. Berühmtestes Beispiel ist die Malerin und Schriftstellerin Franziska zu Reventlow (1871–1918). München oder besser: Schwabing war damals der Ort in Deutschland, an dem Reuter das sie beherrschende Thema der Frau als Individualität, als Künstlerin und Mutter in vielen Facetten beobachten konnte. Erwähnt wurde Reuters Beziehung zu der Schriftstellerin Emma Merk.[215] Sie führte Reuter in den bekannten Boheme-Treffpunkt Schwabings, das Café-Restaurant auf der Praterinsel ‚Isarlust' ein, in dem Lovis Corinth im oberen Stockwerk am 17. Mai 1896 die Loge ‚In Treue Fest' gegründet hatte.[216]

1899 übersiedelte Reuter mit der Mutter und Tochter Lily nach Berlin in die Ludwigkirchstraße 2 in Wilmersdorf. Wirtschaftlich ging es ihr damals sehr gut, und Wilmersdorf war damals wie heute ein gutbürgerliches Viertel. Reuter hat eine Hauswirtschafterin, sie ist eine vollberufstätige Schriftstellerin. Sie erzieht ihre Tochter, ein Netz von Hilfen und pädagogischen Kräften unterstützen dies – ungefähr so wie es heute eine alleinerziehende und selbständig arbeitende Mutter täte, in jedem Fall mit großem Verantwortungsbewusstsein der immer gesundheitlich schwächlichen Tochter Lily gegenüber.

Wie jedoch wird Gabriele Reuter als Schriftstellerin jetzt wahrgenommen, gibt es hier unterschiedliche Sichtweisen und vor allem: Unterscheiden sich diese von ihrer Selbstwahrnehmung?

In der Tat: Etliche Rezensenten und Rezensentinnen sehen sie als Protagonistin der Frauenliteratur und -bewegung an, zahlreiche andere – auch Männer – hingegen verorten und würdigen sie innerhalb der „allgemei-

---

215 Emma Merk stammte wie Reuter aus dem Großbürgertum: Ihr Großvater war Hofjuwelier gewesen, ihr Vater Historienmaler, sie veröffentlichte Skizzen in Prosa, Novellen und 1886, also ein Jahr nach Reuters großem Erfolg, ihren ersten Roman *Ein Liebestraum.* 1902 heiratete sie ihren langjährigen geistigen Freund Max Haushofer jr. Gemeinsam mit Carry Brachvogel gründete Haushofer-Merk schließlich 1913 den Münchner Schriftstellerinnen-Verein.

216 Der Cafébetrieb der Isarlust wurde noch bis 1908 fortgeführt – heute ist das Gebäude Sitz des Deutschen Alpen-Vereins.

Buchumschlag Gabriele Reuter, *Töchter: der Roman zweier Generationen*, Berlin ca. 1927

nen" Literaturgeschichte.[217] Dies ist ein singulärer Fall hinsichtlich einer schreibenden Frau im Deutschland dieser Zeit und bescheinigt ihr eine anerkannte Qualität. Dass sie anerkannt ist, spiegelt sich auch in der Tatsache, dass Reuter nun immer wieder für Vorträge angefragt wird, die nicht eigentlich literarischer Natur sind. Es sind sozialpolitische Fragen, denen sie sich widmet, die aber aus Themen ihrer Romane hervorgehen: dem Thema der ledigen Mütter, der Fürsorge für Findelkinder und verwandten Problemen – ihren eigenen. Schwangerschaft und Mutterschaft sieht sie als ernste, fast heilige Zustände, läuternde Erfahrungen, die sie nie hat missen wollen. Reuter erlebte sich als zum Schreiben und Vermitteln prädestiniert und stellte einen damals neuen Typus der Schriftstellerin dar: Die gar nicht männlich wirkende, im Gegensatz dazu weiblich und fast zerbrechlich, sehr aristokratisch wirkende Großschriftstellerin. Doch währte diese erfolgreiche Phase nicht über ihre gesamte Lebenszeit. Mit den Jahren waren Reuters Themen nicht mehr aktuell – die Rechte der Frauen waren irgendwann erstritten, sodass die Popularität, die sie genossen hatte, ab den 1920er Jahren rapide zurückging. Um die Jahrhundertwende aber und noch bis die 1920er Jahre war die Schriftstellerin

217 Vgl. Annette Kliewer, *Gabriele Reuter*, in: Britta Jürgs (Hg.), *Denn da ist nichts mehr, wie es die Natur gewollt: Portraits von Künstlerinnen und Schriftstellerinnen um 1900*, Berlin 2001, S. 121–140, hier: S. 122 f.

Thomas Mann am Schreibtisch, Porträtaufnahme, 1905

eine Bestsellerautorin. Vier ihrer Bücher erschienen bis 1940 in mehr als 25 Auflagen.[218] Für Reuter persönlich am enttäuschendsten war die fast fehlende Rezeption des von ihr sehr geschätzten Buchs *Benedikta* von 1923. Die ab 1933 entstandenen Jugendbücher werden dann nicht mehr von der offiziellen Literaturgeschichtsschreibung zur Kenntnis genommen. Sie haben auch in Reuters Selbstsicht ebenso wie ihre frühen schriftstellerischen Arbeiten lediglich Broterwerbscharakter.
Thematisch sind es immer neue Facetten des Überthemas ‚Frauenleben', das sie in ihren Büchern nach der Jahrhundertwende variiert: Protagonistin ist eine junge oder ältere Frau, sie kann verheiratet oder heiratswillig, heiratsunwillig oder auch verwitwet sein. Es mag eine Frau mit Kinderwunsch oder gerade eine ohne solchen sein. Oder es ist eine an der Beziehung zum Mann scheiternde Frau, wiederum auch die an einer zerbrochenen Beziehung wachsende Frau. Schließlich beschrieb sie eine Mutter, die nach langen Erfahrungsprozessen erst ihre Mütterlichkeit entdecken und sich schließlich zu einer Liebe ohne Trauschein bekennen lernen musste – dies war Rena Ruprecht in *Das Mädchen, das nicht lieben konnte.*
Reuter geht dabei wie die Naturwissenschaftler in labormäßigen Versuchsreihen vor, indem sie verwandte Probleme und Konstellationen immer mit entscheidenden Abwandlungen vorführt.

218 Neben *Aus guter Familie* sind das *Ellen von der Weiden, Der Amerikaner* und der Novellenband *Frauenseelen.*

Daher gibt es keine Kondition von in ihrer Lebenszeit existierenden Beziehungs- und Bewusstseinsformen weiblicher Existenz, die sie nicht mit ihrem immer gleichen Wahrhaftigkeitsanspruch, jedoch nicht immer gleichem Stilempfinden ausgelotet hätte. Die erwähnten schlecht rezensierten Romane bewegen sich am Rande sentimentaler Trivialität.
Aber innerhalb ihres großen Themas ‚Frauenleben' durchläuft die Autorin auch eine Entwicklung: Sie setzte sich in dem Maße, indem ihre Tochter aufwuchs, immer stärker mit der elterlichen (mütterlichen) Heranführung von Kindern an das Leben auseinander – dies betrifft vor allem das Jugendbuch *Großstadtmädel* von 1920,[219] wie auch den erwähnten Roman *Töchter* von 1927. Ihr eigenes Schicksal als alleinerziehende Mutter ließ in ihr offenbar den Wunsch wachsen, einerseits ihre Situation literarisch zu analysieren, sich durch die Analyse von Irrwegen zu befreien und Hoffnung eröffnende Lebenswege zu eröffnen und, damit gekoppelt, durch diese Arbeit anderen alleinerziehenden Müttern Mut zu machen für ihre Aufgabe. Für Frauen aus der Mittelschicht mit Bildungshintergrund konnten Reuters Bücher als ermunternd gelten, sich eine selbständige Berufstätigkeit in einem damals denkbaren Frauenberuf, etwa auf künstlerischem, gesundheitlichem oder lehrendem Sektor aufzubauen.
Von Reuter erschien zur Jahrhundertwende zunächst *Ellen von der Weiden*. Es ist die über ihr Tagebuch vermittelte Liebesgeschichte der naturverbundenen Ellen, die über ihre Heirat mit dem rationalen Ehemann in die unmenschliche Großstadt versetzt wird und auch in ihrer Ehe frustriert wird. Dieses Buch weist wie die übrigen damals entstandenen erneut Reuters Beeinflussung durch Nietzsche sehr deutlich auf: Ihre Frauengestalten in dieser Zeit sind insgesamt „Ausnahmemenschen, die nicht in ihrer scheinbar gottgewollten Unterwerfung unter den Mann Erfüllung finden, sondern in sich selbst."[220] Diese Schreibhaltung sollte ihr 1908 auch Victor Klemperers herbe Kritik einbringen, der ihr Männerfeindlichkeit vorwarf: Sie ließe nach der Jahrhundertwende stets überhöhte allzu positive Frauengestaltungen in ihren Romanen auftreten, gegen die ihre verantwortungslosen, triebgesteuerten oder schlicht dem schnöden Mammon verfallenen Männerfiguren unendlich abfielen.[221] Diesen Vorwurf muss man in der Tat gelten lassen – Reuters Männerfigu-

219 1927 wurde der erste Teil des Buchs von ihr nochmals unter dem Titel *Das Haus in der Antoniuskirchstraße* veröffentlicht.

220 Vgl. Karin Tebben, *Psychologie und Gesellschaftskritik: Gabriele Reuter*, in: Dies. (Hg.), *Deutschsprachige Schriftstellerinnen des Fin de siècle*, Darmstadt 1999, S. 281.

221 Victor Klemperer, *Gabriele Reuter*, in: Westermann's Illustrierte Deutsche Monatshefte, Braunschweig 1908, S. 866–874.

ren sind im Grunde Getriebene, orientierungslos mal in die eine oder die andere Richtung Taumelnde, die selten eine Entwicklung durchlaufen dürfen, die ähnlich triumphal und überzeugend wie die ihrer Frauengestalten ausfällt.

Große Zustimmung erhält Reuter im Jahr 1904 durch einen Autor, der 16 Jahre jünger ist als sie – der jedoch schon viel geleistet hat und sich daher gerade anschickt, der bürgerliche Autor seiner Zeit zu werden – Thomas Mann (1875–1955). Seine positive Einschätzung des Reuter'schen Werks war allerdings keineswegs uneigennützigen Motiven entsprungen, wie die Forschung herausfand: Thomas Mann versuchte, sich mit seinem Essay über Reuter als auf der Höhe der zeitgenössischen Diskurse befindlich und damit als ein Frauenthemen zugewandter Schriftsteller zu präsentieren.[222] Nach einer einleitenden Korrespondenz mit Reuter suchte er sie im Herbst 1903 mit dieser verhohlenen Absicht in der Ludwigkirchstraße auf. Reuter hatte ihm ihren gerade veröffentlichten Roman *Lieselotte von Reckling* zugeschickt, mit der Bitte um eine Rezension.

Der Roman schildert die Liebe Liselottes zu Lorenz Altenhagen, dem Führer einer mystischen Sekte im Großstadtmilieu, wie es sie damals zahlreich gab. Seine Liebe zu Liselotte gerät ins Wanken, als er sich in eine von ihm ebenfalls als mystisch erkannte Geigerin verliebt. Liselotte ist so großmütig, ihrem Mann seine sexuelle Flatterhaftigkeit zuzugestehen, da sie erkennt, dass diese zu seinem Wesen gehört. Wie in *Ellen von der Weiden* ist es wiederum die Frau, die die wesentlichen Erkenntnisprozesse durchlebt, die ihrem traditionellen Liebesideal von der ausschließlichen monogamen Liebe entsagt, während der Mann letztlich blind seinem Schicksal bzw. seinem Liebeswahn (so in diesem Falle) folgt. Szenen von starker Situationskomik und Ironie, gerade was die Beschreibung der Rituale der Sektenmitglieder und der gesellschaftlichen Begegnungen in einem Soziotop von Exzentrikern angeht, machen das Buch heute noch lesenswert.

Die abgesprochene Rezension hatte Thomas Mann zum Ende des Jahres noch nicht realisiert. Er befand sich damals emotional und lebensgeschichtlich an einem entscheidenden Punkt: Nach dem Abklingen seiner heißen Liebe zu Paul Ehrenberg warb er um Katharina Pringsheim, genannt Katia (1883–1980), die Enkelin der großen Vorkämpferin der Frauenrechte, Hedwig Dohm (1831–1919). Insofern war es ein kluger Schachzug, sich im Rahmen seiner Werbung um die Enkelin mit einer Schriftstellerin gut zu stellen, die, wie er ursprünglich meinte, ebenfalls

222 Karin Tebben, „Man hat das Prinzip zur Geltung zu bringen, das man darstellt.", in: Thomas Mann-Jahrbuch, Bd. 12, 1999, S. 87.

eine solche Vorkämpferin war und sie dann anschließend öffentlich durch eine Rezension zu loben. Reuter selbst revanchierte sich einige Jahre später durch eine Rezension von Thomas Manns *Königliche Hoheit.*[223] Thomas Manns Beitrag erschien schließlich am 14. und 17.2.1904 in der Berliner Tageszeitung Der Tag[224], dem gleichen Organ, in dem auch Reuter später schrieb.

Zahlreiche Gemeinsamkeiten wiesen beide Autoren, die Grande Dame und der jüngere aufstrebende Star, auf, die Sympathie oder ein Verstehen nahelegen konnten: Das Herkommen aus dem Großbürgertum, die gemeinsame Begeisterung für Nietzsche, die Leidenschaft, sich in den Romanen aus dem eigenen Leben, der Umwelt und im Falle Manns auch mit nicht nachgewiesenen Zitaten an der Literatur zu bedienen, und zuletzt die gemeinsame Ablehnung des Kunstideals von Heinrich Mann, Thomas' Bruder. Reuter hatte Thomas Mann schon Anfang 1903 ihre Kritik von Heinrich Manns Buch *Göttinnen* geschickt. So muss die Rezension Manns wohl als Gegengabe für die moralische Unterstützung Reuters aufgefasst werden, und Thomas Mann konnte Schützenhilfe damals sehr gut gebrauchen.[225]

Wenige Schriftstellerinnen erfuhren damals Lob von Thomas Mann, und immer war ein Nutzen für Mann mit solch einem Lob verbunden.[226]

Weiterhin gibt es natürlich auch Gemeinsamkeiten in beider Rezeption: Sowohl Reuter wie Mann wurden seit Erscheinen ihres erfolgreichen Erstlings an diesem gemessen. Daher konnte sich Thomas Mann in Reuter hineinversetzen, wenngleich er gerade mit *Tonio Kröger* neuen Erfolg erzielt hatte, dem er jedoch misstraute. Die positive Kritik Manns von Reuters Roman *Liselotte von Reckling* war also in der Tat auch ein Versuch der eigenen Positionierung.[227]

Doch nun zum Inhalt von Thomas Manns Essay über Gabriele Reuter von 1904.[228] Darin beschreibt er Reuter mehrfach als eine Künstlerin, die auch mit ihrem neuen Werk „ein geistiges Kunstwerk von so stiller Überlegenheit, so klarer Tiefe“ geschaffen habe, „dass es den Vergleich mit jenem gärenden und hinreißenden Erstlingswerk vollauf ertragen kann“[229]. Thomas Mann erzählt Reuter nach eigenem Bericht von seinem Besuch

223 Gabriele Reuter, *Thomas Mann: Königliche Hoheit*, in: Der Tag, Nr. 256 (1909).
224 Die Tageszeitung war 1850 gegründet worden.
225 Karin Tebben, a. a. O., S. 80.
226 Ebd., S. 81.
227 Ebd., S. 82.
228 Zit. nach Thomas Mann, Gesammelte Werke in 13 Bänden, Bd. 13 (Nachträge), Frankfurt am Main 1960–1974, S. 388–398.
229 Ebd., S. 389.

einer Frauenversammlung in München, wo es um die Frage ging, ob Frauen philosophieren könnten. Er sprach sich Reuter gegenüber positiv zur Frage selbst aus, aber gegen das „Sich Zusammenrotten" der frauenbewegten Frauen. Daraufhin schildert er Reuters Reaktion:

> „Die Reuter wandte mir ihr kluges und diskretes Gesicht zu, das vom weißen Haar so eigenartig umrahmt ist. ‚Sie müssen bedenken', sagte sie mit einem nachsichtigen Lächeln, das sowohl mir als der Frauenversammlung zu gelten schien, ‚dass es gleichsam Kinder sind, die sich verabreden, sich Mut machen müssen …'"[230]

Mann empfand dies zwar als Überheblichkeit, die aber andererseits Reuters Status als Künstlerin unbedingt entsprach – und er stellt sich vor, wie sie auf die zudringlichen Zuschriften der Frauenbewegten um Unterstützung liebenswürdige, aber distanzierende Briefe geschickt habe, denn sie war seiner Meinung nach weit davon entfernt, sich von diesen Frauen vereinnahmen zu lassen und zu ihnen gehören zu wollen, denn sie sei – wie er (das schreibt er allerdings nicht) – eine Künstlernatur:

> „Denn sie ist Künstlerin, und soweit sie es ist, muß sie, man bilde sich keine Schwachheiten ein, Egoistin und Aristokratin sein."[231]

Er unterscheidet sorgfältig den Weltverbesserer (also auch die Frauenbewegten) vom Künstler, der an nichts glaube als an sein eigenes Talent, und liefert dazu eine komplette Eigenbeschreibung, die in nichts mit der Lebensrealität von Reuter als alleinerziehender und immer noch mit der Pflege ihrer Mutter betrauten Schriftstellerin zu tun hatte (Johanna Reuter sollte am 23. Dezember 1903 versterben).[232] Zudem kennzeichnet er Reuters Protagonistin Agathe Heidling ebenfalls als Künstlerin, was von Reuter in ihrer Autobiografie von 1921 aufgegriffen wurde, in der sie auch Thomas Manns Rezension einen dankbaren Absatz widmet:

> „Thomas Mann sagt in einem Essay über das Buch ungefähr: Den Agathenseelen nützt keine Eröffnung von Frauenberufen, keine Änderung von Schulen und Erziehung, sie werden sich immer wieder wundreiben an den Unzulänglichkeiten des Daseins, Es ist ganz einfach die Künstlerseele, die gefangen im Bürgerlichen sitzt und sich hinaus in die Freiheit sehnt, aber nicht die Kraft hat, sich die Freiheit selbsttätig zu erringen. Das ist auch meine Meinung."[233]

Mann und Reuter verwechseln hier offenbar sich selbst und ihre Künstler-

230 Ebd., S. 390.

231 Ebd., S. 391.

232 Diesen Nachweis erhielt ich dankenswerterweise durch Matthias Marsch, Nachkomme der Familie Behmer-Reuter.

233 Gabriele Reuter, *VKzM*, S. 262.

identität mit derjenigen Agathes, deren Problem es doch war, einerseits zu sensibel, andererseits zu wenig offenkundig an Männern interessiert zu sein, um ihr großes Ziel: die bürgerliche Ehe und das Kind zu erringen.

Mit einem eleganten, großen Bogen gelingt es Mann daraufhin, die neue Protagonistin der Reuter, Liselotte von Reckling, als eine gereifte Agathe zu deklarieren, die mit der „Souveränität einer überlegenen Persönlichkeit“[234] ausgestattet wurde. Auch diese Einschätzung verkennt die Leidenstiefe der Gestalt, das mühevoll Erkämpfte, das der souveränen Haltung zugrunde liegt und das Mann und Reuter unendlich voneinander scheidet: Reuters Werk ist immer fast ausschließlich in ihrem eigenen Leben verwurzelt und davon in einem schmerzvollen Prozess abstrahiert – für Mann boten sich demgegenüber unendlich viele Quellen als Nährstoffe seiner Romane an.

Zurück zur Rezension: die Handlung des Romans wird vom Autor ohnehin als bekannt vorausgesetzt – Mann holt jetzt aus, um Reuter nicht nur als Schriftstellerin, sondern als Künstlerin zu loben, dies jedoch in deutlicher Unterscheidung zu männlichen Künstlerkollegen:

> „Gabriele Reuter ist vielleicht die souveränste Frau, die heute in Deutschland lebt: nicht weil sie die ‚emanzipierteste‘ wäre, sondern weil sie auch über die ‚Emanzipation‘ schon hinaus ist – von jeher darüber hinaus war, und zwar vermöge ihrer künstlerischen Weiblichkeit. […] Diese Frau hat vielleicht vor allen übrigen die Sendung des weiblichen Genies in der modernen Literatur erkannt, hat begriffen, dass unter denjenigen, die ein weibliches Kultur- und Kunstideal verehren und in der Kunst an das ‚Trauernder Liebe tiefstes Leiden‘ der Wotanstochter glauben, die künstlerische Frau einen Schritt voraus hat, dass die Frau als Künstlerin, sofern sie Geist genug besitzt, ihre Weiblichkeit zu pflegen und zu vertiefen, statt sie zu verleugnen, heute zu hohen Dingen berufen ist. Und *Liselotte von Reckling* ist eine Frucht dieser Erkenntnis.“[235]

Die dritte Verwandtschaft, die des bürgerlichen Herkommens, die er mit Reuter teilt, benennt Mann ebenfalls. Daraufhin skizziert er Szenen aus dem Roman, die ihm gemäß waren, weil sie eine der seinen verwandte Ironie aufwiesen, scheinheilige Verhaltens- und Denkweisen dekuvrierten oder in der Personenzeichnung ähnliche Schilderungen aufwiesen wie er sie gerne ausführte, so beispielsweise die frauenbewegte Akademikerin im Roman, Dr. Adelheid Runge. So viel Lob von Seiten des ehrgei-

234 Ebd., S. 393.
235 Ebd., S. 394.

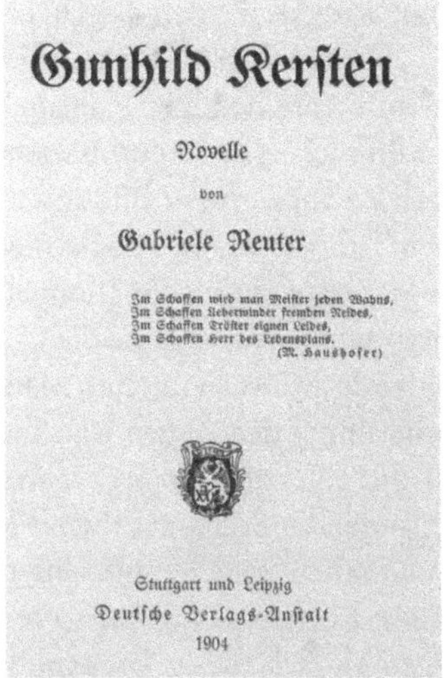

Gunhild Kersten

Novelle

von

Gabriele Reuter

Im Schaffen wird man Meister jeden Wahns,
Im Schaffen Ueberwinder fremden Neides,
Im Schaffen Tröster eignen Leides,
Im Schaffen Herr des Lebensplans.
(M. Haushofer)

Stuttgart und Leipzig
Deutsche Verlags-Anstalt
1904

Titelseite Gabriele Reuter, *Gunhild Kersten*

zigen jüngeren Dichters – da fehlt doch noch etwas giftige Kritik, möchte man meinen. So ganz von gleich zu gleich konnte er doch nicht mit Reuters Werk umgehen, er, Thomas Mann, Stilist reinsten Wassers. Auf der stilistischen Ebene ist daher seine Kritik auch angesiedelt, hier kreidet er ihr „Niedrigkeiten" an, Redewendungen wie „Was konnte sie machen?" oder: „Das regte sie auf."[236], bei gleichzeitigem Zugeständnis, dass Reuter prinzipiell das Repertoire beherrsche und sie ihn manchmal „an des alten Fontane kunstvolle Nonchalance" erinnere. Auch der resignativ wirkende Schluss des Romans überzeugt ihn nicht, ohne dass er ihm jedoch zuviel Bedeutung beimisst: Für Reuter sei dieser Schluss nur ein Punkt in der Semantik weitergehender künstlerischer Entwicklung.

Trotz der kritischen Passage zum Stil – gerade Reuter war ja angetreten als geborene Stilistin, sie musste eine solche Bemerkung treffen – war diese Rezension in der Berliner Tageszeitung Der Tag, die zwischen 1901 und 1934 erschien, sehr wertvoll für sie – und auch für Mann selbst.

Die literarische Beziehung zwischen Thomas Mann und Gabriele Reuter ging aber noch weiter. So sollte Mann viel später aus ihrer Autobiografie von 1921 (dazu auch aus Texten von Erwin Rohde und Paul Deussen) Passagen fast wortgetreu entlehnen, die er – wie immer ohne Quellenangaben – in seinen *Doktor Faustus* einbaute. Es handelt sich erneut um den Nietzsche-Kontext. In einer eindrucksvollen Synopse enthüllte diese

236 Ebd., S. 397.

Anverwandlung Helmut Kreuzer[237], der die Ursprungstexte neben den Mann-Text setzen ließ. Es war dies eine Mann ganz und gar vertraute Montage-Technik, die im Lichte heutiger Plagiatsdiskussionen fragwürdig erscheint, aber in zahlreichen außereuropäischen Kulturen und früheren Epochen geradezu Zeichen großer Bildung war und ist.
Adrian Leverkühn, den Thomas Mann an die Stelle Nietzsches gesetzt hat, werden also diese Texte gewidmet, die Thomas Mann aus den unterschiedlichsten Quellen in seiner Weise, ohne die Urheber zu nennen, collagiert hatte. Entscheidende Motive entlehnt Mann dem Text Reuters, insbesondere die Beschreibung der Augen und die Haltung der Hände Nietzsches, den Reuter mit einer alten in Stein gehauenen Grabfigur vergleicht. Aber als ästhetisierender Stilist überbietet Mann die holzschnittartige Lakonie der Reuter'schen Sprache mit seinen kunstvoll ziselierten Sätzen um ein Vielfaches. Könnte es für ihn so sein, dass seine Art der Würdigung von Kollegen einfach dieser Umgang mit ihren Texten war, dass er das Bedürfnis hatte, sie zu „optimieren" und dadurch in den Rang der ganz großen Literatur zu überführen? Fast ist man geneigt, dies anzunehmen. Reuter hat das Erscheinen des Romans *Doktor Faustus* 1947 nicht mehr erlebt.
Noch im gleichen Jahr 1904 erscheinen von Reuter die Novelle *Gunhild Kersten* und der Roman *Margaretes Mission. Gunhild Kersten* sei, so schreibt die Autorin im Vorwort, ein Jugendwerk aus dem Jahr 1891, und sie habe sich zur Veröffentlichung[238] entschlossen, weil es auch für den Leser von Interesse sein müsse, „solchem allmählichem Werden nachzugehen"[239], das im Vergleich mit den Werken der Reife zu erkennen sei. Die zurückhaltend klingende Äußerung zeugt freilich von großem künstlerischen Selbstbewusstsein, da sie seitens des Lesers ein Interesse am gesamten Werk einer sich für arriviert einschätzenden Autorin voraussetzt.
Es handelt sich bei der Novelle um einen weiblichen Bildungsroman: Gunhild Kersten ist eine junge Waise, die nach dem Tod ihres Vaters,

237 Helmut Kreuzer: *Thomas Mann und Gabriele Reuter. Zu einer Entlehnung für den „Doktor Faustus"*, in: Neue Deutsche Hefte; Beiträge zur europäischen Gegenwart, Bd. 10, 1963, S. 109–119.

238 Die Novelle erschien in der Deutschen Verlags-Anstalt (Stuttgart und Leipzig), und nicht wie damals durchgehend sonst, bei S. Fischer. Die Erstveröffentlichung erfolgte unmittelbar nach Abfassung in Westermanns illustrierte deutsche Monatshefte: ein Familienbuch für das gesamte geistige Leben der Gegenwart. Braunschweig, 1894, darin in den Heften Mai bis Juli jeweils ein Abschnitt: Mai, 1894, H. 452, S. 195–212: Teil 1; Juni, 1894, H. 453, S. 361–376: Teil 2; Juli, 1894, H. 454, S. 482–496: Teil 3.

239 Gabriele Reuter, *Gunhild Kersten*, Stuttgart und Leipzig 1904, S. 3.

eines musisch begabten Arztes, bei ihrer Großmutter auf dem Land aufwächst und sich in der Haushaltung nützlich macht, da ihr Vater ihr vor seinem Tod auferlegt hat, ihre eigenen musischen Neigungen zu unterdrücken. Diesem Gebot folgt sie zunächst. Ihre einzige Freude ist der Garten der Großmutter, in dem sie träumen und singen kann. Die Beschreibung samt dem artesischen Brunnen auf dem Grundstück lässt an die Situation im Haus an der Ohre in Neuhaldensleben erinnern, das nur wenig abgewandelt als ‚Hattersleben' hier auftaucht. Gunhilds schöne Singstimme wird von Frau Licht, einer geschiedenen Musiklehrerin, zufällig entdeckt. Diese begreift auch, wie einsam und traurig Gunhild ist und beschließt, ihr zu helfen. Ihre Lehre lautet gut-nietzscheanisch: „Lerne und arbeite! Schaffe!"[240] Nietzsches Theorie vom ‚Schaffen' war damals geeignet, auch Frauen eine Folie zu bieten, vor der sie sich selbst – nach ihren schon lange in den Status von Helden oder säkularen Heilsbringern versetzten männlichen Kollegen – sofern sie kreativ Schaffende waren, legitimieren konnten. Energievoll betreibt Frau Licht – als ‚Lichtbringerin', eine Art Mentorin – Gunhilds Protegierung bei ihrem Freund Udo Bracher, einem (jüdischen) Gesangsmeister und Komponisten. Nach einer weitgehend unausgelebten Liebe Gunhilds zu dem Bohemien Max Langewski, der sie verlässt, weil er sich in Amerika verwirklichen möchte, akzeptiert Gunhild nach einer neuerlichen Phase der Depression die Vorschläge, die Frau Licht für die Ausbildung ihrer Stimme macht.
Ausgangspunkt des Romans ist also eine ähnliche Situation wie in dem später abgefassten Werk *Aus guter Familie,* nur mit dem Unterschied, dass Gunhild durch eine plötzliche Wendung des Schicksals nicht länger eingeengt wird, sondern sich gemäß ihres künstlerischen Talents entfalten darf – die interessante Variante besteht hier in der Abwesenheit der die Seele, den Körper und den freien Willen verkrüppelnden Eltern, insbesondere des Vaters. Gunhild erhält ab sofort in der Residenzstadt, wo Bracher die Hofkapelle leitet, Gesangsstunden von ihm. Sie wird eine sehr gute Sängerin und feiert erste kleine Erfolge. Bracher – wie auch Langewski im Grunde – liebt Gunhild, die er im Sinne des Pygmalion-Musters[241] als sein Geschöpf ansieht. Er ist jedoch in einer Ehe gebun-

240 Ebd., S. 95, vgl. Friedrich Nietzsche, *Also sprach Zarathustra*, KSA 4, S. 258: „Nur zum Schaffen sollt ihr lernen!"

241 Pygmalion ist ein Bildhauer der Antike, der aufgrund schlechter Erfahrungen mit realen Frauen eine weibliche Statue geschaffen hat, in die er sich verliebt. Er betet, dass sie lebendig werden möge, und dieser Wunsch wird erfüllt. Zahlreiche literarische Adaptionen des Stoffs, so durch Rousseau, Eichendorff, Gottfried Keller und Goethe existieren. Die populärste Rezeption ist die auf George Bernard Shaws Text basierende Operette von Alan Jay Lerner *My fair Lady*, in

den und kann sich daher ebenso wenig wie der Bohemien für Gunhild entscheiden. Diese entflieht in einem weiteren Lernprozess der unerträglichen ‚ménage à trois', um einen nächsten Karriereschritt zu gehen: Während eines Aufenthalts in Paris erhält sie den letzten Schliff als Künstlerin und gewinnt über schwere Persönlichkeitskämpfe auch innere Selbständigkeit:

> „Sie war doch nur ein Mädchen und war schwach. Immer wieder streckte ihre Seele gleichsam Fühlfäden aus, um zu versuchen, ob sie nicht einen Ort fände, wo sie sich anklammern könne. Überall musste sie sich mit Schmerzensempfindungen wieder zurückziehen. Zuweilen dachte Gunhild, die fortwährende Willensanstrengung, sich allein aufrecht zu halten, erschöpfe unnötig ihre Kräfte. Doch war das nicht der Fall. Im Gegenteil. In dem fortwährenden stillen Kampf mit der freilich nicht mehr sehnsüchtigen als heftigen Leidenschaft ihres Lehrers war sie nach und nach stärker geworden, als sie es selbst wusste."[242]

Triumph folgt auf Triumph, und ihre Sehnsucht nach Langewski und die Freundschaft zu Bracher treten in den Hintergrund. Die Gefühlswelt sublimiert sie zugunsten ihrer Kunst:

> „In ihrem Beruf musste sie täglich die intimsten Empfindungen des Herzens kosten, während sie sie künstlerisch gestaltete. Längst hatte sie sich dadurch über die Schranken erhoben, die die Menschen sich für ihr Tun und Lassen gegenseitig ziehen. Moral war ihr: die Rechte der andern achten, indem sie die eignen wahrte."[243]

Auch die Beziehung zum toten Vater ist bei Gunhild eine emanzipierte. Beim Anblick eines Bilds von ihm empfindet sie Zärtlichkeit zu dem „blinden, ängstlichen, alten Mann" und fragt sich:

> „Ob etwas von ihm lebt und weiß, dass ich seiner nur würdig bleiben konnte, indem ich seine tote Hand von mir abschüttelte und allein stehen lernte? – Allein dem Riesen Leben gegenüber …"[244]

Gunhild ist eine wahre Jüngerin Nietzsches, den Reuter undifferenziert mit Zarathustra gleichsetzt wie viele der Leser_innen damals. Gleichzeitig wird Gunhild als eine säkulare Heilige dargestellt, sie verkörpert die einsam der Vervollkommnung ihrer Kunst lebende Frau.[245] Doch anders als die leidende Agathe ist Gunhild glücklich in dem Gefühl, einen Sieg

---

der der Linguist Prof. Higgins die ungebildete Eliza geistig neu erschafft, indem er sie zur Dame erzieht.

242 Ebd., S. 161 f.

243 Ebd., S.167 f.

244 Ebd., S. 168.

245 Ebd., S. 169.

über sich selbst errungen zu haben und dadurch ihrem Ziel näher gekommen zu sein:

> „Das Lächeln der Märtyrer, die die Folterwerkzeuge der Weltentsagung an ihr Herz drücken, konnte nicht friedlicher sein als das der Künstlerin, die nicht entsagt, sondern errungen hatte. In der warmen, stillen Luft und von den irrenden Sonnenstrahlen getroffen, begann ein Lorbeerkranz auf dem Tische zu duften."[246]

Dann eines Tages, nach einem neuerlichen Bühnenerfolg, stellt sich der einst geliebte Langewski bei ihr ein, gesteht ihr seine Liebe und begehrt sie zur Frau. Gunhild soll ihm ihren Beruf opfern, da er sie nicht der Kritik oder der Bewunderung eines anonymen Publikums preisgegeben wissen möchte. Gunhild, die zwar tief berührt ist, kann dieses Opfer jedoch nicht bringen und berichtet wahrheitsgemäß, dass sie sich einst, als sie ihn so sehr liebte und er sie verschmähte, sich seine Lehre zu eigen gemacht habe, dass der Ausbildung und dem Ausleben der eigenen Individualität jede Liebe zu opfern sei – auch dies ein Gedanke Nietzsches. Langewski muss eingestehen, dass sie sich ideal nach seiner Lehre gebildet hat. Dennoch kämpft er weiter um sie, die nun fast flehentlich bittet:

> „Laß mir mein eignes Leben! Laß mir meine Kunst! Es ist ja nicht der Erfolg! Das nicht! Es ist die heilige Schaffenslust! Das Entzücken am Gewordenen! Du kennst es doch auch! Du bist doch auch ein Schaffender! Wenn ich das vernichte um deinetwillen – das würde sich rächen! Es ist mein Bestes!"[247]

Noch ist der Geschlechterkampf, als den Reuter diese Begegnung eindrücklich schildert, nicht vorbei:

> „Es war nicht mehr wie Liebeswerben zwischen ihnen. Feinde, die einen alten Kampf austragen, standen sich gegenüber: Mann und Weib."[248]

Langewski ringt mit sich und bietet nun immerhin an, dass Gunhild, wäre sie seine Frau, immerhin im häuslichen Salon vor einem ausgewählten Kreis singen dürfe. Sie reagiert gleichgültig, sodass er schließlich geht, während sie lange am Fenster darüber sinniert, dass er es war, der ihr einst den Wert der Freiheit nahegebracht hatte. Ebenso wie später Agathe ist Gunhild unbeirrbar in ihrer Erkenntnis, lauter und konsequent. Doch anders als Agathe ist sie ein unabhängiger Mensch geworden, ein Mensch mit Beruf und Berufung, der sein eigenes Geld verdient und aufgeht in seiner Tätigkeit. Dennoch ist sie traurig – auch sie sehnt sich nach einem

246 Ebd.
247 Ebd., S. 177.
248 Ebd.

Mann, der sie von Grund auf verstehen würde. In Langewski glaubte sie einmal, diesen gefunden zu haben. Langewski nun darf anders als die allermeisten der Reuter'schen männlichen Figuren auch eine Entwicklung durchlaufen. Er setzt entsprechend seinen inneren Kampf fort. Sein Stolz, sein Bild von der Frau, seine Ansprüche müssen erst weichen, bevor es ihm gelingen darf, spät abends noch einmal bei der geliebten Frau zu erscheinen, nun als Gewandelter, als ein liebevoll Werbender, der einen Fehler gesteht und Gunhild jetzt bedingungslos bittet, seine Gefährtin zu werden. Im letzten Satz der Novelle konzediert die unabhängige Gunhild die bürgerliche Ehe mit Langewski.

In der Forschung ist diese Novelle bisher nur einmal in dem Sinne interpretiert worden, den ich ihr lebensgeschichtlich für Reuter gemäß dieser ersten Interpretation auch zuweisen möchte, nämlich als Selbstvergewisserung bei dem Versuch, sich gegen eine allmächtige Vater-Ordnung der Gesellschaft selbst neu zu erschaffen, in diesem Fall als Künstlerin: Es geht um ein in der Literatur vorweggenommenes Emanzipationskonzept, das dabei hilft, die reale Emanzipation post festum nachzuholen. Hierbei entwirft Reuter eine ‚Neue Frau', die, insofern sie Erfolg hat, naturgemäß auch einen ‚Neuen Mann' mit erschaffen musste,[249] wollte sie nicht allein bleiben.

Interessanterweise hat Reuter diesen Roman – ihn angesichts ihres Alters von 32 Jahren bei Erscheinen in Zeitschriftenform als Jugendwerk zu bezeichnen wäre doch verfehlt – nicht in ihrer Autobiografie aufgeführt, obwohl sie ihn 1904 nochmals veröffentlicht hatte. Dass die Autorin extrem mutig war bei ihrer literarischen Konstruktion eines sich der Künstlerin und Frau unterwerfenden Verliebten ist zeitgenössischen Rezensionen abzulesen. Da wird etwa von einer ‚Degradierung'[250] des Manns gesprochen.

Nachzuholen bleibt die Dechiffrierung der realen Vorbilder für die jeweiligen Männerfiguren in diesem Roman: Sicherlich spricht viel dafür, in Langewski den langjährigen Freund und Förderer John Henry Mackay zu sehen. Vor allem seine Position als Lehrmeister hinsichtlich der Freiheit (in Nachfolge Max Stirners und Nietzsches) entspricht vor allem dem, was die literarische Figur für Gunhild darstellt. Für Udo Bracher war offenbar der Verleger Samuel Fischer das Vorbild[251] – die Transponierung

---

249 Vgl. Cornelia Pechota Vuilleumier, *„O Vater, laß uns ziehn!": Literarische Vater-Töchter um 1900. Gabriele Reuter, Hedwig Dohm, Lou Andreas-Salomé*, Hildesheim/Zürich/New York 2005, S. 33.

250 Leo Greiner, (Rezension) *Gunhild Kersten*, in: Das Literarische Echo 7 (1904), S. 484.

251 Vgl. Pechota Vuilleumier, a. a. O., S. 139–143.

der Literaten in das Reich der Musiker war die notwendige Verschlüsselung für Reuter.

Auch *Margarethes Mission* erschien im selben Jahr 1904 in der Deutschen Verlags-Anstalt. Im Vergleich der beiden Werke schneidet das zuletzt verfasste viel schlechter ab: Seine unplausible Handlung kombiniert mit der jetzt schon überkommenen Struktur des Briefromans, die zahlreichen Klischees, dazu das exotische Ambiente Ägyptens und nicht zuletzt die Superioritätsgebärde der Europäer hinsichtlich anderer ‚Rassen'[252] haben vermutlich damals schon eher eine positive Aufnahme erschwert. Eine heutige Lektüre ist, anders als bei den meisten übrigen Werken Reuters, fast eine Zumutung.

Speziell das Ende des zweibändigen Romans ist von größter Trivialität: Die Heldin, in einem deutschen Stift zu einer ‚deutschen christlichen Jungfrau' erzogen, wird auf Wunsch ihres farbigen Stiefvaters (ihr weißer Vater, der in zweiter Ehe eine Ägypterin heiratete, ist einem Giftmord zum Opfer gefallen) von ihrer Oberin nach Ägypten geschickt. Nach den unwahrscheinlichsten Vorfällen (sie wird vom Stiefvater geschlagen, eingesperrt, durch eine Dienerin befreit und damit auch vor einer Ehe mit einem ungeliebten Mann bewahrt, schließlich von einem schweren Fieber durch einen Arzt geheilt, in den sie sich unstatthaft verliebt, denn er ist der uneheliche Vater des Kinds der kranken ägyptischen Prinzessin Gülzün, deren Gesellschafterin Margarete wird …) kommt es zum Happy-End: Margarete und der Arzt Dr. Rochus werden am Ende ein Paar! Die exotische Kulisse, der Autorin aus eigener Anschauung vertraut, ist das einzig Erwähnenswerte an diesem Roman.

Gabriele Reuter hatte in den Jahren bis zum Ersten Weltkrieg weiterhin eine besonders produktive Phase. 1907 erschien der erfolgreiche Roman *Der Amerikaner* (1907), die früher erschienenen Novellenbände, die ebenfalls unterschiedliche Beziehungskonstellationen und Probleme damaliger Frauen darstellen, seien nur am Rande erwähnt.[253] Ganz anders als der betuliche, noch im Stil des 19. Jahrhunderts verfasste Roman *Margaretes Mission* gelingt es Reuter in ihrem Roman, das Aufkommen einer neuen, durch den amerikanischen Stil gekennzeichneten Welt zu zeichnen: Die adligen Besitzer eines alten Ritterguts sind in Geldnöten. Ihre beiden Söhne sind so unterschiedlich wie nur möglich. Fritz, der Jüngere, ist in Amerika zuerst zu Geld gekommen, dann hat er es verloren und

252 Der Begriff „Rasse" wird zwar im Kontext des Romans und der damaligen Bedeutung verwendet, wird aber heute nicht mehr für die Unterscheidung verschiedener menschlicher Phänotypen benutzt.

253 *Frauenseelen*, Berlin 1901; *Wunderliche Liebe*, Berlin 1905.

taucht nun in der Heimat auf, um neue Geschäfte zu beginnen. Seine frühere Liebe Mimi wird den älteren Bruder August heiraten, doch die Cousine Hilde, die ganz unscheinbar im Hause von Onkel und Tante lebt und arbeitet, ist diejenige, die eine bedeutende Entwicklung vollziehen soll, die heimliche Hauptfigur. Sie entdeckt ihren Mut und Stolz, gesteht im Beisein der Fürstin des Kleinstaats und deren Entourage einen lange verheimlichten Fehltritt ihrer Jugend mit einem anderen Adligen aus der Gegend, entdeckt daraufhin keineswegs gedemütigt sondern entlastet ihre Lust auf das Abenteuer Amerika und vertraut sich im Bewusstsein, Altes, Abgelebtes lustvoll abgestreift zu haben, dem Glücksritter Fritz an. Nachdem er noch rasch die Zukunft des Ritterguts in moderne, vernünftige Bahnen gelenkt hat, bricht er mit ihr im Automobil nächtens auf, um in Amerika das wirklich moderne Leben zu führen.

Dieser sehr frisch geschriebene Roman weist ein neues Tempo und eine unverbrauchte, unsentimentale Sprache auf, alle Personen sind markant charakterisiert. Reuters Ironie, mit der sie die überkommenen Rituale und Sprachregeln der Adligen darstellt, machen die Lektüre sehr vergnüglich. Nicht ohne Grund ist dieses Buch jahrelang immer wieder neu aufgelegt worden, und es ist schade, dass es nicht in einer modernen Ausgabe erhältlich ist.

Gabriele Reuter veröffentlichte wie erwähnt ab 1907 immer wieder auch Aufsätze und kleine Bücher zu ‚Frauenfragen'. Ganz besonders interessierte sie die Institution der Ehe, der sie aufgrund ihrer eigenen Erfahrungen sehr kritisch gegenüberstand.[254] 1910 veröffentlichte sie *Die Erziehung des Mannes durch die Frau*[255], dann im selben Jahr *Die Erziehung zum Glück*[256], drei Jahre später *Suffragetten und das Frauenstimmrecht*[257] sowie 1914 die kleine Monografie *Liebe und Stimmrecht*[258]. Deutlich ist ihre Position in all diesen Fragen eine emanzipatorische, das weiterhin an Nietzsche orientierte Freiheitsideal wird klar formuliert, und Reuter setzt die Mutterschaft der Frau als ein quasi heiliges Gut: Sie fordert den ‚neuen Mann', der der ‚neuen Frau' an die Seite gestellt werden muss, die ihn sich zu einer Verehrung des Weiblichen zu erziehen habe:

„Es ist wahrhaftig an der Zeit, dass die deutsche Frau den Mann ihres

254 Gabriele Reuter, *Das Problem der Ehe*, o. O. 1907.

255 Gabriele Reuter, *Die Erziehung des Mannes durch die Frau*, in: Die neue Generation, Berlin 1910, Heft 1, S. 19–25.

256 Gabriele Reuter, *Die Erziehung zum Glück*, in: Nord und Süd, 32. Jg., Breslau 1910, S. 45–67.

257 Gabriele Reuter, *Suffragetten und das Frauenstimmrecht*, in: Die Woche, 15. Jg., Berlin 5.4.1913, S. 555–557.

258 Gabriele Reuter, *Liebe und Stimmrecht*, Berlin 1914 (53 Seiten).

> Volkes erziehe zu einem neuen Rittertum der Gesinnung gegen das Weib – ein Rittertum, welches sich immer wieder gründen wird auf die uralte ewige Heilighaltung und Verehrung der Mutterschaft, welcher er selbst das Leben dankt."[259]

Auch hinsichtlich des Glücks, das sie systematisch in Ethisches Glück, Geistesglück, Herzensglück und Sinnenglück aufteilt – wobei sie jedoch reklamiert, dass wahres Glück mit dem Ziel eines ‚reichen vollendeten Daseins' nur in Kombination aller Unterarten gedacht werden kann – fordert sie die Einbeziehung des Freiheitsbegriffs Nietzsche'scher Prägung, konstatiert aber gleichzeitig die Abwesenheit von Freiheit bei den meisten Menschen:

> „Ohne ein gutes Teil innerer Freiheit allen Lebenserscheinungen, aller Liebe und Leidenschaft, allen Sorgen und Schicksalsschlägen gegenüber ist kein dauerndes Glücksgefühl in der Seele möglich […]Wie wenig wahrhaft freie Menschen gibt es doch auch heute noch, wo so viel von Freiheit auf allen Gebieten die Rede ist. Kaum sind wir dem Konservativismus glücklich entronnen, so begeben wir uns unter die unbedingte Herrschaft der ‚Freigewordenen' und der Schlagworte des Tages! Wir wählen nicht unsere Freiheit, sondern ergeben uns blind der Freiheit der anderen. Wie tief sollten wir uns täglich das Nietzschewort zu Gemüte führen: es soll nicht heißen: Freiheit wovon, sondern Freiheit wozu! Unsere Freiheit sei die des reichen Menschen, der den Mut zu sich selber hat, der sich von keinem Konventionszwang beschränkt fühlen mag, dort zu wirken, zu schaffen, zu lieben, wo seine Kraft ihn hinlockt, sei es auch in ungewöhnlichsten Gebieten!"[260]

Konventionen, so Reuter, seien der Feind des wahren Glücks. Und weiter: Frauen sollten sich von Männern deren Konzentrationsfähigkeit abschauen und diese einüben, indem sie jeden Tag eine Stunde für sich verbringen, etwa bei einem Spaziergang und ruhigem Nachdenken. So sollten sie allmählich zu sich selbst kommen. Hinsichtlich des freundschaftlichen Verkehrs spricht sie davon, alle Familien-, Standes- und Rassevorurteile über Bord zu werfen und sich rein auf die innere Stimme, die Sympathie zu verlassen. Zuletzt urteilt sie über die Glücksfähigkeit der Deutschen recht ernüchternd und empfiehlt ihnen die Inspiration durch die glücksbegabteren keltischen oder romanischen Menschen. Der letzte Ratschlag des Aufsatzes gilt dem Verhältnis des Glücks zur Wahrheit. Reuter unterscheidet beim Umgang des Glückssuchers mit der Wahrheit den selbstreflexiven vom auf den Anderen gerichteten Umgang:

259 Gabriele Reuter, *Die Erziehung des Mannes durch die Frau*, S. 25.
260 Ebd., S. 54 f.

> „Das Verhältnis des Glücksuchers zur Wahrheit wäre kurz in die Formel zu fassen: sich dazu zu erziehen, selbst viel Wahrheit ertragen zu können, und im Verabreichen der Wahrheit an seine Nächsten vorsichtig, schonend, milde zu sein.“[261]

Reuters Haltung zum Frauenstimmrecht entspricht ihrer zurückhaltenden, eher an Wachstumsideen und organischer Entwicklung orientierten politischen Haltung, die revolutionäre und gewaltsame Aktionen, wie sie um 1913 in England durch die Suffragetten-Bewegung an der Tagesordnung waren, ausschließt. In diesem Sinne erkennt sie die Ausbildung und Berufstätigkeit von Mädchen und Frauen als notwendige Voraussetzung für einen mündigen Umgang mit dem Frauenwahlrecht:

> „Die Menge der deutschen Frauen und Mädchen will und muß sich durch eine lange, ernste und eifrige Berufstätigkeit, durch soziale Arbeit und soziale Pflichten im engeren Kreis der Gemeinde, der Schule, der Kirche, der Armenpflege und der Jugendgerichtsbarkeit langsam, sicher und gründlich für die immer intensivere Teilnahme am öffentlichen Leben heranbilden.“[262]

In der kleinen Monografie schließlich über *Liebe und Stimmrecht* von 1914 bestätigt Reuter erneut ihre jahrelange Forderung nach einer Höherentwicklung von Männern und Frauen und erteilt einem feministischen Zeitalter eine deutliche Absage:

> „Wir erstreben nicht ein feministisches Zeitalter an Stelle des maskulinen Zeitalters. Es geht bei der Erlangung des Frauenstimmrechts überhaupt nicht um Machtfragen, sondern um gemeinsame Entwicklungsfragen.“[263]

In den Jahren vor dem Ersten Weltkrieg kann Reuter mit einem weiteren Roman einen großen Erfolg erzielen, in dem sie erneut ein bis dato nie behandeltes Frauenthema behandelt:

In dem erwähnten Roman *Das Tränenhaus* von 1908 schildert sie im Rückblick das von ihr selbst mehr als zehn Jahre zuvor in Süddeutschland Erlebte:

Die geldgierige und gefühlskalte Hebamme Uffenbacher hat ledige schwangere junge Frauen aus allen sozialen Schichten und mit unterschiedlichen Schicksalen in ihrem Haus versammelt.

Die Schriftstellerin Cornelie Reimann erfährt in dem Geburtshaus die Wandlung von der unnahbaren, überlegenen Intellektuellen zu einer mitleidigen Frau, die in einem schmerzvollen Reifungsprozess erkennt, dass

---

261 Ebd., S. 64.

262 Gabriele Reuter, *Suffragetten und das Frauenstimmrecht*, S. 557.

263 Gabriele Reuter, *Liebe und Stimmrecht*, S. 50.

ledige Mütter allein durch ihr Schicksal und Ausgestoßensein über alle sozialen und Bildungsschranken hinweg miteinander verbunden sind und einander beistehen sollten. Reimann ist ein unverhohlenes Selbstporträt der Autorin: Sie praktiziert dieselbe ‚aristokratische' Distanzierung von als nicht gleichwertig empfundenen Frauen wie Reuter und sie hat ebenso wie diese die Neigung, schwere Persönlichkeitsprüfungen still mit sich selbst abzumachen. Wie Reuter hat sich Cornelie Reimann von ihrem einst heiß empfundenen christlichen Glauben abgekehrt.[264] Ebenso wie in dem späteren Buch ist Reuter auch hier eine scharfe Kritikerin der Ehe, die per se die Freiheit der Frau in Frage stelle.

Der zweite Reifungsprozess der Hauptfigur bezieht sich auf ihr Verhältnis zu dem Kindesvater, der sie allein ließ: Im *Tränenhaus* gibt sie mehr und mehr den bohrenden Hass gegen ihn auf und kann sich zu einem versöhnlichen Verständnis seines Freiheitsstrebens durchringen. Auch hier beobachtet man die an Nietzsche orientierte Betonung der Anerkennung individueller Freiheit, die von der Frau in einem schmerzvollen Kampf erst erworben werden muss. Gleichzeitig aber (und anders als bei Nietzsche) ist für Reuter dieser Erkenntnisprozess auch mit einem Überlegenheitsgefühl der Frau verbunden, die den Kindesvater als übermütigen Jungen (und damit ihr, der reifen Frau, unterlegen) bezeichnet und sich damit ihm gegenüber eine Mutterrolle zuweist. Der pflichtvergessene Mann wird regelrecht in Schutz genommen,[265] Ehe und Familie werden verworfen. Nietzsches Philosophie recht individuell verfremdend behauptet Reuter, die Ehepflichten ließen sich für die Frau nicht mit den Pflichten gegenüber sich selbst vereinigen, es müsse der zeitgenössischen Frau allein um ‚Vertiefung und Vervollkommnung' gehen. Cornelie Reimann ist daher aufgrund ihrer bereits erreichten Persönlichkeitsentwicklung in ihren Augen nicht mehr zur Ehe geeignet:

> „Gerade der hohe Begriff von menschlicher Freiheit und Selbstverantwortung, den sie in sich entwickelt hatte, und auf den sie stolz war, weil sie fühlte, dass er sie über die Mehrzahl der Frauen stellte, machte es ihr nun unmöglich, ihr ganzes Wesen in der Herrschbegier der Liebe zu konzentrieren."[266]

Mit einer solchen Position grenzt Reuter sich klar von der bürgerlichen Frauenbewegung ab, für die diese Institutionen unter bestimmten huma-

264 Vgl. Alimadad-Mensch, a. a. O., S. 171 ff.

265 Vgl. Annette Kliewer, *Gabriele Reuter*, in: Britta Jürgs (Hg.), *Denn da ist nichts mehr, wie es die Natur gewollt: Porträts von Künstlerinnen und Schriftstellerinnen um 1900*, Berlin 2001, S. 134.

266 Gabriele Reuter, *Das Tränenhaus*, Berlin 1908, S. 138.

Telephon: Amt VI, No. 1904.

Berliner Litterar. Auskunfts-Bureau

von

C. Freyer

Berlin S.W. 48, Wilhelm-Straße Nr. 127.

Begründet im Jahre 1885.

Paris – London – New-York.

Ausschnitt

aus folgender Zeitung bezw. Zeitschrift:

Neue Freie Presse (Wien)

№ vom 31 Okt.

Feuilleton.

Eine Nietzsche-Büste.

„Die Nietzsche-Büste geht jetzt nach Wien zur Secession," sagte der Bildhauer Kruse neulich. „Bin neugierig, was die Wiener dazu sagen werden," dachte ich bei mir. Es wird jetzt so viel geschrieben und geredet über „das Wienerische" und über „das Norddeutsche", und daß Beides sich nun einmal gar nicht verstehen könne, und so ist es ja wol möglich, daß dem Wiener dieses Werk, in dem der Nietzsche so recht von einer herben, grüblerischen und feierlichen norddeutschen Natur geschaut und durch eine solche wiedergegeben ist, sehr fremd vorkommen wird. Aber vielleicht reizt ihn auch gerade das Fremde und Merkwürdige: einen Menschen aus unserer Zeit so als Seher gewaltiger Ewigkeitsgedanken dargestellt zu finden . . . die Auffassung des Künstlers, der die Quintessenz von Nietzsche's Wesen im Zarathustra begreift und in dem Immoralisten und Antichristen den Priester neuer, starker religiöser Gefühle erkennt, dessen Augen aus tiefen Höhlen unter dem Dache mächtig vorspringender Brauen mit geisterhaftem Blick in die Tiefen der Dinge schauen — hinab in die Regionen, da Qual und Lust nur Eins noch sind — der in dem harten und unerbittlichen Wahrheitsucher den schmerzdurchwühlten Idealisten liebt, dessen gedankenzerarbeitete Stirn felsenkühn aufsteigt, von dem emporstrebenden Haar wie von einer Flamme gekrönt.

. . . Es ist nun drei Jahre her, daß ich Max Kruse kennen lernte, in München, im Hause Ernst v. Wolzogen's. Ich ging in kühler, früher Herbstdämmerung am Gartenzaun vorüber, wurde freundschaftlich hereingerufen, und es folgte einer jener Abende, über denen ein glücklicher Zufall waltet, der eigenartige Gegensätze zusammenführt und uns dadurch Eindrücke und Anregungen zu mancherlei Gedanken gibt, die lange fortwirken. Außer dem großen, breitschultrigen, rothbärtigen, etwas schwerfälligen Kruse war auch ein feiner, zierlicher Oesterreicher da, Franz Adamus, der Verfasser der vielverbotenen „Familie Wawroch", damals in der glücklichsten Zeit eines jungen Dichters, der eben sein Werk beendet hat und tausend Hoffnungen daraus hervorblühen sieht, die noch kein Frosthauch getroffen, keine unbarmherzige Kritik zerschlagen hat. Er sagte liebenswürdige, zarte Dinge, und es muthete mich seltsam an, daß Wolzogen, der mit seiner geistigen Vielerfahrenheit, die sich überall daheim fühlt, das Verbindungsglied zwischen beiden so grundverschiedenen Männertypen bildete, uns von Adamus verrieth, er habe eine blutig-realistische Tragödie geschrieben. Eher hätte ich aus dem Gesichte von Kruse die Witterung für die Unerbittlichkeiten und die verborgene Tragik des Lebens herausgelesen. Er kam von Weimar, hatte dort den kranken Philosophen modellirt. Hatte wochenlang dagesessen, den feuchten Thon zwischen den Fingern, allein und schweigend, in Lebensträume versunken, dem schweigenden, im Todestraum versinkenden Heroen gegenüber.

Ich sah das Alles vor mir, sah, wie ab und zu die feierliche Stille unterbrochen wurde und die Schwester des Kranken hereinflatterte, mit ihrer jugendlichen Beweglichkeit, ihrem Uebermaß an Gefühl und Begeisterung, immer beschäftigt mit tausend Angelegenheiten, sehr weltlichen und sehr erhabenen bunt durcheinander, die Augen von Thränen überfließend, und dabei schon wieder um den Mund ein kleines, plauderhaftes Lächeln, in der Hand ein goldenes Angelrüthchen — ach nein — . . . es war Zarathustra, der das goldene Angelrüthchen in der Hand des Lebens sah — ehe es Abend für ihn wurde.

Und während seine Schwester in liebevoller Vielgeschäftigkeit und Klugheit für die Ausbreitung seines Ruhmes auf Erden sorgte, saß Zarathustra in seinem Stuhl oder lag auf seinem Ruhelager, still und gleichgültig, Stunde um Stunde, Woche um Woche, Jahr um Jahr — die schönen, schlanken, weißen Hände über der Brust gekreuzt, zuweilen unter dem Schnauzbart, der zu märchenhafter Größe heranwuchs, undeutliche Laute murmelnd.

So durfte ich ihn einst schauen, wenige Minuten nur! Und als ich eintrat, ihm gegenüberstand, ergriffen von der Größe des gefällten Riesen, traf mich aus den tiefen Augenhöhlen ein Blick — kaum eine Secunde währte dieser Blick, der die fremde Erscheinung fixirte, dann glitt die Pupille müde unter das Lid, nur ein Streifen Weiß blieb sichtbar — der Funke war wieder erloschen . . . Mir aber war der Athem vergangen unter der Macht und dem schaurigen Geheimniß dieses Blickes aus den tiefen Augenhöhlen.

Als ich später die Nietzsche-Büste von Max Kruse sah, erschütterte mich derselbe Eindruck.

Es gibt eine autobiographische Skizze von Friedrich Nietzsche, die zarte Pietät mit Recht dem grellen und kalten Licht der Oeffentlichkeit vorenthält. An sie mußte ich denken. Wie aus diesem „Ecce homo" der kranke Wahn uns anblickt und doch aus dem Wahn heraus eine unerhörte Offenbarung gegeben wird von dem dionysischen Rausch des Schaffenden, in dem er sich als Gott fühlt und Gott wird, weil er schafft. Wir wägen heute so viel, mißtrauisch und nüchtern, wo das Normale beginnt und aufhört . . . Die Weisheit der Alten und die Nachdenklichkeit der Orientalen verehrt im Stammeln und in der Verzückung des Wahnsinns die tiefe Offenbarung des Göttlichen, das über den alltäglichen Verstand hinauswächst in unbegreifliche Höhen und dunkle Tiefen. Wir sind heute klüger und gewandter in tausend Lebensdingen geworden als die Alten und die verträumten Inder und Orientalen — aber das Beste, was unsere Seelen nährt, stammt doch aus jenen Zeiten und von jenen Völkern, denen der Wahnsinn heilig war und ist.

. . . Kruse begreift sehr stark das Mystische in Nietzsche's Natur, das ja während der kritischen Geistesarbeit seines Lebens in den Hintergrund trat, aber doch immer wieder hervorbrach, stärker und stärker, je näher es dem Ende zuging. Er gibt in seiner Büste nicht die kranke Hülle des im Kampf zerbrochenen Menschen, sondern in der Form des Nietzsche-Kopfes die Idee des

Gabriele Reuters Artikel *Eine Nietzsche-Büste*, Klassik Stiftung Weimar, Goethe- und Schiller-Archiv

Max und Käthe Kruse

nen Bedingungen durchaus akzeptabel waren. Helene Lange, sonst eine Befürworterin von Reuters Schaffen, urteilte vom *Tränenhaus* gar, es sei ein durch ‚unreifen Radikalismus' gekennzeichnetes Buch.[267] Auch Victor Klemperer hatte, wie erwähnt, an Reuters Wandlung hin zum Subjektivismus bzw. zur Décadence-Literatur Anstoß genommen, wohingegen er ihre frühen Romane bis 1898 als die Werke einer ‚Seelenmalerin' und ‚Kulturschilderin' ansah.[268]

Das Tränenhaus erneuerte den Erfolg Reuters noch einmal durch die schockierenden selbst erlebten Wahrheiten und das erstmalige Aufgreifen eines Tabuthemas, die uneheliche Mutterschaft, die unter teils unwürdigen Bedingungen abseits der Gesellschaft von Frauen aller Gesellschafts- und Bildungsschichten erlitten wurde. Das Buch forderte Kritiker unterschiedlicher Geisteshaltungen zu erschrockenen Reaktionen heraus ob der ‚Unverhülltheit' der Darstellung.[269]

Insgesamt kann man den Roman, wie es schon geschehen ist, gewissermaßen als Fortsetzung des Hauptwerks *Aus guter Familie* auffassen. Der wesentliche Unterschied ist die erheblich stärkere subjektive Ausformung der Hauptfigur, eine Tendenz, die Reuters Werke nach der Jahrhundertwende insgesamt kennzeichnen.[270]

Unstrittig ist, dass die ästhetischen Qualitäten aller nach *Aus guter Familie* erschienenen Werke Reuters nicht an die des Hauptwerks heran-

267 Vgl. Karin Tebben, *Psychologie und Gesellschaftskritik:* Angaben vgl. Fußnote 1, S. 277.

268 Victor Klemperer, *Gabriele Reuter*, in: Westermann's Illustrierte Deutsche Monatshefte, Braunschweig, S. 866–874.

269 Ebd., S. 173.

270 Ebd., S. 169 f.

Gabriele Reuter.

Geschichte einer Jugend.

Von
Anselma Heine.

Für jeden Menschen gibt es ein Alter, das ihm ganz besonders gemäß ist, in dem seine Sonder-Eigenschaften am glücklichsten blühen. Bei den meisten bedeutet ihre Jugend diesen Höhepunkt. Und namentlich Künstler sind häufig die Opfer ihrer Jugendwerke, die ihnen als lästige Mahner, fast Feinde ihr ganzes übriges Werk entwerten. Sich selber wieder zu erreichen, ist der aufreibende und fruchtlose Kampf all der jung Ueberlebten, die wie Bambuspflanzen jäh in die Höhe hineinschossen und nun hohl und unfruchtbar stehen.

Bei Menschen und Dichtern aber wie Gabriele Reuter, deren Werk Reiz und Wert entnimmt aus langsam Gereiftem, Tiefselbsterfahrenem, ist der eigentliche Höhepunkt ihres Schaffens kein jäh aufsteigender Gipfel mit jähem Absturz, sondern ein breites, kultiviertes Hochplateau mit Ruhewiesen und Sonne in klarer, reiner Luft.

Aus dieser Region sanfter hoher Klarheit stammt auch das Buch, das die Dichterin uns in diesem Jahre auf den Weihnachtstisch gelegt hat: Ihre Entwicklungsgeschichte. „Vom Kinde zum Menschen“ nennt sie es (Verlag S. Fischer). Aber die fünfhundert Seiten des Bandes geben viel mehr als nur „die Geschichte meiner Jugend“, wie sie im Untertitel ankündigt. Nicht das damalige Kind und junge Mädchen spiegelt in sich ihre Umgebung wider, sondern die erfahrene, kluge Frau von heute beleuchtet sie für uns. So ist ein Werk entstanden, das Zeugnis bringt von einer ganzen Kulturschicht der letzten Jahrzehnte.

Gabriele Reuter beginnt mit der Schilderung ihrer Vorfahren von Vaters und Mutters Seite. Und sie selbst verfolgt mit ihrem verständigen Urteil, das ihr dichterisches Talent mit intuitiver Spürkraft versorgt, das Resultat all der krausen Mischungen und Bindungen in ihrem eignen Wesen. Im übrigen aber plaudert sie. Ihr trockner und doch so herzlicher Humor dringt überall durch. Viel Leid hat sie zu berichten, schlimme Schicksalswendungen, tragische Gebundenheiten für eine Seele, die von je nach Wahrheit verlangte und sich oft mit Wirklichkeit zu begnügen hatte. Das Talent der Dichterin, komplizierte Charaktere zu sehen und zu schildern, kommt hier vielfältig zur Geltung. Namentlich ihre Tante und Freundin Elisabeth Behmer, Gattin und Mutter von Malern, ein sehr aufreizendes Element in der durchaus feudal und dazu pietistisch gerichteten Verwandten der Nathusius — namentlich diese Figur ist ein kleines Kabinettstück von Charakteristik inmitten des verblüffenden Reichtums bunter und grauer Familienporträte.

Und vielfältig wie die Menschen sind Milieus und Ereignisse. Aegypten, Dessau, Weimar, München, Berlin, die Bergwelt, der Verlust eines gesicherten Daseins nach dem Tode des geliebten und begabten Vaters, Gutsleben, Jugendfreuden und Jugendschmerzen. Wo man eine neue Seite aufschlägt, scheint neue Farbe, neue Luft zu herrschen. Unterirdisch aber und immer brausender fließt der tiefgebettete Strom eines Talents, das, immer wieder durch Familienrücksichten, tägliche Sorgen und Kümmernisse zugeschüttet, sich endlich dennoch Bahn bricht und nun Gabriele Reuters Schicksal auf seinem Rücken trägt. Lichtbilder, Porträte und Landschaften, dem Buche beigegeben, wären fast nicht nötig gewesen, so deutlich wissen wir, wenn wir das Buch gelesen haben, Bescheid in den Personen, Orten und Stimmungen dieses äußerlich ziemlich eng begrenzten Jugendlebens.

Man legt das Buch mit tiefem Respekt aus der Hand. Nicht weil es eine Fülle feinster Beobachtung, Erfahrung und Klugheit zeigt; nicht weil es von schmerzlichen Opfern spricht, die die sehnsüchtige junge Gabriele ihren Pflichten und den Anschauungen ihrer Familie darbringt — vor allem wegen der bei Künstlern ach so sehr, sehr seltenen weisen Bescheidung, die die Dichterin sich selber gegenüber übt und die aus der tiefen Ehrlichkeit und dem Reinlichkeitsbedürfnis ihrer Natur herstammt. Trotzdem sie persönlich mit den Literatur-Revolutionären der damaligen Zeit bekannt und befreundet bleibt (Mackay, M. G. Conrad, Gumppenberg) empfindet sie doch deutlich: Für mich ist all das kein künstlerisches Motiv, was die da besingen: die rote Leidenschaft für Kellnerinnen, die Verachtung jeder Pietät. Ja selbst das Leiden des Proletariats, das sie nicht kannte, rührte nicht an ihr eignes künstlerisches Gefühl. „Und plötzlich wußt' ich, wozu ich auf der Welt war: zu künden, was Mädchen und Frauen schweigend litten.“ Die stumme Tragik des Alltags wollte sie künden. So entstand das Buch „Aus guter Familie“, das ihr den entscheidenden Erfolg brachte. Denn Gabriele Reuter hatte dem jungen Mädchen Stimme gegeben. Mehr als das, sie hatte ihm recht eigentlich erst die Erkenntnis ihrer unwürdigen und unfruchtbaren Gefangenschaft verschafft.

Später hat Gabriele Reuter die Frau in allen Phasen ihres Daseins dichterisch begleitet, weisend, zuratend und mahnend. Ihre Mittel sind immer die gleichen geblieben, sind nüchterne Beobachtung, Sinn für Reinheit und Größe und ein nie versagender Humor. Vor allem aber eine Wärme der Teilnahme, die wohltut. Man fühlt: Es spricht eine, die mit- und vorerlebt hat, was die andern leiden. In ihrem „Tränenhaus“, das das Martyrium der unehelichen Mutter schildert, spricht sie es wörtlich aus, daß gerade sie sich berufen fühle, dem Worte zu geben, was so viele stumm und ohne Selbstgefühl erdulden. Daß es ihre beste Aufgabe sei, ihnen zu helfen. So hat Gabriele Reuter immer ihr Menschliches höher gewertet als ein artistisches Schaffen. Das L'art pour l'art-tum ist ihrem Schaffen fremd geblieben. Niemals hat sie vornehm die Wichtigkeit des Inhalts für ein Werk abstreiten mögen. Das Was ist ihr oft — gegen die Theorien ihrer Zeit — wichtiger gewesen als das Wie. Und sie hat sich, gerade so wie sie ist und schreibt — unzählige Frauenherzen erobert. Teilgewonnen an Schicksalen, für die vielleicht eines ihrer Werke entscheidend wurde.

Wir alle wissen, wie groß die Freude des Schriftstellers ist, der fühlt, daß er nicht mehr nur Gaukler, sondern Erzieher und Führer geworden ist; ein Rädchen mit am gewaltigen Schicksalswagen. Auch Gabriele Reuters neues Buch wird ihr diese schönste aller Dichterfreuden bringen.

Rezension der Autobiografie Gabriele Reuters *Vom Kinde zum Menschen*

reichen: Daran mag vor allem auch die wesentlich raschere Abfassung der Folgebücher einen Anteil gehabt haben.

Bis zum Ausbruch des Ersten Weltkriegs folgten für Reuter noch weitere Werke, der Novellenband *Sanfte Herzen* (1909) sowie *Frühlingstaumel* (1911).

Reuters Leben als Schriftstellerin, alleinerziehende Mutter und Person des gesellschaftlichen wie sozialen und kulturellen Lebens mit all den Verpflichtungen, die dieses mit sich bringt, schildert wahrscheinlich realitätsnah und mit Reuter'scher Ironie der Beginn der Novelle aus dem früheren Band mit dem Titel *Der stille Morgen*:

> „Frau Lenore hatte schon am Abend zuvor einen Stoß kleiner Briefe abgesandt. Sie wollte sich durchaus ein paar ruhige Stunden erobern, denn schließlich – man muß doch irgendwann einmal nachdenken, wenn man etwas machen will, das Anspruch darauf haben soll, ein Kunstwerk genannt zu werden – ein Kunstwerk für ein paar Menschen.
> Mit etwas Gewissenszweifeln verzichtete sie endgültig darauf, der so wichtigen Generalversammlung, zwecks Fusionierung der Gesellschaft zur Gründung von Jugendheimen und der Krippenvereine, beizuwohnen, obschon sie sicher war, dadurch der gegnerischen Partei zu leichterem Siege zu verhelfen. Sie hatte auch abgelehnt, eine Vorbesprechung zu leiten, die einer unentgeltlichen Verteilung von Reformkleidern an Ladnerinnen die Wege bahnen sollte, hatte zwei junge Freundinnen mit Billetts zu einer Premiere beglückt, und die Turnlehrerin ihres Töchterchens desgleichen mit der Karte zu einem Vortrag des Doktor Breitschneider über den sittlichen Wert der harmonischen Farbentönung von Schulklassen. Leider schrieb Professor Breitschneider auch literarische Kritiken und würde sie die Interesselosigkeit gegen seine Bestrebungen bitter entgelten lassen – indessen, was half dieses Bedenken?“[271]

Zu den Berliner Freunden der Schriftstellerin gehörte auch der Bildhauer Max Kruse (1854–1942). Ihn hatte Reuter schon 1898 im Hause Ernst von Wolzogens kennengelernt. Max Kruse hatte danach in Weimar eine Büste des kranken Friedrich Nietzsche modelliert, die Reuter erschütternd ähnlich fand und die sie in einem Artikel beschrieb.[272] Kruse lebte ab 1902 in Berlin mit der Schauspielerin Katharina Simon zusammen und hatte mit ihr drei Töchter, bevor er sie 1909 heiratete. Als Käthe Kruse entwickelte sich Simon zu der berühmtesten deutschen Puppenmacherin. Sicherlich war es neben der Bewunderung des Künstlers Kruse auf Seiten Reuters auch die zunächst sehr vergleichbare unkonventionelle Beziehungsstruktur des Paars, die Reuter vermittelte, dass diese Menschen sie verstanden. Auch der Umzug des Paars nach Bad Kösen 1912, wo Käthe Kruse ihre Puppenmanufaktur gründete, beendete die Freundschaft nicht.

Auch während des Ersten Weltkriegs veröffentlichte Reuter unverdrossen weiter: Die Werke *Ins neue Land* (1916), *Die Jugend eines Idealisten* (1917) und *Die Herrin* (1918) erschienen. Sie wirken seicht und sowohl wenig reflektiert wie durchgearbeitet. Geradezu katastrophal ist der Missgriff

271 Gabriele Reuter, *Sanfte Herzen*, Berlin 1909, S. 215.

272 Gabriele Reuter, *Eine Nietzsche-Büste*, in: Neue Freie Presse, Wien, 31.10.1901.

Gabriele Reuter, *Die Deutsche Jüdin*, Faksimile der Handschrift, Seite 1

der Autorin mit der Jugendgeschichte *Was Helmut in Deutschland erlebt*[273]. Hier geht es um den 15 Jahre alten Helmut, der in Brasilien aufgewachsen ist und bei Kriegsbeginn mit den Eltern nach Deutschland zurückkehrt. Er ist begeistert für sein vorher nicht gekanntes Vaterland und will, als der Vater als Soldat einberufen wird, diesem folgen, was ihm wegen seiner Minderjährigkeit abgeschlagen wird. Heimlich verdient Helmut sich Geld für eine Zugfahrt an die Front, wo er den Vater suchen will. Nach zahlreichen erfolgreich gemeisterten Herausforderungen (er wird als Spion verhaftet, dann rettet er die Kompanie des Vaters, die er endlich findet), erhält er, zurück in Berlin, das Eiserne Kreuz. Der Versuch, die Kriegsbegeisterung mittels poetischer Naturschilderungen zu verherrlichen und zu überhöhen, ist peinlich für heutige Leser, doch muss die allgemeine Stimmung wohl derartiges Schrifttum auch noch 1917 zumindest als veröffentlichenswert angesehen haben.

In *Die Herrin* versucht Gabriele Reuter noch einmal, ein Gesellschaftspanorama zu zeichnen. Diesmal geht es am Beispiel der Familiengeschichte der hexenhaften, machtgierigen, reichen Baronin von Dottum-Elend, die zwei ihrer Söhne in den Selbstmord getrieben hat und auch über ihren Enkel und dessen Ehe mit Herta, der Hauptfigur, verfügen will, um den Gegensatz von Jugend und Alter, von Tradition und Moderne, von Volk und Adel: Reuter, die gern auch die Welt der Dienstboten als gleichberechtigt und verkannt zeichnet, gelingen zwar sehr gute Personenzeichnungen, aber die Handlung wie die Sprache lassen eher an einen Trivialroman denken. Reuter hat zu diesem Zeitpunkt den Anschluss an die nach dem Ersten Weltkrieg radikal veränderte Welt und die Notwendigkeit, diese auch in einer neuen Weise zu beschreiben, verloren. Lediglich ihre beiden autobiografisch bzw. familiengeschichtlich orientierten Werke sind hier auszuklammern.[274]

Insofern ist auch ihre Autobiografie, die hier ausführlich zu Wort gekommen ist, in der Presse sehr gut aufgenommen worden.

Hervorgehoben werden aus den bis 1930 folgenden Büchern sollen noch zwei weitere: *Großstadtmädel* von 1920 und *Töchter. Der Roman zweier Generationen* von 1927. *Großstadtmädel* ist erneut ein Jugendbuch, das Reuter im Berliner Ullstein Verlag veröffentlicht. Reuter widmet es ihrer Tochter Lili, die zum Zeitpunkt des Erscheinens eine junge verheiratete

273 Gabriele Reuter, *Was Helmut in Deutschland erlebt*, Gotha 1917.

274 Gemeint ist das zu Beginn ausführlich kommentierte Werk *Vom Kinde zum Menschen. Die Geschichte meiner Jugend* sowie das letzte selbständige Buch Reuters, *Grüne Ranken um alte Bilder*, Berlin 1921.

Frau ist.[275] Sie hat Pate gestanden zuerst für das Kind, dann die jugendliche Nelli, deren fantasievolle, später ernste und realistische Wesensart. Menschenliebe, Gottvertrauen und Verständnis für die Mitmenschen über die sozialen Grenzen hinweg sind die Werte, die das Buch vermitteln möchte. Angesiedelt ist es in der Zeit vor dem Ersten Weltkrieg, als die Russische Revolution von 1905 nachhallte und das Kaisertum in Deutschland noch prosperierte. Handlungsort ist das bunt gemischte Soziotop eines Berliner Hauses mit zahlreichen Höfen, wo Künstlerboheme und tragisches Schicksal aufeinanderstoßen. Hier gelangt Nelli zu der für sie wichtigen Einsicht, dass sie sich zur sozialen Arbeit berufen fühlt. Leonore Lambert, die alleinstehende Mutter Nellys, erzieht zusätzlich Chiquità Lambert, ihre Nichte aus Südamerika: wiederum handelt es sich um die fast haargenaue Umsetzung der biografischen Situation Reuters, die 1908 die Nichte Lucy Irene Reuter, Tochter ihres nach Argentinien ausgewanderten Bruders Thomas, in den Haushalt aufnahm. Diese war 1901 geboren und somit vier Jahre jünger als Lily.

1927 veröffentlichte Reuter den ersten Teil dieses Jugendbuchs erneut, diesmal unter dem Titel *Das Haus in der Antoniuskirchstraße*.[276]

Politisch hat sich Reuter auch in den 1920er Jahren nie in einer politischen Partei betätigt, maximal veröffentlichte sie Aufsätze, die ihre politische Haltung deutlich machten: Sie war gegen den Versailler Vertrag, warb für die Völkerverständigung und unterstützte mit Artikeln dieser Inhalte Friedrich Naumanns Demokratische Partei – angesichts ihrer sonstigen Zurückhaltung war dies ein überraschendes, ja mutiges Bekenntnis. Am deutlichsten ist jedoch ihre schon früh kritische Haltung dem Antisemitismus und dem Nationalsozialismus gegenüber. In all ihren Lebensphasen und an allen Lebensorten, in Weimar, München und Berlin war sie mit zahlreichen jüdischen Persönlichkeiten befreundet, darunter war Walter Rathenau (1867–1922) der bekannteste.[277]

In diesem Zusammenhang erwähnenswert ist ein unveröffentlichter handschriftlicher Text der Autorin, der vermutlich auf die Jahre 1914–18 zu datieren ist. Er trägt den Titel *Die deutsche Jüdin*[278] und beweist, dass Reuter von den zahlreichen begabten und schönen Jüdinnen, die sie in

275 Lily Reuter hatte 1918 den Berliner Maler Johannes Avenarius (1887–1954) geheiratet, einen Freund Gerhard Hauptmanns. Das gemeinsame Kind wird 1919 geboren, stirbt jedoch nach wenigen Wochen. Darüber kam es bei dem Paar zu einer Krise. 1922 erfolgte die Scheidung.

276 Auch dieser Name ist eine wenig verhüllte Camouflage der Berliner Adresse Ludwigkirchstraße der Reuter in Wilmersdorf.

277 Vgl. diesen Zusammenhang bei Hubert Amft, a. a. O., S.162 f.

278 GSA Weimar, Bestand Reuter, Sign. 112/113, *Die deutsche Jüdin,* 18 Seiten.

der Bibel, der deutschen Geschichte und ihrer eigenen Erlebniswelt kennengelernt hatte, fasziniert war und zeigt, wie sie versuchte, dem Phänomen durch objektive Darstellung beizukommen. Sie konstatiert wesentliche Mentalitäts-Unterschiede auch zwischen assimilierten jüdischen Frauen und Mädchen und ‚rein deutschen Mädchen'. Hier beschreibt sie etwa die nervöse rastlose Geistestätigkeit jüdischer Mädchen, ihre große Kulturverbundenheit und Eleganz und hofft am Ende, dass eine noch größere Identifikation der jüdischen Bevölkerung mit Deutschland über die Kriegsteilnahme das positive Ergebnis wäre. Sicherlich ist der Grund für die Nichtveröffentlichung das Unfertige dieses Texts, seine letztlich zu schwammige Zielrichtung, die weder politisch noch unpolitisch ist, aber wie oft bei Reuter großes Pathos aufweist.

In den letzten Berliner Jahren Reuters erscheint 1927 der erwähnte Roman *Töchter*, der noch einmal ihr Bestreben zeigt, die moderne Zeit einzubinden: Dorothee Cardenius, Witwe eines Professors der Archäologie, hat zwei Töchter, die lang aufgeschossene aktive Petra und die sehr schöne, aber passive jüngere Helge. Wie immer bei Reuter sind die männlichen Figuren nicht zentral, es geht um die Frauen, wenngleich die männlichen Figuren deren Schicksal zumeist entscheiden. Hier erfolgt eine Variation: Die lesbische Tänzerin Lona Leszinska verliebt sich in Helge und verursacht deren Tod bei einer rasenden Autofahrt. Sie sühnt ihre Tat durch Selbstmord. Die veränderte Sexualmoral, die unterschiedlichen Horizonte der beiden Töchter, die im Grunde nichts miteinander gemein haben, die alltäglichen Reibungen, die durch die Ansprüche der Mutter und die gegensätzlichen Bestrebungen der Töchter entstehen, sind aus heutiger Perspektive zwar kulturgeschichtlich interessant, da hier eine Zeitenwende über die Erziehungsfrage beschrieben wird, doch verharrt auch dieser Roman zu oft in der reinen Sentimentalität und leidet unter der zu stark an der Realität entlang geschriebenen Perspektive, die nicht zur künstlerischen Durchformung vorgedrungen ist.

Immer wieder begegnen wir bei Reuter dem Typus der hochgewachsenen jungen, schönen, sensitiven und intelligenten Frau. Lange war es die Künstlerin, nun kippt dieses Schema. Die neuen Frauen sehen zwar so aus wie vorher, vielleicht sind sie noch schöner, gestählter durch Turnstunden, aber: Sie sind desinteressiert an der Frauenemanzipation, um die die Müttergeneration so gerungen hatte. Die jungen Frauen wollen weder studieren, noch Macht erlangen und interessante Berufe ausüben, sie wollen Spaß, sie wollen wieder heiraten (Petra), oder sie sind so kraftlos, dass sie gar nichts wollen (Helge). Es sind gewiss erneut die eigenen Erfahrungen mit den beiden Mädchen im Haus, die Reuter dieses letztlich sehr ernüchternde Resümee ihrer Erziehungsbemühungen ziehen lassen:

> „‚Ich habe wohl manches falsch angegriffen in eurer Erziehung – welche Mutter tappt nicht hundertmal im Dunklen, wo sie im hellen Licht der Weisheit handeln sollte! Es bleibt uns nichts weiter übrig, als demutsvoll zu erkennen, dass die jungen Pflanzen wachsen, wie Gott es will, nicht wie wir es wünschen, und dass unsere Aufgabe sich darauf beschränkt, ihnen rechtzeitig Wasser und gute Luft zu geben und sie in den Sonnenschein unserer stetigen Liebe zu hüllen.‘ Dorothee seufzte: ‚Ich hatte einmal größere Ideale von der Erziehung – man wird bescheiden.‘“[279]

Erfolgreich waren all diese Bücher weitaus weniger als diejenigen der Jahrhundertwende. Reuter verlor überdies fast alle Ersparnisse während der Inflation der 1920er Jahre. So war die Entscheidung, das teure Berlin zu verlassen, die sie 1929 fällte, in erster Linie wirtschaftlichen Erwägungen geschuldet.

279 Gabriele Reuter, *Töchter: der Roman zweier Generationen*, Berlin ca. 1927, S. 252.

Zurück nach Weimar und Lebensende

Die geschiedene Tochter Lily Avenarius (1897–1977) teilte ab sofort wieder das Leben mit der Mutter, die in der heutigen Freiherr-vom-Stein-Allee 5 (damals Carl-Alexander-Allee) Wohnung nahm. Dies geht aus dem Eintrag im Weimarer Adressbuch von 1930/31 hervor. Die sehr zarte Tochter hatte schon als Heranwachsende wiederholt Lungenprobleme, und immer wieder hatte die Mutter für sie stärkende Aufenthalte in der Schweizer Höhenluft finanziert. Es ist nicht bekannt, dass Lily Avenarius bis zum Tode der Mutter eine reguläre Arbeitstätigkeit ausgeübt hat, danach jedoch muss sie (wahrscheinlich zwischen 1945–1948) bei der Stadtverwaltung Weimar tätig gewesen sein.[280] Lily betätigte sich aufgrund der immer stärker nachlassenden Sehkraft Reuters in deren letzten Jahren auch als deren Sekretärin, diese hatte aber zunächst auch noch eine andere Sekretärin. Reuter diktierte der Tochter neben den letzten Büchern auch ihre Korrespondenz, und wahrscheinlich wäre ihre bis zum 80. Lebensjahr aufrechterhaltene Tätigkeit als Deutschlandkorrespondentin der New York Times für Literatur auch nicht ohne die Hilfe der Tochter möglich gewesen.

Die Bücher der 1930er Jahre sind nicht mehr zahlreich: Reuter ist über 70, sie veröffentlicht dennoch vier weitere eigenständige Bücher: 1930 erscheint *Irmgard und ihr Bruder*, 1933 *Grete fährt ins Glück*, 1935 *Vom Mädchen, das nicht lieben konnte*, 1937 dann *Grüne Ranken um alte Bilder*. *Irmgard und ihr Bruder* greift erneut ihr großes Thema, die Selbstverwirklichung als Künstlerin, verbunden mit dem Entsagen einer erfüllenden Liebe auf, zusätzlich wird das Motiv des eifersüchtigen Bruders verwendet. Es ist ein Buch, das eine sehr sterile Atmosphäre ausstrahlt. Weltfremdheit und die Entfremdung des Bruders der Titelheldin von Deutschland spielen ebenfalls eine Rolle.

Wenige Jahre später, das nationalsozialistische Deutschland ist bereits installiert, kann sich Reuter ein solches Buch nicht mehr erlauben, insbesondere nicht aufgrund ihrer wirtschaftlichen Misere, die sie auch dazu zwingt, der Reichsschrifttumskammer zuzugehören, um öffentliche Un-

280 Dies geht aus einem Brief vom 23.7.1949 hervor, den Lily Avenarius an Heinrich Lilienfein schrieb. Darin berichtet sie, dass sie ihren Posten bei der Stadtverwaltung 1948 aus gesundheitlichen Gründen aufgegeben hatte. GSA Weimar, Bestand Reuter, 112/113, Bl. 65.

Wohnung von Gabriele Reuter und ihrer Tochter, Freiherr-vom-Stein-Allee 5 (damals Carl-Alexander-Allee), heutige Aufnahme

terstützung zu erhalten. In diesem Zusammenhang stehen sicherlich auch etliche Briefe, die Reuter an die Deutsche Schillerstiftung bzw. deren Sekretär Heinrich Lilienfein richtete, in denen sie entweder um eine Unterstützung bittet bzw. sich für eine solche bedankt. Die Deutsche Schillerstiftung setzte sich darüber hinaus auch bei der Reichsschrifttumskammer ein, Reuter, speziell zu den Geburtstagen 1934 und 1939, dem 75. und dem 80., weitere Unterstützungen zukommen zu lassen. Diese Briefe, die Lily Avenarius schrieb, wurden von Gabriele Reuter dann, wie es gefordert war, ‚Mit deutschem Gruß' bzw. auch mit ‚Heil Hitler' unterzeichnet.[281] Diesem damals notwendigen verbalen Kotau vor dem Regime darf man jedoch keinesfalls zu große Bedeutung zumessen.

Das Jugendbuch *Grete fährt ins Glück* im Gustav Weise Verlag entspricht im Jahr der Machtergreifung Hitlers 1933 dann allen Forderungen nach einem ‚deutschen' Buch für junge Mädel: Grete, das einfache Berliner Mädel, wird aufs Land geschickt, wo sie mit ihrer Gutherzigkeit und

281 Ebd., Bl. 24 ff.

Grüne Ranken
um alte Bilder

Ein deutscher Familienroman

Von
Gabriele Reuter

mit 16 Bildtafeln

Berlin 1937
G. Grote'sche Verlagsbuchhandlung

Titelseite Gabriele Reuter, *Grüne Ranken um alte Bilder*

patenten Art hervorragend durchkommt. Sie ist verantwortungsbewusst und mutig und rettet den an dem Gut, auf dem sie lebt, angrenzenden Wald vor einem Brand. Dafür erhält sie einen Preis. Ein Buch, das die Verantwortung auch junger Menschen für ihre Umwelt in den Blick nimmt, jedoch keine darüber hinausgehende politische Aussage hat.

Demgegenüber ist die schon zuvor erwähnte Veröffentlichung[282] *Das Mädchen, das nicht lieben konnte* von 1935 das mutigere Buch. Es greift noch einmal die großen Themen der Reuter auf: Wie lässt sich die Selbstvervollkommnung der Frau vereinen mit Liebe, Ehe und Mutterschaft. Wie ist die Mutterliebe beschaffen – muss sie nicht eigens erlernt und erworben werden ebenso wie die Liebe der Frau? Renate Rupprecht, die Studentin der byzantinischen Geschichte, durchschreitet die unterschiedlichsten Selbstwerdungsphasen, um sich am Ende der Liebe zu ihrem Partner Klaus bewusst zu werden, der erkannt hat, dass er Renates Naturverbundenheit und Gesundheitsdrang mit einem Zwang des gemeinsamen Wohnorts zerstören würde. Die geplante Ehe setzt größtmögliche Freiheit der Partner voraus.

1939 zieht Reuter mit der Tochter innerhalb Weimars noch einmal um: Sicherlich ist die immer prekärere wirtschaftliche Situation Grund dafür gewesen. Sie wohnt nun Am Horn 39 in der Pension der Gräfin Daisy von Dohna.

282 Hier S. 178.

Philippine Engelhard, geb. Gatterer, Punktierstich von Friedrich Fleischmann

Inzwischen ist ihr letztes Buch erschienen, *Grüne Ranken um alte Bilder*, das noch einmal den lange verblichenen Ruhm der großen alten Dame der deutschen Literatur der Jahrhundertwende aufleben lässt. Die vielen positiven Rezensionen haben sie gewiss sehr gefreut, und auch die nationalsozialistischen Machthaber konnten sich hervorragend mit dem Loblied Reuters auf die kulturelle Glorie des ‚deutschen Menschen' arrangieren. Wie viele Autoren und Autorinnen zur damaligen Zeit wählte Reuter den historischen Roman als Form, um nicht zur von ihr kritisierten Gegenwart Stellung beziehen zu müssen.
In romanhafter Weise gestaltet sie jene ihrer Vorfahren, die sich ebenfalls dem Schreiben gewidmet hatten, wobei ihre besondere Sympathie ihrer Urgroßmutter, der Göttinger Professorentochter Philippine Gatterer (1756–1831) gilt, die als Dichterin von anmutigen Liedern und Korrespondentin von Gottfried August Bürger einen wohlklingenden Namen im 18. Jahrhundert besaß. In ihrer Ehe mit dem Kriegsrat Johann Philipp Engelhard (1753–1818) wurde sie Mutter von 10 Kindern. Eine Porträtkopie eines Bilds von Johann Heinrich Tischbein dem Jüngeren (1742–

Altersfoto Gabriele Reuters

1808), das die hübsche Dichterin mit der kindlichen Seele zeigte, hing lebenslang in Gabriele Reuters Schlafzimmer. Höchstwahrscheinlich wurde es jedoch am Ende des Zweiten Weltkriegs bei einem Bombenangriff zerstört.
Eine der Töchter Philippines war die Großmutter Reuters, Elise Engelhard, die den Domänenpächter Friedrich Albert Behmer geheiratet hatte. Gabriele Reuter beendete nun das Bücherschreiben, davon unberührt blieb bis Kriegsausbruch ihre Tätigkeit als Korrespondentin der New York Times. Als auch diese Einnahmen wegbrachen, war die Verarmung unaufhaltsam.
Die ‚geborene Schriftstellerin' starb am 13.11.1941 im Beisein ihrer Tochter Lily, die dem Sekretär der Schiller-Stiftung Lilienfein von einem sanften Einschlafen ihrer Mutter am selben Morgen um 9 Uhr berichtete.[283]
Eine Feuerbestattung für Montag, den 17.11.1941 nach 14 Uhr, auf dem Historischen Friedhof Weimars ist nachgewiesen. Als Todesursache wird in dem Formblatt Altersschwäche angegeben. Für die Bestattung wurden an Gebühren 205 Reichsmark entrichtet.[284]
Traurig war es für Lily Avenarius, dass sie lange keinen Grabstein für ihre Mutter finanzieren konnte, auch waren nach dem Krieg kaum geeignete Steine in Weimar zu bekommen. Erst zehn Jahre nach Gabriele Reuters Tod konnte das Vorhaben verwirklicht werden. Wahrscheinlich in den 1970er Jahren hat die Stadtverwaltung das Grab der Schriftstellerin einebnen lassen – möglicherweise im Zusammenhang mit dem Tod der Tochter Lily Avenarius 1977 und den dann nicht mehr geleisteten Grabgebühren. Wo es sich allerdings befunden hat, bleibt trotz aller Nachforschungsversuche ein Geheimnis, entsprechende Unterlagen aus den 1970er Jahren liegen der Friedhofsverwaltung nicht mehr vor
Wünschenswert wäre es, eine Erinnerungstafel für die geradlinige, autonome Frau und Advokatin der Sicht ohne Schutzbrille auf die weibliche Seele Gabriele Reuter in Weimar zu besitzen, vielleicht an dem Haus, in dem sie in Weimar am längsten gewohnt hat, in der Freiherr-vom-Stein-Allee 5.
Die Gesellschaft Deutschlands an der Wende vom 19. zum 20. Jahrhundert verdankte Gabriele Reuter deren unermüdliche literarische und essayistische Aufklärungsarbeit. Viele der heute in Gesetzen fest verankerten Rechte von Mädchen und Frauen auf Bildung und eigenständige Entwicklung, die Gleichbehandlung von Jungen und Mädchen, Frauen und Männern, hat sie als Desiderate in ihren Werken eindrucksvoll ins

283 Vgl. GSA, Bestand Gabriele Reuter, 112/113, Blatt 65.
284 Freundliche Auskunft von Frau Lisa Rochlitz, Weimarer Friedhofsverwaltung.

Bewusstsein gerückt und die Diskussion in breite Kreise getragen, sodass innerhalb einiger Jahrzehnte ein Umdenken in der Bildung und der Wertschätzung von Mädchen und Frauen eintreten konnte, von dem wir alle heute profitieren, ja das wir als selbstverständlich ansehen, wohlwissend, dass in zahlreichen Ländern der Welt die Situation eine ganz andere ist.

Annette Seemann, Weimar im Juli 2016

Zeittafel Gabriele Reuter

8.2.1859	Geburt Gabriele Reuters in Alexandrien (Ägypten) als ältestes Kind von Carl Reuter (1822–1872) und seiner Frau Johanna, geb. Behmer (1830–1903)
1864–68	Wechselnde Aufenthalte in Ägypten und Dessau. Dort gemeinsame Lektionen mit Prinzessin Elisabeth von Anhalt-Dessau
1872	Urlaub in Althaldensleben und Kuraufenthalt als Begleitung der Mutter in Wildbad
	Oktober: Tod des Vaters
November 1872 bis Frühjahr 1873	Erziehungsinstitut Neu-Watzum
1873	Erste Wohnung in Neuhaldensleben, Am Markt 21
	Konfirmation, Umzug in die Burgwallbrauerei in Neuhaldensleben
1875	Erster Aufenthalt der Reuters in Weimar bei Tante Auguste Overbeck
1876	Zweiter Weimar-Aufenthalt bei dem Onkel Hermann Behmer
	Beginn der Tätigkeit als Feuilletonistin
	(Weitere jährlich wiederkehrende Aufenthalte in Weimar)
1879	Erste Begegnung mit Friedrich von Schennis in Weimar
	Oktober: Umzug nach Weimar, Marstallstr. 5
1880	Aufenthalt im Harz, Umzug in die Kurthstr. 7 (heute Bauhausstraße)
1881	Intensivierte Begegnung mit von Schennis
1882	Im Herbst Umzug in das Haus von Hermann und Elisabeth Behmer an der Wilhelmsallee 4 (heute Leibnizallee), Umgang mit Alice Jane Grant Duff of Eden und ihren Söhnen Hermann und Aloys Obrist
1888	Februar: Erste allein unternommene Reise nach Berlin; Erstes Buch: *Glück und Geld. Ein Roman aus dem heutigen Egypten*
1889	Teilnahme an der Sitzung des Allgemeinen deutschen Schriftstellerverbands in Eisenach, dann auch in München; dort Begegnung mit John Henry Mackay; in Weimar Anschluss an den Kreis um Eduard von der Hellen; *Episode Hopkins. Zu spät. Zwei Studien*

1890	Spätsommer: Erster Münchenbesuch, ab Ende September erster längerer Münchenaufenthalt in einer Pension, dort erste Begegnung mit dem Werk Nietzsches
1891	Erholungsreise mit der Mutter nach Meran; *Kolonistenvolk*; Beginn der Abfassung von *Aus guter Familie*; im Herbst neue Wohnung in Weimar, Junckerstraße 29 (heute Trierer Straße 4), Begegnung mit Nietzsche-Adepten in Weimar, so etwa mit Rudolf Steiner
1894	*Ika's Bild*
1895	*Aus guter Familie*; Herbst: Übersiedlung mit der Mutter nach München in die Seestraße 4 $^{1}/_{2}$ in Schwabing
1896	*Der Lebenskünstler. Novellen*
1897	Geburt der Tochter Elisabeth (Lily) Reuter am 18.10.
1898	*Frau Bürgelin und ihre Söhne*
1899	Übersiedlung nach Berlin in die Ludwigkirchstraße 2 gemeinsam mit Mutter und Tochter
1900	*Ellen von der Weiden*
1901	*Frauenseelen. Novellen*
1903	*Liselotte von Reckling*; Herbst: Besuch Thomas Manns bei Reuter
1904	*Gunhild Kersten*; *Margaretes Mission. Roman in zwei Bänden,*
1905	*Wunderliche Liebe. Novellen*
1907	*Das Problem der Ehe*; *Der Amerikaner*
1908	*Das Tränenhaus*; Aufnahme der Nichte Lucy Irene Reuter (geb. 1901) in den Berliner Haushalt
1909	*Sanfte Herzen. Ein Buch für junge Mädchen*
1911	*Frühlingstaumel*
1914	*Liebe und Stimmrecht*
1916	*Ins neue Land*
1917	*Die Jugend eines Idealisten*; *Was Helmut in Deutschland erlebt*
1918	*Die Herrin*
1920	*Großstadtmädel. Jugendgeschichten*
1921	*Vom Kinde zum Menschen. Die Geschichte meiner Jugend*
1923	*Benedikta*
1927	*Das Haus in der Antoniuskirchstraße*; *Töchter. Roman zweier Generationen*
1929	Umzug nach Weimar in die Carl-Alexander-Allee 5 (heute: Freiherr-vom Stein-Allee)
1930	*Irmgard und ihr Bruder*
1933	*Grete fährt ins Glück*

1934	*Das böse Prinzeßchen. Märchenspiel für Kinder*
1935	*Vom Mädchen, das nicht lieben konnte*
1937	*Grüne Ranken um alte Bilder*
1939	Umzug innerhalb Weimars in die Pension der Gräfin Daisy von Dohna, Am Horn 39
1941	13. November: Tod Reuters morgens 9 Uhr; Bestattung am 17.11. auf dem Weimarer Friedhof

Literaturverzeichnis

Monografische Werke von Gabriele Reuter

Glück und Geld. Ein Roman aus dem heutigen Egypten, Leipzig 1888.
Episode Hopkins. Zu spät. Zwei Studien, Dresden und Leipzig 1889.
Kolonistenvolk, Leipzig 1891.
Ika's Bild, O. O. 1894.
Aus guter Familie. Leidensgeschichte eines Mädchens, (Ersterscheinung Berlin 1895). Heute erhältliche Ausgaben: Vollständige Neuausgabe, Katja Mellmann (Hg.), Marburg 2006, Bd. 1: Text, Bd. 2: Dokumente.
Sowie: Karl-Maria Guth (Hg.), Neuausgabe nach der 15. Auflage Berlin 1908, Berlin 2014.
Der Lebenskünstler. Novellen, Berlin 1896.
Frau Bürgelin und ihre Söhne, Berlin 1898.
Ellen von der Weiden, Berlin 1900.
Frauenseelen. Novellen, Berlin 1901.
Liselotte von Reckling, Berlin 1903.
Gunhild Kersten, Stuttgart und Leipzig 1904.
Margaretes Mission. Roman in zwei Bänden, Stuttgart und Leipzig 1904.
Wunderliche Liebe. Novellen, Berlin 1905.
Das Problem der Ehe, Ohne Ort 1907.
Der Amerikaner, Berlin 1907.
Das Tränenhaus, Berlin 1908.
Sanfte Herzen. Ein Buch für junge Mädchen, Berlin 1909.
Frühlingstaumel, Berlin 1911.
Liebe und Stimmrecht, Berlin 21914.
Ins neue Land, Berlin und Wien 1916.
Die Jugend eines Idealisten, Berlin 1917.
Was Helmut in Deutschland erlebt, Gotha 1917.
Die Herrin, Berlin und Wien 1918.
Großstadtmädel. Jugendgeschichten, Berlin 1920.
Vom Kinde zum Menschen. Die Geschichte meiner Jugend, Berlin 1921.
Sowie: Karl-Maria Guth (Hg.), Berlin 2014.
Benedikta, Dresden 1923.
Das Haus in der Antoniuskirchstraße, Leipzig 1927.
Töchter. Roman zweier Generationen, Berlin 1927.
Irmgard und ihr Bruder, Berlin 1930.
Grete fährt ins Glück, Berlin 1933.
Das böse Prinzeßchen. Märchenspiel für Kinder, Berlin 1934.
Vom Mädchen, das nicht lieben konnte, Berlin 1935.
Grüne Ranken um alte Bilder, Berlin 1937.

Unselbständige Veröffentlichungen Gabriele Reuters (Auswahl)

Mein liebes Ich. Skizze, in: Die Gesellschaft, 8/1. Leipzig 1922, S. 283–285.
Im Spiegel. Autobiographische Skizze, in: Das literarische Echo. Halbmonatszeitschrift für Literaturfreunde. Josef Ettlinger (Hg.). 3. H. 1–24, Berlin 1900–01, S. 292–296.
Die Erziehung des Mannes durch die Frau, in: Die neue Generation, Berlin 1910, S. 19–25.
Über Liebe und Glück. Aphorismen, in: Das XXV. Jahr, Berlin 1911, S. 316 f.
Suffragetten und das Frauenstimmrecht, in: Die Woche, 15. Jg. Nr. 14, Berlin 1913.
In memoriam Walther Rathenau, in: die Neue Rundschau 33 (1922), S. 832 f.
Geschichten aus meinen Vortragsfahrten, in: Velhagen und Klasings Monatshefte, Bielefeld 1927–28, S. 81–85.
Über Zensur, in: Die Literatur 31, 1928–29, S. 433.
Die Erziehung zum Glück, in: Nord und Süd, 32. Jg., Breslau 1910.

Benutzte Archivalien im Goethe-Schiller-Archiv Weimar

Bestand Gabriele Reuter, Sign. 112.
Bestand Elisabeth Förster-Nietzsche, Eingegangene Briefe: Reuter Gabriele, Sign. 72/ BW 4398.

Sekundärliteratur in Auswahl

Faranak Alimadad-Mensch, *Gabriele Reuter. Porträt einer Schriftstellerin*, Bern 1984.
Hubert Amft, *„Zu künden, was Mädchen und Frauen schweigend litten …“: Leben und Werk Gabriele Reuters (1859–1941)* (Vortrag), Weimar 2001.
Ders., *Gabriele Reuter (1850–1941)*, in: Ders., *Dem Geist des Ortes verpflichtet. Lebensbilder von sechs Weimarer Schriftstellerinnen*, Weimar 2005.
Susanne Balmer, *Töchter aus guter Familie: weibliche Individualität und bürgerliche Familie um 1900*, in: Familie und Identität in der deutschen Literatur. Thomas Martinec und Claudia Nitschke (Hgg.), Frankfurt 2009, S. 177–195.
Raymond Benders u. Stephan Oettermann (Hgg. für Stiftung Weimarer Klassik), *Friedrich Nietzsche: Chronik in Bildern und Texten*, München u. a. 2000.
Franz Blei, *Erzählung eines Lebens*, Leipzig 1930, S. 402 f.
Gisela Brinker-Gabler, *Perspektiven des Übergangs. Weibliches Bewusstsein und frühe Moderne*, in: Dies. (Hg.), *Deutsche Literatur von Frauen*, München 1988, S. 169–205.
Lydia Domoradzki, *Lehrjahre der Weiblichkeit. Widersprechen und entsprechen; eine Annäherung an die Autobiographik von Lily Braun und Gabriele Reuter*, Diss., Universität Innsbruck 1990.
Elke Frederiksen, *Der literarische Text im späten19. Jahrhundert als Schnittpunkt von regionalen, überregionalen und Geschlechts-Aspekten. Gabriele Reuters Roman „Aus guter Familie“ zum Beispiel*, in: Anselm Maler (Hg.), *Literatur und Regionalität*, Frankfurt am Main 1997, S. 157–166.
Ulrich Hauer, *Gabriele Reuter – Jugendjahre in Alt- und Neuhaldensleben*, in: Jahresschrift der Museen des Landkreises Börde, Bd. 49 (16), Haldensleben 2009, S. 37–74.

Claudia Hauser, *Politiken des Wahnsinns. Weibliche Psychopathologie in Texten deutscher Autorinnen zwischen Spätaufklärung und Fin de siècle*, Hildesheim u. a. 2007.

Lisabeth Hock, *Shades of Melancholy in Gabriele Reuter's „Aus guter Familie"*, in: The German Quarterly 79.4 (2006), S. 443–464.

Richard L. Johnson, *Men's Power over Women in Gabriele Reuter's „Aus guter Familie"*, in: Marianne Burkhard (Hg.), *Gestaltet und Gestaltend. Frauen in der Deutschen Literatur*, Amsterdam 1980.

Britta Jürgs (Hg.), *Denn da ist nichts mehr, wie es die Natur gewollt. Porträts von Künstlerinnen und Schriftstellerinnen um 1900*, Berlin 2001.

Ludmila Kaloyanova-Slavova, *Übergangsgeschöpfe. Gabriele Reuter, Hedwig Dohm, Helene Böhlau und Franziska zu Reventlow*, New York 1998.

Victor Klemperer, *Gabriele Reuter*, in: Westermanns Monatshefte. 52. Bd. 104. 2. Tl. Juli–Sept. 1908, S. 866–874.

Annette Kliewer: *„Sich selbst den Boden unter den Füßen wegziehen." Weiblicher Wahnsinn bei Gabriele Reuter und Hedwig Dohm*, in: *Freiburger FrauenStudien* 1995, S. 43–59.

Dies., *Abgebrochene Aufbrüche: Die Enttäuschung an der nächsten Generation in der Frauenbewegung der 20er Jahre*, in: *Bei Gefahr des Untergangs. Phantasien des Aufbrechens*, Ina Brueckel (Hg.), Würzburg 2000, S. 149–161.

Dies., *Gabriele Reuter*, in: Britta Jürgs (Hg.), *Denn da ist nichts mehr, wie es die Natur gewollt. Portraits von Künstlerinnen und Schriftstellerinnen um 1900*, Berlin 2001, S. 121–141.

Linda Kraus-Worley, *Girls from Good Family: Tony Buddenbrook and Agathe Heidling*, in: The German Quarterly 78.2 (2003), S. 195–211.

Helmut Kreuzer, *Thomas Mann und Gabriele Reuter – Zu einer Entlehnung für den Doktor Faustus*, in: Neue deutsche Hefte 10 (1963), S. 108–119.

Gudrun Loster-Schneider (Hg.), *Geschlecht – Literatur –Geschichte II: Nation und Geschlecht*, St. Ingbert 2003.

Thomas Mann, *Gabriele Reuter*, in: Ders., Ges. Werke in 12 Bd., Teil 13: Nachträge, Berlin 1975, S. 388–398.

Gaby Pailer, *Der Staatsdiener, der Staatsfeind und die gute Tochter. Gender und Nation in Gabriele Reuters „Aus guter Familie" (1895)*, in: Gudrun Loster-Schneider (Hg.), *Geschlecht – Literatur –Geschichte*, St. Ingbert 2003, S. 101–119.

Cornelia Pechota Vuilleumier, *„O Vater, laß uns ziehn!: Literarische Vater-Töchter um 1900*, Hildesheim/Zürich/New York 2005.

Denise Roth, *Das literarische Werk erklärt sich selbst: Theodor Fontanes „Effi Briest" und Gabriele Reuters „Aus guter Familie" poetologisch entschlüsselt*, Berlin 2012.

Ruth Steinbeck, geb. Behmer, *Erinnerungen* (maschinenschriftliches Ms., unpaginiert)

Helene Stöcker, *Gabriele Reuter. Zu ihrem siebzigsten Geburtstag*, in: Die Neue Rundschau 40 (1929), Bd. 1, S. 268–272.

Karin Tebben, *„Gott im Himmel! Welche Aufgabe!" Vom Glück der Berufung und der Mühsal des Berufs. Gabriele Reuter (1859–1941)*, in: Karin Tebben (Hg.), *Beruf Schriftstellerin. Schreibende Frauen im 18. und 19. Jahrhundert*, Göttingen 1998, S. 276–310.

Dies., *Beruf: Schriftstellerin. Schreibende Frauen im 18. und 19. Jahrhundert*, Göttingen 1998.

Dies., *Psychologie und Gesellschaftskritik: Gabriele Reuter*, in: Dies., *Deutschsprachige Schriftstellerinnen des fin de siècle*, Darmstadt 1999.
Dies., *„Man hat das Prinzip zur Geltung zu bringen, das man darstellt." Standortbestimmung Thomas Manns im Jahre 1904: Gabriele Reuter*, in: Thomas Mann Jahrbuch, Bd. 12, 1999, S. 77–97.

Bildnachweis

Klassik Stiftung Weimar, Goethe- und Schiller-Archiv: 8, 14, 16, 23, 37, 42, 43, 54, 82, 141, 144, 168, 170, 172, 181.
Klassik Stiftung Weimar, Herzogin Anna Amalie Bibliothek: 146, 150, 157, 178
akg-images: 15, 151, 179
Jahresschrift der Museen des Landkreises Börde, Band 49 (16), Haldensleben 2009: 18, 19, 20, 26, 28
Familienbesitz, Jens-Peter Husemann: 30, 33
Christian Seeling: 31, 41, 71, 177
Marie-Seebach-Stiftung: 44
Wikimedia Commons Wdwdbot: 51; Orland: 66; Magnus Manske: 67, 81; Kåre-Olav: 70; Aavindraa: 74; Chef~commonswiki: 78; Earnest B: 147; Camelotrose: 85; Presse03: 169
Staatliche Graphische Sammlung München: 55
Emma Haushofer-Merk, Altmünchner Erzählungen, Allitera Verlag 2015: 69
Archiv Autorin: 86